한 권으로 끝내는
**멀티미디어콘텐츠제작전문가 필기
완벽대비**

한권으로 끝내는
**멀티미디어콘텐츠제작전문가 필기**
**완벽대비**

지은이_ 유성민
펴낸이_ 한연우
펴낸곳_ 도서출판 아테나북스

초판 1쇄 인쇄_ 2023년 5월 8일
초판 1쇄 발행_ 2023년 5월 10일

주소_ 경기도 고양시 일산동구 산황로 178-18, 201호
전화_ 편집부 (031)968-2119  영업부 (010)4010-2119
팩스_ (050)4004-2119
등록_ 2004.06.03. 제395-2004-000052호

ⓒ 유성민
Printed in Korea
ISBN 978-89-93321-10-4  13560
정가  19,800원

* 이 책은 저작권법에 의하여 보호를 받는 저작물이므로
  무단전재와 복제를 금합니다.
* 파본은 본사나 구입하신 서점에서 교환해 드립니다.

한 권으로 끝내는
## 멀티미디어콘텐츠제작전문가 필기
## 완벽대비

유 성 민 지음

아테나북스

/프롤로그/

'멀티미디어콘텐츠제작전문가' 자격증 취득의 지름길을 찾아 오신

## 존경하는 독자 여러분을 환영합니다!

이 책, 《**한 권으로 끝내는 멀티미디어콘텐츠제작전문가 필기 완벽대비**》를 펼쳐 주신 여러분께 우선 깊은 감사의 인사와 함께 합격의 영광을 기원합니다.

아시다시피 오늘날 사회의 모든 분야는 디지털로 시작되고 디지털로 발전되며 디지털로 성과를 이루어가는 사회가 되었습니다. 이처럼 디지털을 기반으로 하여 다양한 정보를 생산하고 전달하는 과정을 총칭하는 '정보화'가 지배력을 행사하는 이 사회를 우리는 정보화 사회라고 부르고 있습니다.

이 정보화 사회에서 정보를 생산하는 것, 즉 콘텐츠를 생산하는 것이야 말로 이 정보화 사회에서 가장 필수적이며 핵심적인 일이라 아니할 수 없습니다. 그것이 가히 콘텐츠 대홍수 시대라 불릴 정도로 사회 구석구석에서 일어나는 정치, 경제, 사회, 문화 등 모든 사회 현상들을 콘텐츠화 하고 있는 이유일 것입니다. 더불어 이렇게 생산된 콘텐츠를 음성, 문자, 그림, 동영상 등의 다양한 형식으로 디지털화 한 정보의 복합체인 멀티미디어콘텐츠의 중요성은 아무리 강조해도 모자람이 없다 할 것입니다.

국가는 이와 같이 정보화 사회에서 필수적인 멀티미디어콘텐츠 제작의 중요성을 인식하여 그 전문성을 평가한 후 '멀티미디어콘텐츠제작전문가'의 자격증을 부여하고 있습니다. 본 자격은 국가에서 한국산업인력공단을 통해 시행, 운영 및 관리하는 국가기술자격으로 자격의 난이도나 가치가 일반 국가공인자격이나 민간자격에 비해 월등히 높다고 할 수 있습니다.

일례로 이 자격증을 가진 것만으로도 학점은행제의 경우에서는 산업기사의 16학점보다 높은 18학점을 인정해 주고 있으며, 다수의 대학교에서 멀티미디어 관련 학과의 졸업 필수 자격 요건으로도 활용되고 있을 정도입니다. 뿐만 아니라 국가 및 지방공무원, 교원, 경찰 등의 채용에서 가점이나 우대 또는 특별채용의 조건으로 적용하고 있기도 합니다.

이 책은 여러분이 '멀티미디어콘텐츠제작전문가' 자격증 취득을 위한 첫걸음을 올바르게 안내해 주기 위하여 준비되었습니다.

따라서 이 책에서는 멀티미디어 기획부터 디자인, 제작, 편집, 배포에 이르는 과정을 기초 이론부터 자세하게 소개하고, 다양한 예제와 연습문제 풀이, 더불어 해설을 곁들여 여러분의 이해를 돕고자 노력하였습니다. 특히, 시험에서 출제 빈도가 높은 문제나 다소 난이도가 높다고 알려진 분야들에 대해 최대한 쉽고, 깊이 있는 설명을 통해 여러분이 시험에서 높은 점수를 얻을 수 있는 데 기여하는 방향으로 책의 내용을 편성하는 데 초점을 맞추었습니다.

참고로, 이 책에서 다루는 필기시험의 경우 컴퓨터로 시험을 치르는 CBT 방식으로 운영 중이며, 4개의 보기 중 하나를 선택하게끔 출제되고 있습니다. 또한 각 과목별 100점 만점으로 4개의 과목당 40점 이상, 전 과목 평균 60점 이상이 합격 기준입니다.

이 책의 구성은 필기시험의 과목에 맞게 4개 과목으로 편성하였습니다.

**제1과목 멀티미디어개론**에서는 디지털을 기반으로 하는 작업인 만큼 운영체제와 인터넷 이론 등 컴퓨터에 관련된 기본 지식과 더불어 콘텐츠 제작자에게 더욱 중요해진 저작권과 정보보호 등을 다루게 됩니다.

**제2과목 멀티미디어 기획 및 디자인**에서는 프로젝트 및 콘텐츠의 기획과 구성, 그리고 디자인을 다루고, 특히 배색이나 색채의 조화, 색 이론 등에 대해 설명하고 있습니다.

이어지는 **제3과목 멀티미디어 저작**에서는 완성된 멀티미디어 콘텐츠를 업로드하고 관리하기 위한 HTML과 CSS, HTML5 등과 더불어 데이터베이스 이론을 설명하고 있으며,

끝으로 **제4과목 멀티미디어 제작 기술**에서는 실제 영상편집에서 가장 중요한 기술인 촬영 및 편집 기법이나 음향, 코덱 등의 실무적 지식과 애니메이션 및 2D, 3D 콘텐츠에 관해 설명하고 있습니다.

이 책의 구성을 보다 구체적으로 살펴보면, 우선 과목에 따라 주요 부분을 파트별로 나누어 구성하였으며, 각 파트에서는 주제별로 챕터로 나누어 설명하고 있으며, 각 챕터에서는 주요 항목별로 하나하나 구체적으로 상세하게 설명하면서 항목 설명 바로 옆에 관련 출제 예상 문제를 배치하였습니다.

이는 주요 항목마다 바로 옆에 관련 기출문제를 배치함으로써 주제와 문제를 같이 연상하여 이해할 수 있도록 하기 위한 것입니다. 그리고 그동안 출제되었던 문제들은 각 파트별로 기출문제풀이 챕터로 묶었으며, 항목에 따른 출제예상문제 및 파트별 기출문제풀이 중 중요한 문제에서는 문제풀이와 이해를 돕기 위하여 상세한 해설을 부기하는 것도 잊지 않았습니다.

이상에서 볼 수 있는 바와 같이 이 책은 가급적 출제 경향을 최대한 반영하고 쉽게 설명하고자 노력하였습니다. 그럼에도 불구하고 설명이나 문제풀이, 해설이 독자들에게 충분한 만족을 주지 못하는 부분이 있다면 그것은 전적으로 저자의 책임이 될 것입니다.

혹시라도 이런 문제가 발생한다면 이는 독자 여러분의 소중한 피드백과 제안을 통해 언제든 수정하고 개선해 나갈 것을 약속드립니다. 독자 여러분의 의견을 듣고 반영하여 이 책이 더욱 완성도 높은 자료로 발전되어 나갈 수 있다면 저자로서는 더할 나위 없이 감사한 마음을 갖겠습니다. 이를 위해 유튜브 채널 <지식나무 IT창고>를 항상 열어두겠습니다. 독자 여러분과 더 가까이 소통할 수 있기를 염원합니다.

끝으로, 이 책이 여러분의 멀티미디어 콘텐츠 제작전문가로서의 성장 여정에 길잡이가 될 수 있기를 진심으로 바라며, 나아가 여러분의 열정과 꿈을 이루어 나가는 데 조금이라도 보탬이 되기를 기대합니다.

'멀티미디어콘텐츠제작전문가' 자격증 취득을 향한 여러분의 노력을
힘차게 응원합니다!!!

&lt;지식나무 IT창고&gt;에서<br>
지은이 유 성 민

## 제 1 과목 멀티미디어 개론 /13/

### PART 1 멀티미디어 시스템과 활용 — 15

#### Chapter 1 멀티미디어 시스템 — 16
- 01 운영체제 — 16
- 02 하드웨어 — 20

#### Chapter 2 멀티미디어 활용 — 23
- 01 미디어 처리 기술과 표준 — 23
- 02 그래픽 — 27
- 03 사운드 — 29

### PART 2 멀티미디어 기술 발전 — 35

#### Chapter 1 뉴미디어 — 36
- 01 최신 기술 및 용어 — 36

#### Chapter 2 인터넷 — 39
- 01 통신 일반 — 39
- 02 프로토콜 — 42

#### Chapter 3 정보 보안 — 47
- 01 해킹 — 47
- 02 보안(해킹 및 위협에 대한 대응) — 49

## 제 2 과목 멀티미디어 기획 및 디자인 /59/

### PART 1 기획 및 구성 — 61

#### Chapter 1 콘텐츠 기획 — 62
- 01 아이디어 발상법 — 62
- 02 스케치 — 63

#### Chapter 2 멀티미디어 마케팅 — 64
- 01 마케팅 일반 — 64

#### Chapter 3 콘텐츠 구성 — 65
- 01 웹 디자인 — 65

# 제 2 과목 멀티미디어 기획 및 디자인 /59/

## PART 2 멀티미디어 디자인 일반구성   71

### Chapter 1   디자인 일반   72
- 01   디자인 일반   72
- 02   디자인 역사   74
- 03   각종 멀티미디어/그래픽스 효과   76

### Chapter 2   디자인 요소와 원리   78
- 01   디자인 요소   78
- 02   디자인 원리   79

### Chapter 3   화면 디자인   88
- 01   타이포 그래피   88
- 02   편집 디자인   90

### Chapter 4   디지털 색   92
- 01   색 정보의 표현   92

## PART 3 색채학   101

### Chapter 1   색채 지각   102
- 01   색 지각 일반   102

### Chapter 2   색의 분류 및 혼합   104
- 01   색의 성질   104
- 02   색의 혼합   105

### Chapter 3   색의 표시   108
- 01   색채 체계   108

### Chapter 4   색채 조화   114
- 01   색 이론   114

### Chapter 5   각종 원리 및 효과   116
- 01   색 관련 효과   116

## 제 3 과목 멀티미디어 저작 /123/

### PART 1 멀티미디어 프로그래밍    125

- Chapter 1   HTML 기초 익히기    126
- Chapter 2   HTML 응용    130
- Chapter 3   HTML & 자바 스크립트    135
  - 01   HTML    135
  - 02   CSS(Cascading Style Sheets)    137
- Chapter 4   자바 스크립트    138
  - 01   객체지향언어와 방법론    138
  - 02   객체지향언어와 자바스크립트    140
  - 03   AJAX와 JQUERY    141
- Chapter 5   XML    143
  - 01   XML 기본    143
  - 02   DOM 기본    145

### PART 2 데이터베이스    157

- Chapter 1   데이터베이스 개념    158
  - 01   DB 일반    158
  - 02   DB 주요 용어    159
- Chapter 2   관계형 데이터베이스 모델과 언어    160
  - 01   SQL    160
  - 02   관계대수    161

# 제 4 과목 멀티미디어 제작 기술 /167/

## PART 1 디지털 콘텐츠 제작 — 169

### Chapter 1 디지털 콘텐츠 제작 — 170
- 01 촬영 기법(카메라) — 170
- 02 촬영 기법(구도/앵글) — 176
- 03 조명 — 181
- 04 영상 편집 일반 — 184
- 05 후반작업/송출/방송 — 186

### Chapter 2 디지털 음향 콘텐츠 제작 — 187
- 01 음향 기본 — 187
- 02 음향 특성 — 190
- 03 음향 장비 — 191

### Chapter 3 3D 영상 제작 — 193
- 01 3D 영상 기본 — 193

## PART 2 디지털 신호 처리 — 203

### Chapter 1 신호의 압축과 복원 — 204
- 01 영상신호 압축 및 복원 — 204

## PART 3 그래픽 콘텐츠 제작 — 209

### Chapter 1 컴퓨터그래픽스 일반 — 210
- 01 CG 기본 — 210
- 02 이미지 파일의 종류 — 211
- 03 CG 기타 — 213

### Chapter 2 3차원 그래픽스 — 214
- 01 3D CG 기본 — 214
- 02 3D 기법 — 216

한 권으로 끝내는
**멀티미디어콘텐츠제작전문가 필기
완벽대비**

제1 과목

# 멀티미디어 개론

# 제 1 과목
# 멀티미디어 개론

# PART 1
# 멀티미디어 시스템과 활용

Chapter 1  멀티미디어 시스템
Chapter 2  멀티미디어 활용
기출문제풀이

# Chapter 1 멀티미디어 시스템

01 운영체제의 목적으로 거리가 먼 것은?
① 처리 능력 향상
② 반환 시간의 최대화
③ 신뢰도 향상
④ 사용 가능도 향상

02 윈도우7에서 지원하지 않는 파일 시스템은?
① FAT
② FAT32
③ EXT2
④ NTFS

01 ② 02 ②

03 운영체제에서 커널의 역할이 아닌 것은?
① 응용프로그램 구동 환경 제공
② 주변 장치 상태 점검
③ 다른 운영체제를 사용할 수 있는 가상화 시스템 제공
④ 프로세스 실행의 우선순위 결정

03 ③

## 01 운영체제

01 우리가 사용하는 윈도우나 리눅스 같은 것을 운영체제라고 하며, 운영체제의 목적은 다음과 같음

| 운영체제의 목적 | |
|---|---|
| 처리능력 향상 | 일정 시간동안 처리하는 일의 양 |
| 응답시간 단축 | 결과가 얻어질 때까지의 시간 |
| 신뢰도 향상 | 주어진 과제를 얼마나 정확히 처리하는가 |
| 사용가능도 증대 | 시스템을 얼마나 빠르게 사용할 수 있는가 |

02 파일 시스템이란 데이터를 읽고 쓰는 방법에 관한 규칙

| 주요 파일 시스템 | |
|---|---|
| FAT | File Allocation Table의 줄임말로 MS에서 개발한 방식<br>단순한 구조로 USB 등 비교적 적은 용량의 저장장치에서 사용하는 방식임 |
| FAT32 | FAT방식의 하나로 단일 파일 용량이 4GB까지만 저장 가능하며, 이를 개선한 것이 exFAT |
| NTFS | 서버급 운영체제인 Win NT에서 처음 사용한 파일 시스템으로 일반 PC의 운영체제로 확대 적용됨<br>높은 안정성과 더불어 대용량 파일 관리에 유리함 |
| EXT2 | 공개 운영체제인 리눅스(LINUX)의 파일시스템인 EXT3을 근간으로 하는 파일시스템 |

03 컴퓨터 하드웨어를 제어하고 소프트웨어를 활용할 수 있게 해 주는 매개체를 운영체제(OS : Operating System)라고 하며 대표적 OS인 윈도우, 유닉스 등은 모두 구성요소 동일함

| 운영체제의 구성요소 | |
|---|---|
| 커널(Kernel) | 운영체제의 가장 핵심적인 기능을 담당하는 부분으로 CPU 스케줄링, 파일시스템 및 기억장치(메모리), I/O시스템의 관리 등을 담당함<br>제어 프로그램, 핵(Nucleus)이라고도 불림 |

| 쉘(Shell) | 사용자와 커널 사이에서 중계자 역할을 하는 부분으로 사용자의 명령을 해석하여 커널로 전달해 주는 명령어 해석기(프로그램) |
|---|---|
| 유틸리티(Utility) | 사용자의 편의를 위해 준비된 시스템 프로그램 |

## 04 주요 오류상황

| 인터럽트(Interrupt) | CPU가 프로그램을 실행 중일 때, 문제가 발생하면 하던 작업을 즉시 중단하고 문제를 해결한 후 원래 작업으로 돌아가는 것을 의미하며 내부 인터럽트와 외부 인터럽트로 구분함<br>전원이상 – 기계고장 - 외부신호 등으로 인터럽트 우선 순위가 있음 |
|---|---|
| 데드락(Dead Lock) | 교착상태라고도 하며, 한정된 자원(프로세스)을 서로 차지하려고 무한 대기하는 상태 |

## 05

산술 계산에 사용되는 수를 제외한 모든 숫자(수치)나 문자 등은 코드로 표현이 가능하며, 아래 표의 코드는 이를 표현하는 방법 중 문자 표현을 위한 코드들

특히 모든 코드는 존 비트(Zone bit)와 디지트 비트(Digit bit, =숫자비트)로 구성되어 있는데, 디지트 비트는 4bit로 고정되어 있어 그 나머지가 자동으로 존 비트가 됨

### 주요 코드의 종류와 특징

| BCD코드 | 8421코드 혹은 2진화 10진코드라고도 하며 대표적인 가중값 코드<br>초창기 컴퓨터에서 사용하였으며 다른 코드들과 달리 대문자로만 표현됨<br>6비트로 하나의 문자표현. $2^6$(64)개 문자표현 가능 |
|---|---|
| ASCII코드 | 현재 문자 데이터 표현에 가장 많이 사용 되며, 미국표준코드라고도 하며 데이터통신표준코드<br>영어대소문자와 숫자, 특수문자 등을 표현<br>7비트로 하나의 문자표현. $2^7$(128)개 문자표현가능하며 일반 PC에서도 사용됨 |
| EBCDIC코드 | IBM에서 개발하였으며 대형컴퓨터에서 주로 사용하는 정보처리용<br>확장 2진화 10진코드라고도 하며, 대소문자와 숫자 및 특수문자의 처리 가능함<br>8비트로 하나의 문자표현. $2^8$(256)개 문자표현가능 |

**04** 운영체제에서 한 프로세스가 자원을 점유한 상태에서 세마포어 변수를 변경한 후 비정상적인 상태로 종료 되었을 때 일어날 수 있는 상황은?
① Late        ② Mapping
③ Deadlock    ④ Restore

**05** 다음 중 주변 장치나 CPU가 자신에게 발생한 사건을 리눅스커널에게 알리는 통신 방법은?
① 인터럽트    ② 시그널
③ 태스크      ④ PIC

**06** 유니코드에 대한 설명으로 틀린 것은?
① 64비트의 구조에 초점을 맞춘 코드이다.
② 문자집합, 문자인코딩, 문자정보, 데이터베이스, 문자들을 다루기 위한 알고리즘을 포함하고 있다.
③ 유니코드 표준에 포함된 문자들은 각자의 고유한 코드 포인트를 가지고 있다.
④ 전 세계의 모든 문자를 컴퓨터에서 일관 되게 표현할 수 있도록 설계된 산업표준이다.

**07** EBCDIC 코드의 존(zone) 비트는 몇 비트로 구성되어 있는가?
① 1    ② 2
③ 3    ④ 4

04 ③  05 ①  06 ①  07 ④

| | |
|---|---|
| UNI코드 | 전 세계 모든 문자 표현 가능한 국제 표준 코드로 정보처리 및 정보교환용으로 사용<br>한 글자당 2Byte(16bit)의 저장공간을 차지함 |

06 하드웨어와 소프트웨어의 매개체인 운영체제(OS)는 마이크로소프트社(MS)에서 만든 윈도우즈(Windows) 시리즈가 가장 대표적인데 이보다 앞서 등장한 OS가 유닉스임

AT&T통신사 연구원이던 데니스 리치와 피터 뉴만이 1969년에 C언어를 기반으로 유닉스(UNIX)를 만들었는데, 특히 유닉스는 서버에 특화되어 있으며 보안성, 이식성, 호환성 등에서 큰 장점을 보임

리눅스(LINUX)는 1991년 유닉스를 기반으로 만든 개인용OS이며 윈도우 및 유닉스와 달리 무료임(일부 유료)
리누스 토르발스(Linus Torvalds)라는 개발자가 처음 만들었으며 LINUX라는 이름에 Linus의 UNIX라는 뜻을 담고 있음

| 운영체제의 구성요소 | |
|---|---|
| 커널(Kernel) | 운영체제의 가장 핵심적인 기능을 담당하는 부분으로 CPU 스케줄링, 파일시스템 및 기억장치(메모리), I/O시스템의 관리 등을 담당함<br>제어 프로그램, 핵(Nucleus)이라고도 불림 |
| 쉘(Shell) | 사용자와 커널 사이에서 중계자 역할을 하는 부분으로 사용자의 명령을 해석하여 커널로 전달해 주는 명령어 해석기(프로그램) |
| 유틸리티(Utility) | 사용자의 편의를 위해 준비된 시스템 프로그램 |

08 UNIX 시스템의 구성요소가 아닌 것은?
① Shell    ② Kernel
③ Input    ④ Utility

09 UNIX 운영체재의 주요 구성요소로 거리가 먼 것은?
① kernel    ② shell
③ client/server
④ file system

10 임베디드 리눅스 커널의 주요 구성요소가 아닌 것은?
① 장치 관리자
② 파일 관리자
③ 사용자 관리자
④ 메모리 관리자

11 UNIX에서 사용자의 요구를 해석해서 요청 서비스를 실행시키는 명령어 해석기는?
① Nucleus    ② Kernel
③ Shell      ④ Core

12 UNIX 시스템에서 커널이 수행하는 기능으로 거리가 먼 것은?
① 프로세스 관리
② 기억장치 관리
③ 입출력 관리
④ 명령어 해석

13 UNIX에서 파일 소유자의 식별번호, 파일 크기, 파일의 최종 수정 시간, 파일의 링크 수, 파일이 저장된 디스크 블록의 주소 등의 내용을 가지고 있는 것은?
① Inode        ② Super Block
③ Mounting     ④ Boot Block

07 | 파일 시스템의 구성 | |
|---|---|
| Boot block | 시스템의 Booting에 관련되는 Boot Strap에 이용되는 부분 |
| Super block | File System의 상태에 관한 종합적인 정보를 보관하는 부분 |
| i-node block | 파일과 디렉토리에 관한 정보를 보관하는 부분 |
| Data block | 파일과 디렉토리의 실제 데이터를 보관하는 부분 |

08 ③  09 ③  10 ③  11 ③  12 ④  13 ①

**08** 리눅스의 디렉토리 구조

| / 루트 디렉토리 | | |
|---|---|---|
| | /bin | 유닉스의 실행 파일 |
| | /dev | 각종 장치들에 관한 파일 |
| | /etc | 시스템 관리 파일 |
| | /tmp | 임시 저장용 디렉토리 |
| | /lib | 프로그래밍에 필요한 Program Library 파일 |
| | /usr | 사용자와 관련된 프로그램 |
| | /home | 시스템에 등록된 사용자 디렉토리 |

**09** 리눅스와 도스(MS-DOS)는 명령어와 파일명, 경로 등을 직접 입력하는 CLI(Command Line Interface, 명령행 인터페이스) 방식이며, 같은 기능을 하면서 다소 다른 명령어를 갖고 있음

| LINUX와 MS-DOS의 주요 명령어 비교 | | |
|---|---|---|
| 기 능 | DOS | UNIX |
| 디렉토리 생성 | mkdir, md | mkdir |
| 디렉토리 변경 | cd | cd |
| 디렉토리 삭제 | rmdir, rd | rmdir |
| 현재 디렉토리 보기 | chdir | pwd |
| 파일 목록 보기 | dir, dir/w | ls, ls -l |
| 파일 내용 표시 | type | cat |
| 파일 복사 | copy | cp |
| 파일 이동 | move | mv |
| 파일 삭제 | erase, del | rm |
| 파일명 변경 | rename, ren | mv |
| 화면 삭제(정리) | cls | clear |
| 프로세스 종료 | taskkill | kill, killall |
| 도스창/쉘 종료 | exit | exit |
| 시스템 종료 | shutdown | shutdown, halt |
| 특정 문자열 찾기 | find | grep, fgrep |
| 시간 표시 | time | date |
| 프로세스 정보 보기 | taskmgr | top, ps |
| 로그인 사용자정보 출력 | finger | finger |
| 네트워크경로 추적 | tracert | traceroute |
| 디스크 사용 내역 | chkdsk | df |
| 디스크 검사 | chkdsk | fsck |
| 파일 인쇄 | print | lpt |

**14** UNIX 시스템의 기본 디렉토리 구조에 해당되지 않는 것은?
① /bin   ② /tempo
③ /dev   ④ /ect

14 ②

**15** UNIX 명령 중 도스 명령 "dir"과 유사한 기능을 갖는 것은?
① cp   ② dr
③ ls   ④ rm

**16** 리눅스에서 프로세스의 메모리, CPU사용량, 실행시간 등을 확인할 수 있는 명령어는?
① top   ② ls
③ qs   ④ emac

15 ③  16 ①

# 02 하드웨어

## 01 디스플레이의 종류

| 종류 | 내용 |
|---|---|
| CRT (Cathode Ray Tube) | 캐소드(cathode)는 전기의 양극과 음극 중 음극을 의미하며 CRT는 음극선관으로 번역함<br>전자총에서 전자를 쏘고, 그 전자가 유리에 도포된 형광점에 충돌해 색을 표현하는 방식으로 작동함 |
| LCD (Liquid Crystal Display) | 흔히 액정(Liquid) 모니터 등으로 번역하며, CRT에 비해 얇고, 가벼우며, 전력소모가 적음<br>다만 시야각이나 색재현율 등에서 다소 불리하나 기술의 발전으로 상당 부분 극복됨 |

## 02 디스플레이 인터페이스(연결 포트) 방식

| | |
|---|---|
| D-SUB | D-subminiature의 줄임말로 대표적인 아날로그 단자<br>VGA(Video Graphics Array)라고 부르기도 함 |
| DVI | Digital Visual Interface의 줄임말로 1999년에 발표된 디지털 영상 규격 |
| HDMI | High Definition Multimedia Interface의 줄임말로 AV가전 진영이 중심이 되어 개발<br>디지털 방식으로 기존 단자들과 달리 하나의 케이블로 영상과 오디오 신호를 동시에 전송할 수 있음 |
| DP | DisplayPort의 줄임말로 HDMI의 라이센스 비용 문제 등으로 가전/PC 진영 중심으로 지지하고 있음<br>HDMI처럼 영상과 오디오 신호를 하나의 케이블로 동시에 전송하며, 해상도나 대역폭 등이 HDMI에 비해 유리함 |

---

**17** CRT모니터에 대한 설명으로 틀린 것은?
① 전자총에 의해 발사된 전자빔이 편광판 사이를 지나 섀도우 마스크 금속판을 걸쳐 형광물질에 도달한다.
② 컬러 CRT는 빛의 삼원색인 RGB를 사용하여 화면에 표시한다.
③ 장시간 이용 시 눈의 피로가 발생한다.
④ 해상도가 낮을수록 선명도가 좋다.

17 ④

**18** 디지털 방식의 영상 및 음성까지 전달할 수 있으며, 커넥터의 크기도 작아서(DVI 대비), AV기기에 쓰기에 적합한 인터페이스는?
① D-Sub
② 컴포지트
③ Serial Port
④ HDMI

18 ④

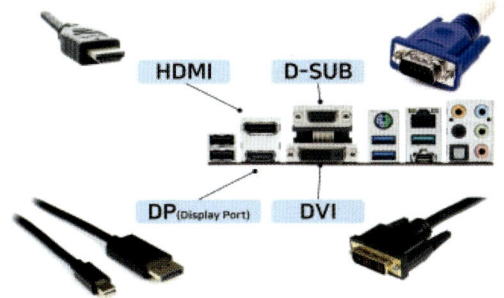

### 03 데이터 전송 인터페이스 방식

| | |
|---|---|
| USB | Universal Serial Bus의 줄임말로 범용 직렬 버스로 번역함. 직렬포트의 일종으로 최대 127개까지 연결가능하며 1.1ver.의 경우, 12Mbps의 속도를 가지며 2.2ver.에서 480Mbps로 개선됨<br>최신의 3.2 Gen2는 10Gbps의 속도를 가지며 플러그앤플레이(PnP)와 핫플러그를 지원하는 것이 특징<br>※ 2020년 USB4 규격이 새로 출시될 예정 |
| IEEE1394 | 관련 규격을 규정한 기관명(전기 전자 기술자 협회, IEEE)에서 따온 이름으로 애플과 소니社가 주로 사용하는 PC, 가전기기용 규격<br>핫플러그 기술을 지원하기 때문에 애플은 파이어와이어로 부르며, 파이어와이어400/800의 두 가지 규격으로 각각 100/200/400Mbps와 800Mbps의 전송속도를 지원하며 최대 63개까지 연결가능<br>다만 최근 애플은 10Gbps의 속도를 지원하는 썬더볼트를 개발했으며, 최신규격 썬더볼트3는 40Gbps를 지원함 |
| PnP | Plug and Play를 줄여서 표기한 것으로 기기를 연결만 하면 스스로 설정하는 기능을 뜻함 |
| 핫 플러그 | 전원이 공급된 상태에서도 연결이나 탈착이 가능한 기술로 전원을 끄지 않은 상태에서도 하드웨어 교체가 가능한 기능은 핫 스왑(Hot Swap)이라고 구분하기도 함 |

### 04 기억장치의 종류

| | |
|---|---|
| HDD | Hard Disc Drive의 줄임말로 대표적인 보조기억장치<br>마그네틱으로 코팅된 디스크(플래터)를 직접 돌리며 플래터의 장수가 용량의 증가와 관련 있음<br>용량 대비 저렴한 가격이 큰 장점 |
| SDD | Solid State Disc의 줄임말로 USB(플래시 메모리)를 여러 개 묶어 하드디스크 같은 형태로 묶은 것으로 이해하면 쉬움<br>물리적 부품 없이 전자적으로 작동해 빠른 속도와 저전력, 소형화 등이 장점이나 비싼 가격이 걸림돌 |

**19** USB 저장장치에 대한 설명으로 틀린 것은?
① PC와 주변장치를 접속하는 버스 규격이다.
② 소형 경량이어서 휴대용 저장장치로 각광을 받고 있다.
③ 병렬 버스 형태로 구성되어 있다.
④ USB는 Universal Serial Bus의 약자이다.

**20** USB 저장장치에 대한 설명으로 틀린 것은?
① PC와 주변장치를 접속하는 버스 규격이다.
② 소형 경량이어서 휴대용 저장장치로 각광을 받고 있다.
③ 병렬 버스 형태로 구성되어 있다.
④ USB는 Universal Serial Bus의 약자이다.

19 ③   20 ③

**21** HD-DVD에 대한 설명으로 틀린 것은?

① AOD(Advanced Optical Disc) 기술에 기초하고 있다.
② 카트리지를 사용해야 한다.
③ 기존 DVD 용량의 5~8배 크기이다.
④ 레이저 파장은 405㎚의 블루레이저이다.

**22** 블루레이(Blu-ray)에 대한 설명으로 거리가 먼 것은?

① DVD보다 많은 용량의 데이터를 저장할 수 있다.
② 650nm 파장의 적색 레이저를 사용하여 데이터를 기록한다.
③ 비디오 데이터 포맷은 MPEG-2를 사용한다.
④ 오디오는 5.1채널의 AC-3를 지원한다.

21 ② 22 ②

---

**05** 광학기억장치의 종류(ODD, Optical Disc Drive)

| | |
|---|---|
| CD-ROM | Compact Disc Read Only Memory : CD를 읽기만 가능 |
| CD-RW | Compact Disc Read / Write : CD를 읽고 쓰기 가능 |
| DVD | CD 650MB보다 더 큰 4.7GB(단면 1레이어) ~ 최대 17GB(양면 듀얼레이어) 저장 가능 |
| HD-DVD | 도시바에서 개발한 차세대 DVD로 인증받았지만 블루레이에 패배, 15GB ~ 60GB(양면 듀얼레이어) 지원 |
| M-Disc | Millennial Disc의 줄임말로 1000년의 장기 보존을 위한 저장장치, 무기물(≒돌)을 깎아서 저장하는 방식 |

**06** 광학기억장치의 종류(ODD, Optical Disc Drive)

| | |
|---|---|
| 블루레이 | Blu-ray Disc는 405nm(청자색 발생)를 이용해 데이터를 저장함<br>소니에서 주도한 포맷으로 23.3GB ~ 128GB 가량을 저장하며 MPEG-2와 AC-3 기반의 고화질 5.1ch을 지원함<br>콘텐츠 유통사로는 유니버설 vs 소니, 디즈니, 20세기 폭스, 워너브라더스 등의 경쟁구도로 HD-DVD를 물리치고 고용량 차세대(FHD화질) 포맷 시장을 장악 |

# Chapter 2 멀티미디어 활용

## 01 미디어 처리 기술과 표준

**01** 동영상은 문서나 사진 등에 비해 상대적으로 고용량을 차지하게 되는데 코덱(Codec)을 통해 이를 압축해 용량을 줄여 저용량의 파일로 유통 및 보관할 수 있게 됨
당연히 코덱의 종류나 성능에 따라 비슷한 화질을 보이면서도 용량의 차이가 발생할 수 있음
코덱은 영상을 압축하는 인코딩(Encoding)과 재생할 때 이를 복구하는 디코딩(Decoding)의 작업을 모두 수행함

### 동영상(동화상) 파일

| | |
|---|---|
| MPEG | 동영상 압축 기술에 대한 국제표준규격으로, 이 표준을 수립한 단체명(Moving Picture Experts Group, 동영상 전문가 그룹)이기도 함<br>이 중 mp4 파일이 가장 대표적으로 최근에는 블루레이 표준 코덱 중 하나인 H.264(=MPEG-4 AVC)나 가장 최신의 H.265 (=HEVC) 등이 모두 MPEG 계열임 |
| AVI | MS가 1992년에 개발한 동영상 압축 기술로 비디오와 오디오 정보를 압축/재생<br>화질은 우수하나 다른 기술에 비해 비교적 용량 큼 |
| DVI | 디지털TV용으로 개발한 압축기술로 멀티미디어 동영상 압축 기술로 재개발 함 |
| MOV | 애플사의 동영상파일형식으로 QuickTime Player로 재생되며 윈도우 및 스마트폰에서도 재생 가능 |
| DivX | MS가 스트리밍용으로 만든 MPEG4 Part.2를 기반으로 인코딩 제한 없이 자유롭게 사용할 수 있도록 조작/변용한 형식으로 유료 코덱이기 때문에 이런 상업성에 반대하는 XviD 코덱도 있음 |

### 02 MPEG 규격(손실압축기법)

| | |
|---|---|
| MPEG-1 | 비디오 및 오디오 압축 표준. CD, mp3 등에 적용. 비디오품질은 VHS테이프 수준 |
| MPEG-2 | 디지털방송 등의 방송용 멀티미디어 부호화 표준으로 압축효율이 좋아 HDTV, DVD 등에 적용 |
| MPEG-4 | MPEG-2를 개선하여 응용성을 높인 압축기술로 IMT-2000 등의 무선통신서비스나 대화형 멀티미디어 방송에 사용 |

23. 영상압축의 표준화 방식은?
    ① Dolby AC - 3
    ② H.264
    ③ MPEG1 audio/layer3
    ④ MUSICAM

24. H.264/MPEG-4 AVC 기술과 비교하여 약 1.5배 높은 압축률을 가지면서도 동일한 비디오 품질을 제공하는 고효율 비디오 코딩 표준으로 H.265라고도 불리는 이 코딩 기술은?
    ① MPEG2   ② AVC
    ③ IESG    ④ HEVC

23 ② 24 ④

25. 디지털 네트워크상에서 멀티미디어에 관련된 종합적인 프레임 워크를 제공하는 기술은?
    ① MPEG-3   ② MPEG-10
    ③ MPEG-5   ④ MPEG-21

25 ④

**26** 모바일 환경에서 영상검색을 하기 위해 간략화 하면서도 확장성 있는 메타데이터 표준 기술은?
① MPEG-7 CDVS
② MPEG-2 CD
③ MPEG-9    ④ MPEG-1

26 ①

| MPEG-7 | 멀티미디어 정보검색이 가능한 동영상데이터 검색 및 전자상거래 등에 사용 |
|---|---|
| MPEG-21 | MPEG기술을 통합한 디지털 콘텐츠의 제작, 유통, 보안 등 모든 과정을 관리 |

### 03 오디오 파일

| MP3 | MPEG-1에서 규정한 고음질 오디오 데이터의 손실 압축 기술로 음악CD와 비슷한 음질이면서도 1/12까지 용량 줄일 수 있음 |
|---|---|
| WAV | 소리를 원음 그대로 저장(샘플링)하였다가 재생하는 방식으로 미디파일에 비해 고용량 |
| MID | 컴퓨터에서의 음악데이터의 전송규격과 장치의 연결 방식에 대한 공통규격으로 주로 악기소리를 재생 |

### 04 오디오 손실/무손실압축기법

| MP3 | MPEG-1 Audio Layer-3의 줄임말로 MPEG-1 규격의 오디오 손실 압축 포맷 |
|---|---|
| AC-3 | Dolby社에서 1991년 개발한 오디오 손실압축 포맷으로 극장용 오디오 음질이며 5.1ch을 지원, HDTV에서도 사용됨 |
| DTS | Digital Theater Systems社의 이름이자 오디오 손실압축 포맷의 하나(최신버전은 무손실 압축 지원) 압축비나 다이나믹 레이지가 더 높아 풍부한 소리를 들려줌 |
| AAC | Advanced Audio Coding의 줄임말로 MP3를 개선하였음. 확장자로는 m4a를 사용<br>압축률은 물론 샘플주파수 대역이나 비트레이트도 증가 |
| FLAC | Free Lossless Audio Codec의 줄임말로 원본의 1/2~4/5 가량 용량을 줄이면서도 정보는 유지함. Flac나 fla또는 ogg 확장자를 사용하는 무손실 압축 포맷 |
| ALAC | Apple Lossless Audio Codec의 줄임말로 확장자는 m4a를 사용 |

**27** 2개의 서로 다른 이미지나 3차원 모델 사이에 점진적으로 변화해 가는 모습을 보여주는 애니메이션 기법은?
① 모핑         ② 도려내기 효과
③ 입자시스템 ④ 과장효과

27 ①

### 05 그래픽 처리 관련 용어

| 디더링 | 제한된 색상을 섞어 다양한 색을 만들어 냄 |
|---|---|
| 메조틴트 | 동판화를 찍은 것처럼 무수히 많은 점으로 효과 냄 |
| 인터레이싱 | 이미지의 대략적 모습을 먼저 보여준 후 점차 자세히 그림 파일을 표시하는 방법 |
| 안티앨리어싱 | 이미지 외곽의 거친 부분을 부드럽게 처리 |
| 솔러리제이션 | 필름 과다노출 시 발생하는 톤의 반전현상 |
| 프레임 | 동영상을 이루는 한 화면 분량의 화상정보 |

| 랜더링 | 2차원에 광원, 색상 등을 부가하여 3차원화상 만둚 |
|---|---|
| 텍스처 매핑 | 단순한 색으로 덮여있는 3차원 폴리곤에 텍스처(그림)을 붙여 질감을 살리는 기법 |
| 로토스코핑 | 실제 장면 촬영 후, 화면에서 등장하는 캐릭터나 물체의 윤곽선을 추적하여 기본형을 만들고 수작업으로 컬러를 입히거나 형태 변형시키는 기법 |
| 모핑 | 어떤 화상에서 다른 화상으로 매끄럽게 변환 |
| 클레이메이션 | Clay+animation. 점토애니메이션의 합성어 |

### 06 아날로그 신호의 디지털화

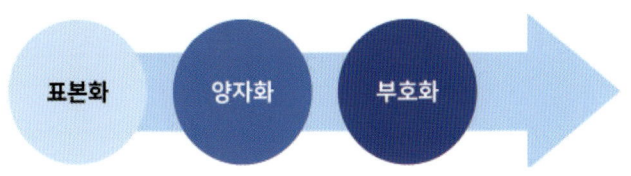

※ PCM : 펄스 부호 변조(Pulse-code modulation)라고 하며 아날로그 신호를 디지털화 하는 일련의 과정을 의미함

| 표본화 | 아날로그를 디지털로 변환하기 위해 Sample을 취하는 단계로 1초 동안 취한 표본 수(디지털화한 횟수)로 Hz로 표시<br>연속적인 아날로그 신호를 일정 간격으로 순간적인 값을 취하게 됨<br>※ 표본화(fs)공식 : fs=2W<br>   (표본화 Frequency spectrum, 파장 W)<br>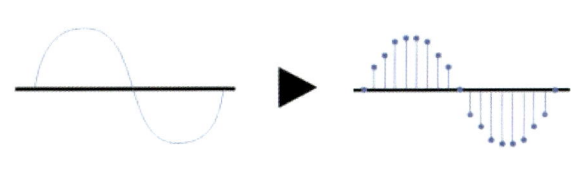 |
|---|---|

| 양자화 | 디지털 형태로 표현할 때 어느 정도의 정밀도로 표현할 것인가의 의미로 표본화한 각 점의 값을 연속적이지 않은 대푯값으로 변환하게 됨<br>이 때 대푯값을 추출하다 보니 실제값과 오차가 생기는 '양자화 오차' 발생<br>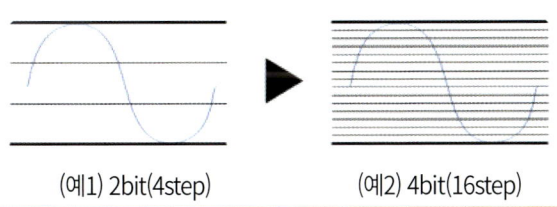<br>(예1) 2bit(4step)    (예2) 4bit(16step) |
|---|---|

28 애니메이션 특수효과 중 2개의 서로 다른 이미지나 3차원 모델 사이에 점진적으로 변화해 가는 모습을 보여주는 기법은?
① 로토스코핑(Rotoscoping)
② 모핑(Morphing)
③ 미립자 시스템(Particle System)
④ 양파껍질 효과(Onion-Skinning)

29 아날로그 이미지를 디지털화 하는 과정에서 이미지의 위치 값을 나타내는 연속적인 데이터를 일정간격으로 나누어 불연속인 위치데이터로 바꾸는 작업은?
① 표본화  ② 앨리어싱
③ 평준화  ④ 필터화

30 음성을 7비트에서 8비트로 양자화로 부호화 했을 때의 설명으로 틀린 것은?
① 표본화 잡음이 반으로 감소된다.
② 압축 특성이 개선된다.
③ 양자화 잡음이 감소된다.
④ 신장 특성이 개선된다.

31 5비트를 사용하여 양자화 하는 경우 양자화 step의 수는?
① 8    ② 16
③ 32   ④ 64

28 ② 29 ① 30 ① 31 ③

| 부호화 | 표본화와 양자화를 거쳐 디지털화된 정보를 이진수로 표현 하는 단계로 압축과정이 포함될 수도 있음 |
|---|---|

※ CD의 표준 샘플링 주파수와 양자화 비트 수는 44.1kHz, 16bit

# 02 그래픽

## 01 이미지 파일

| | | |
|---|---|---|
| 레스터 | BMP | 윈도우표준. 대표적인 레스터(비트맵) 방식 |
| | JPEG(JPG) | 24비트 1,600만 트루컬러 지원<br>손실압축방식으로 압축률이 좋아 인터넷에서 자료전송으로 주로 쓰임 |
| | GIF | 8비트 256색의 움직이는 파일(움짤)처리 가능, |
| | PNG | JPEG과 달리 무손실압축파일<br>8비트 GIF에 비해 32비트 트루컬러를 지원하며, GIF처럼 투명한 배경도 처리할 수 있음 |
| | TIFF(TIF) | 데이터교환용으로 주로 쓰이는 이미지 형식<br>Tagged Image File Format의 줄임말로 DSLR(RAW도 사용)이나 스캐너 등에서 원래 색감을 구현하고자 하는 원본 이미지 저장용 파일. 인터넷에서는 거의 사용되지 않으며 데이터교환용으로 주로 쓰임 |
| 벡터 | AI | 일러스트레이터의 확장자로 이하 벡터 방식 |
| | CDR | 코렐드로우의 확장자로 색이나 모양변경 쉬움 |
| | EPS | 주로 인쇄 및 출력용 |
| | WMF | 벡터와 비트맵 정보를 함께 표시 |

※ 손실압축과 무손실압축(비손실압축)
이미지 및 영상파일 등은 용량을 줄이기 위해 '압축'을 하게 되는데, 손실압축은 비슷한 색상 정보(색차, Chrominance)나 비가청주파수 대역 등을 제거하는 방식으로 용량을 줄이는 방식을 의미하며, 무손실압축은 원본을 특정한 다른 표현방법을 통해 처리함으로써 전체적인 용량을 줄이는 방법을 의미함

## 02 UI 디자인 관련 용어 외

| | |
|---|---|
| 스큐어모피즘 | Skeuomorphism은 그리스어로 도구나 그릇을 뜻하는 'Skeuos'와 형태를 뜻하는 'Morphe'를 합성한 단어로 '도구의 형태'라는 의미<br>실제 물건을 모사해 디자인이나 효과를 적용 하는 것을 뜻하며 사용법을 직관적으로 알 수 있고 친밀감을 느낄 수 있음 |
| 미니멀리즘 | 구조나 색깔, 소재 등을 최소한으로 적용하는 디자인 추세로 웹이나 모바일의 UI는 물론 건축, 인테리어, 의상 등 다양한 분야에서 적용되고 있음<br>미니멀리즘의 간결성은 로딩속도나 직관성 등에 있어 긍정적인 결과를 가져올 수 있음 |

32 흑백 및 컬러 정지화상을 위한 국제 표준안으로 이미지의 압축 및 복원 방식에 관한 표준안은?
① JPEG ② BMP
③ GIF ④ TIFF

33 JPEG의 압축효율 개선과 블록화 문제를 해결하고 웨이블릿 변환 및 적응적 산술코딩을 적용한 정지영상 압축 표준은?
① JPEG1000 ② MPEG
③ H.264 ④ JPEG2000

> 웨이블릿(wavelet)이란 0을 중심으로 증가와 감소를 반복하는 진폭을 수반한 파도와 같은 진동을 의미하는 것으로 웨이블릿 변환은 이미지 압축에 사용되는 기법 중 하나임

34 웨이블릿 변환에 기초한 래스터 이미지 압축 기술은?
① H.263 ② MPEG-7
③ GIF ④ JPEG2000

35 스마트폰 디지털카메라의 경우 실제 셔터는 없으나 셔터 효과음으로 카메라의 셔터를 대신하는데 이와 같이 사용자 경험을 모방하여 디자인하는 것을 의미하는 것은?
① 일루미름 ② 스큐어모프
③ 아두이노 ④ 데이터 캡

32 ① 33 ④ 34 ④ 35 ②

36 컴퓨터 그래픽스 용어 중 캘리브레이션(Calibration)의 의미로 올바른 것은?
① 우연적인 기법과 순수 미술의 느낌을 내는 작업을 뜻한다.
② 하드웨어 장치와 소프트웨어 장치를 총칭하는 의미이다.
③ 모니터의 색상과 인쇄물의 색상차이를 보정하는 작업을 말한다.
④ 컬러 이미지를 그레이 스케일로 변경하는 작업을 뜻한다.

36 ③

| | |
|---|---|
| 플랫 | Flat은 스큐어모비즘과 달리 입체적인 느낌을 배제하고 단순하고 평면적으로 디자인을 함.<br>스큐어모피즘의 단점인 장식적이고 복잡함을 제거해 가독성을 높인 디자인 형태이나 너무 단순해 편의성이나 이해가 떨어질 수 있음 |
| 머티리얼디자인 | 2014년부터 적용된 구글의 디자인 형태로 플랫디자인과 유사하나 그림자를 적용해 카드를 쌓아올린 것처럼 입체감과 공간감을 주어 경계를 분명히 하는 장점이 있음 |
| UI | User Interface, 사용자가 프로그램을 편리하게 사용할 수 있는 환경을 제공하는 것으로 구동형태나 화면구성을 의미 |

# 03 사운드

## 01 마이크의 지향성

| | |
|---|---|
| 지향성 | 소리를 잡아낼 수 있는 범위 |
| 전지향성 (무지향성) | Omni-directional, 혹은 무지향성이라고도 하며 지향성 없이 사방에서 소리가 수집됨. 가장 흔한 마이크 픽업형태이며 하울링에 매우 취약 |
| 단일지향성 | Cardioid, 지향성 마이크의 표준 |
| 초지향성 | 카디오이드보다 더 지향성이 강하며 정면에서만 수음되어 하울링에 강함 |
| 양지향성 | Bi-Directional, 진동판 전면과 후면 소리는 수음하나 좌우 지점의 소리는 받아들이지 못함. 리본마이크가 대표적 |
| 근접효과 | 마이크에 가까울수록 저음이 크게 녹음되는 효과로 단일지향성 마이크에서 생기는 효과임 |
| 회절 | 음향의 파동 즉 음파의 진행방향이 바뀌는 현상으로 낮은 주파수 음일수록 더 현저히 나타남. 더불어 고음은 강한 직진성을 가지며 저음은 지향성이 거의 없음 |
| 간섭 | 두 개 이상의 음파가 중첩에 의해 새로운 합성파를 만드는 현상 |
| 공진 | 두 개 이상의 음파가 간섭을 일으켜 음을 크게 만들거나 특정한 음색의 음을 만드는 현상 |
| 반사 | 음파가 어떤 매질의 경계면에서 진행 방향이 변하는 성질을 의미하며 밀도가 높은 벽이나 금속 등에서 강하게 일어남 |

## 02 MP3의 음질과 용량을 결정하는 요소

| | |
|---|---|
| 샘플 레이트 | 샘플 레이트(Sample Rate)는 1초당 추출되는 샘플의 개수를 의미하는 것으로, 44.1KHz(44,100Hz), 22KHz(22,050Hz)처럼 표기함<br>일반적인 CD 음질인 44.1KHz는 1초 동안에 사만 사천 백(44,100)개로 등분해서 샘플을 추출한다는 의미로 값이 클수록 더 잘게 쪼개 오디오데이터를 추출한다는 의미 |
| 비트 레이트 | 비트 레이트(Bit Rate)는 초당 전송되는 데이터의 양으로 1초당 전송되는 비트의 수<br>CD가 128Kbps정도의 음질이며 192Kbps정도면 최상급 |

**37** 지향성 마이크를 음원 가까이에 배치하면 마이크의 낮은 음역 주파수 특성이 상승하는 효과는?
① 회절효과  ② 왜곡효과
③ 근접효과  ④ 반사효과

**38** 전지향성 스피커는 어떤 특성을 개선하기 위한 것인가?
① 핑크잡음  ② 지향각
③ 진폭      ④ 도플러효과

**39** 스튜디오 안의 연주음은 청중에게 들려오는 직접파와 벽을 통해 반사되는 반사파가 합쳐져 음의 크기가 점차 평형상태에 이르게 되고, 이후 갑자기 연주를 멈추면 반사파만 순간 남게 된다. 이때의 반사파를 무엇이라 하는가?
① 2차 순응  ② 잔향
③ 순간 측음 ④ 회절

**40** 44.1[kHz]로 샘플링한 CD의 경우 이론적으로 재생할 수 있는 최대 주파수에 가장 근접한 주파수[kHz]는?
① 22   ② 13
③ 10   ④ 5

> 가청 주파수는 최소 20Hz~20KHz(20,000Hz)이기 때문에 두 배, 즉 40KHz 이상, 44.1KHz로 디지털 파일은 샘플링하게 됨

37 ③  38 ②  39 ②  40 ①

# 기출문제 풀이

**01** 운영체제에서 매개변수를 전달하는 일반적인 방법으로 거리가 먼 것은?
① 매개변수를 레지스터를 통해 전달
② 매개변수를 큐를 통해 전달
③ 매개변수를 스택을 통해 전달
④ 매개변수를 메모리 내의 블록이나 테이블에 저장 후 블록의 주소를 레지스터로 전달

> 운영체제는 커널 모드(Kernel Mode)와 사용자 모드(User Mode)로 나누어 구동되는데 운영체제가 하는 작업의 대부분은 커널 영역에서 구동되고 있음.
> 사용자 모드에 속해 있는 사용자 프로그램들이 커널 모드의 파일 시스템에 접근하기 위해서는 매개체가 필요한데 이를 시스템 콜(System Call)이라고 함
> 시스템 콜이라는 인터페이스를 통해 매개 변수의 전송이 발생하게 되는데 ① 레지스터를 통한 전송 ② 블록 또는 테이블을 통한 전송 ③ 스택을 통한 전송 이렇게 세 가지 방법 중 하나로 이뤄지게 됨

**02** 미국 버클리 대학에서 개발한 센서 네트워크를 위해 디자인 된 컴포넌트 기반 내장형 운영체제로 이벤트 기반 멀티태스킹을 지원하는 것은?
① Tiny OS        ② NES C
③ Net OS         ④ OS2

> 타이니OS는 2000년 UC버클리대학교에서 센서 네트워크를 위해 개발한 무료 운영 체제

**03** 운영체제에서 실행상태에 있는 프로그램의 인스턴스를 지칭 하는 것은?
① System         ② Program
③ Record         ④ Process

> 객체지향프로그래밍에서 통용되는 용어로 객체(Object)는 소프트웨어 세계에 구현할 대상이고, 이를 구현하기 위한 설계도를 클래스(Class)라고 함.
> 이 설계도에 따라 구현된 실체를 인스턴스(Instance)라고 칭하는데, 이 문제에서는 '실행상태에 있는 프로그램'

> 이 핵심 키워드로 우리가 실행해서 현재 작동 중인 프로그램 하나 하나를 의미함 (실행 중인 프로그램 = 프로세스)

**04** 운영체제에서 스케줄링의 목적으로 틀린 것은?
① 응답시간을 빠르게 하기 위해
② 운영체제의 오버헤드를 최대화하기 위해
③ 단위 시간 당 처리량을 최대화하기 위해
④ 모든 작업들에 공평성을 유지하기 위해

> 운영체제의 스케줄링 : 프로세스가 해야 할 작업들의 순서(스케줄)를 할당

**05** 주변장치나 CPU가 자신에게 발생한 사건을 리눅스 커널에게 알리는 것은?
① 태스크          ② 시그널
③ 인터럽트        ④ 모니터링

> interrupt : CPU가 프로그램을 실행 중일 때, 문제가 발생하면 하던 작업을 즉시 중단하고 문제를 해결한 후 원래 작업으로 돌아가는 것

**06** EBCDIC 코드는 몇 개의 비트로 구성되는가?
① 4    ② 7    ③ 8    ④ 16

> BCD 코드는 6비트 방식으로 $2^6$(64)개, ASCII코드는 7비트 방식으로 $2^7$(128)개, EBCDIC 코드는 8비트 방식으로 $2^8$(256)개의 문자표현 가능

**07** 임베디드 리눅스 커널의 주요 구성요소가 아닌 것은?
① 장치 관리자     ② 파일 관리자
③ 사용자 관리자   ④ 메모리 관리자

> 리눅스는 유닉스에서 파생된 것으로 기본적으로 유닉스 커널의 역할과 같으며, CPU 스케줄링, 파일시스템 및 기억장치(메모리)와 I/O시스템 관리 등을 담당

01 ②  02 ①  03 ④  04 ②  05 ③  06 ③  07 ③

**08** inode로 불리는 데이터구조를 할당하여 관리하는 리눅스 커널의 기본 기능은?
① 커널 프로그래밍 ② 메모리 관리
③ 프로세스 간 통신 ④ 파일 시스템

> 커널의 핵심 기능 중 하나는 파일 시스템의 관리인데 이를 이르는 다른 말이 inode임
> 즉 inode(파일 시스템 관리)는 커널의 핵심 기능이자 기본 기능

**09** 리눅스의 커널에 대한 설명으로 거리가 먼 것은?
① 파일 시스템의 접근 권한 처리
② 시스템에서 처리되는 각종 데이터를 장치 간에 전송하고 변환
③ 명령어 해석기 역할 수행
④ 시스템 자원 분배

> 어느 운영체제든 구성요소는 기본적으로 같으며 비슷한 역할을 수행 하는데 명령어 해석기는 쉘의 역할임

**10** 리눅스에서 로그인 시 time out을 설정하는 파일은?
① /etc/profile ② /etc/passwd
③ /etc/xinetd ④ /etc/services

> /etc/profile이나 .bash_profile 등은 도스에서 부팅할 때마다 실행되는 autoexec.bat 파일처럼 리눅스에서 시스템에 로그인 할 경우 적용되는 파일로 설정해 둔 환경변수가 적용됨
> 접속 후 일정 시간 이상 입력이 없을 경우 타임아웃 시간을 'export TMOUT=300'과 같이 초단위로 입력함

**11** 다음은 무엇에 대한 설명인가?

> 간단한 원격 로그인 서비스를 제공하기 위해 BSD UNIX에서 제공한 것으로 옵션의 협상은 없다.

① MIME ② RLOGIN
③ HTTP ④ POP

> 유닉스 및 리눅스에서 사용하는 명령어 중 하나로 원격으로 호스트에 로그인할 수 있게 함

**12** iOS나 OS X의 앱을 개발하기 위해 사용하던 오브젝티브 -C 보다 쉽고 빠르며, iOS나 OS X 운영체계에 최적화된 프로그래밍 언어는?
① 스위프트 ② 파스칼
③ 델파이 ④ 액션스크립트

> **암기팁!** 아이폰을 들고 다니는 테일러 스위프트(美가수)
> 델파이 : 파스칼을 기반으로 하는 개발 언어이자 통합 개발환경(IDE)

**13** 프로그램 솔루션으로 피그와 하이브가 있고, 구성요소로 분산파일 시스템과 맵리듀스가 이외에 다양한 기능을 구성하는 시스템으로 구성되어 있으며, 대규모 데이터 처리가 필수적인 구글, 야후 등 대용량의 데이터 처리를 위해 개발된 오픈소스 소프트웨어는?
① CCL ② Hadoop
③ Cloud Computing ④ XML

> 피그(Pig)와 하이브(Hive) 등은 하둡(Hadoop)에서 빅데이터를 처리하기 위한 개념 중 하나로 맵(Map)과 리듀스(Reduce)라는 두 처리과정을 합친 용어인 맵리듀스를 편리하게 사용하기 위해 존재함
> ※ 맵리듀스(MapReduce) : 구글에서 2004년 발표한 빅데이터 처리를 위한 분산 프로그래밍 모델

**14** RAID 종류 중 데이터를 찾거나 읽을 때 속도를 빠르게 하는 데 목적을 두는 것은?
① RAID 레벨 61 ② RAID 레벨 51
③ RAID 레벨 41 ④ RAID 레벨 0

> RAID : Redundant Array of Independent Disks의 줄임말로 복수 배열 독립 디스크로 번역함
> 두 개 이상의 저장장치(주로 하드디스크)를 묶어 고성능 대용량의 저장장치 한 개를 사용하는 효과를 내는 기술로 데이터를 실시간 복제하는 미러링을 통한 안정성과 빠른 속도 등이 장점임
> RAID 레벨은 데이터가 중복되는 방식에 따라 구분한 기준으로 이 중 RAID 레벨0은 데이터를 중복해 기록하지 않아 하나의 디스크에 장애가 발생하면 데이터를 손실할 위험이 높으나 대신 가장 빠른 속도를 자랑함

08 ④ 09 ③ 10 ① 11 ② 12 ① 13 ② 14 ④

15 기기 간의 데이터 전송을 위한 USB 케이블 단자의 위·아래가 동일한 24핀 형식의 USB는?
① Z형 USB ② S형 USB
③ C형 USB ④ I형 USB

> 단자의 모양으로 구분하는 기준으로 흔히 사용하는 A형(Type A), 프린터에서 주로 사용하는 정사각형에 가까운 B형, 디지털 카메라 등에 사용하는 Mini B형 등이 있음
> C형은 더 작아진 크기와 방향에 상관없이 연결할 수 있어 스마트 폰을 중심으로 널리 보급되고 있음

16 블루레이(Blue-ray)에 대한 설명으로 틀린 것은?
① DVD보다 많은 용량의 데이터를 저장
② 비디오 데이터 포맷은 MPEG - 2를 지원
③ 오디오는 5.1채널의 AC - 3을 지원
④ 120nm 파장의 적색 레이저를 사용하여 데이터 기록

> 블루레이는 405nm 파장의 파란색 레이저를 사용하며 일반적인 DVD는 650nm 파장의 적색 레이저를 사용
> 디스크의 지름은 12cm으로 같으나 DVD와 블루레이는 각 각 저장 공간이 4.7GB와 최소 23.3GB ~ 최대 128GB까지로 많은 차이 있음

17 디스크 표면의 무기물 층에 레이저를 이용해 자료를 조각해서 기록하는 방식으로 미국의 밀레니어터사에서 개발한 광 저장 장치는?
① DVD ② M-DISC
③ Blu-ray Disk ④ Magnetic tape

> Millennial Disc의 줄임말로 1000년의 장기 보존을 위한 저장장치, 무기물(녹돌)을 깎아서 저장하는 방식

18 MPEG-2에서 사용되는 프레임 구조에서 하나의 프레임 내에서 부호화가 이루어지는 프레임은?
① P ② I ③ B ④ K

> MPEG-2는 오디오 신호를 비롯한 동영상의 일반적인 인코딩(부호화)을 위한 규약으로 부호화된 비디오 스트림은 화면 내 예측(Intra), 전방 예측(Predictive), 양방향 예측(Bidirectional)의 세 가지

> 프레임들의 배치를 규정한 GOP(Group of Pictures) 구조로 구성
> 다시 말해 각 정지영상을 부호화하는 3가지 방법 중 화면 내 예측(I), 전방 예측(P), 양방향 예측(B)의 특성을 묻는 문제

19 동영상을 끊김 없이 지속적으로 전송 처리하는 기술로 수신자에게 전송된 일부만으로도 재생 가능한 기술은?
① 스트리밍 ② 푸시
③ 쿠키 ④ 다중화

20 지상파(Eureka-147) DMB의 채널 대역폭은?
① 6.53 [MHz] ② 140 [MHz]
③ 2.04 [MHz] ④ 1.536 [MHz]

> 유럽의 오디오 및 데이터 방송 서비스 기술방식인 Eureka-147 DAB 방식을 기반으로 멀티미디어 기능(TV)을 추가한 방식이며 사용 주파수대역은 VHF 채널 7~13 (174~216 MHz), 대역폭은 1.536 MHz

21 컴퓨터 그래픽과 비디오카메라의 비디오 신호를 동기화 시켜주는 장치는?
① frequency ② genlock
③ color palettes ④ resolution

> 동기 신호 발생기(Sync Generator)에 고정시킨다는 뜻의 Generator lock의 합성어로 marster sync generator에 slave sync generator를 동기화 시키는 것을 뜻함

22 영상의 명암 값 프로필을 보여주기 위해 사용되는 방식은?
① 디더링 ② 앤티앨리어싱
③ 히스토그램 ④ 블러링

23 이미지에서 어둡거나 밝은 부분을 균등하게 조정해 줌으로써 너무 어둡거나 너무 밝은 이미지의 명암을 보기 좋게 하는 이미지 필터링은?
① 디더링 ② 히스토그램 평준화
③ 윤곽선 추출 ④ 샤프닝

15 ③ 16 ④ 17 ② 18 ② 19 ① 20 ④ 21 ② 22 ③ 23 ②

**24** 음의 세기(sound intensity) 단위는?
① W/m2　　② erg/m2
③ kgf　　④ W2/㎝

> W/m2: 와트/m2로 단위 면적당 소리의 세기를 의미하며 물리적인 단위. 소리의 세기(강도)는 음압(사운드 프레셔, Sound Pressure)로도 표현함
> dB(데시벨): 10분의 1을 의미하는 Deci와 전화발명가로 알려진 Bell의 이름에서 따온 단위로 로그값을 써서 표현하는 상대적인 비율의 값임

**25** 음향 신호를 전송하거나 녹음할 때 최강음과 최약음의 차이를 [dB]로 나타낸 것은?
① 푸리에 변환　　② 다이나믹 레인지
③ 콘볼루션　　④ 정재파비

> 음원의 최소 음량과 최대 음량의 비(배율)를 의미

**26** 음성의 디지털 부호화 기술 중에 파형 부호화 방식을 적용한 기술은?
① 보코더　　② DPCM
③ 선형 예측 부호화　　④ 포만트 보코더

> 부호화(Encoding) : 멀티미디어에서는 원래의 정보를 변환 혹은 압축한다는 의미로 사용되며, 네트워크에서 오류를 줄이거나 혹은 암호화 하는 것 등도 부호화라고 함
> Differential PCM : '차분펄스부호변조' 혹은 '파형예측부호화'라고 하며 오디오나 비디오에서 원래 파형의 샘플이 아닌 그 잔차(예측오류)를 양자화 하여 정보량을 감소시키는 예측 압축기법
> 선형 예측 부호화(LPC, Linear Predicative Coding) : 이전의 샘플값에서 선형모델(선형회귀분석)에 의해 계산하여 현재의 샘플값을 예측하는 기법
> 예측 : 새로 부호화할 정보가 이전 정보로부터 쉽게 도출 가능하다면 그것을 사용하는 기법이다. 영상 압축에 있어서 인접하는 픽셀값의 차이가 일반적으로 크지 않고, 인접 프레임간의 픽셀값이 큰 차이를 보이지 않는다는 특성을 이용한다. 즉 현재 픽셀값을 기록할 때 직전 픽셀값과의 차이만을 기록하는 것이다. 이러한 방법을 차이(difference)를 의미하는 D를 앞에 덧붙여서 DPCM라고 함

**27** 영국 오디오 프로세싱 테크놀로지 사에서 개발하였고, MP3 보다 연산량이 적어 전력이 적게 소비되며, 압축 효율이 높아 CD와 같은 음질을 제공하는 오디오코덱은?
① AC3　　② XVID
③ DTS　　④ APTX

> aptX는 영국의 Audio Processing Technology사에서 개발한 오디오 코덱
> 저장이 아닌 전송을 효율적으로 하는 데에 더 중점을 두고 있어 MP3의 128Kbps보다 더 낮은 56Kbps의 비트레이트로 비슷한 음질을 낼 수 있음

**28** 다음 중 미국의 돌비 연구소에서 개발한 AC-3 음성 부호화 방식에서 사용되는 기본 채널은?
① 4채널　　② 3.1채널
③ 5.1채널　　④ 6.2채널

24 ① 25 ② 26 ② 27 ④ 28 ③

# 제 1 과목
# 멀티미디어 개론

# PART 2
# 멀티미디어 기술 발전

Chapter 1 뉴미디어
Chapter 2 인터넷
Chapter 3 정보 보안
기출문제풀이

# Chapter 1 뉴미디어

## 01 최신 기술 및 용어

01 사람과 사물, 사물과 사물 간에 지능통신을 할 수 있는 M2M (Machine to Machine)의 개념을 인터넷으로 확장하여 사물은 물론, 현실과 가상세계의 모든 정보와 상호 작용하는 개념은?
① IoT ② RFID
③ VRML ④ xHTML

02 사물인터넷이 진화하여 새로운 가치와 경험을 창출해내는 미래 인터넷으로 존재하는 모든 사람과 프로세스, 데이터까지 모바일, 클라우드 등이 서로 결합된 네트워크를 말하는 것은?
① CEP ② PaaS
③ IoE ④ UML

03 해상도 2560×1440 (16:9) 이상의 픽셀 수를 지원하고 기존 일반 고선명보다 약 4배 선명한 화질을 제공하는 디스플레이 규격은?
① WXGA ② nHD
③ SVGA ④ QHD

01 ① 02 ③ 03 ④

### 01 사물 인터넷의 발전

| | |
|---|---|
| M2M | Machine to Machine의 줄임말로 사물통신이라고 번역함<br>고장이나 작동 상태 등을 확인하기 위해 각종 기기(Machine)를 네트워크에 연결하는 것으로, 비교적 높은 비용으로 인해 고가의 장비들을 중심으로 선택적 연결 및 단순 정보만 수집하는 단계 |
| IoT | Internet of Thing의 줄임말로 사물인터넷이라고 번역함<br>M2M의 단순 점검과 수집을 벗어나 사람이 개입하지 않은 상태에서 네트워크의 지속적인 연결을 통한 수집과 분석 가능<br>낮아진 센서 가격이나 통신 기술의 발전 등을 기반으로 더 다양한 정보의 지속적 수집이 가능한 단계 |
| IoE | Internet of Everything의 줄임말로 만물인터넷이라고 번역함<br>디지털 기기를 중심으로 하는 네트워크 연결을 벗어나 말 그대로 모든 것(Everything)을 인터넷에 연결하는 기술이나 시대<br>특히 사물-사물 간 연결 뿐 아니라 사물-사람, 사물-데이터, 사람-사람처럼 모든 것들의 연결성이 확대되고 이로 인해 전례 없는 가치가 창출될 것으로 기대 |

### 02 해상도의 종류와 명칭

| 명칭 | 해상도 | 비율 | 비고 |
|---|---|---|---|
| 아날로그 방식 | 320×240 | 4:3 | |
| SD (Standard Definition) | 720×480 | ≒4:3 (4.5:3) | 한 때 표준 |
| HD (High Definition) | 1280×720 | 16:9 | 국내 방송 표준 |
| FHD (Full HD) | 1920×1080 (2080×1080) | 16:9 (17:9) | 1080p와 1080i로 구분하며, 최근 유튜브에서 주로 사용하는 화질 |
| QHD (Quad HD) | 2050×1440 | 16:9 | HD의 4배 고화질 |

| UHD (Ultra HD) | 3840×2160 (4096×2160) | 16:9 (17:9) | FHD의 4배 고화질, 가로로 4000개의 픽셀이 들어가 4K라고도 표현 |

※ 픽셀(Pixel) : 화면을 구성하는 최소한의 단위로 디스플레이에 보이는 모든 이미지나 동영상은 픽셀로 구성되어 있음
또한 해상도는 '가로 픽셀 수 × 세로 픽셀 수'로 표기하며, 참고로 디스플레이의 크기는 대각선 길이를 기준으로 표기함

### 03 클라우스 서비스의 종류

| | |
|---|---|
| IaaS | Infrastructure as a Service의 줄임말로 서비스로 제공하는 기반(인프라)의 의미<br>스토리지나 호스팅, 네트워킹, 가상서버 등 클라우드를 위한 컴퓨팅 자원을 빌려 쓰는 서비스로 아마존의 AWS가 가장 대표적 |
| PaaS | Platform as a Service의 줄임말로 서비스로 제공하는 플랫폼의 의미<br>어떤 프로그램이나 앱을 개발하기 위해 일일이 해당 플랫폼을 구축하는 것은 비용이나 시간이 많이 드는데 PaaS는 개발자에게 이런 환경과 개발을 위한 API를 필요한 만큼 빌려주는 서비스 |
| Saas | Software as a Service의 줄임말로 서비스로 제공하는 소프트웨어의 의미<br>오피스365나 구글독스, 네이버클라우드 같은 일반 사용자가 최종적으로 활용하게 되는 다양한 클라우스 상의 소프트웨어들을 의미 |

**04** 가상세계에 카메라로 포착된 물건, 사람등과 같은 현실 이미지를 더해 가상환경과 실시간으로 상호 작용할 수 있는 기술은?
① 표면웹
② 로보어드바
③ 브레드크럼즈
④ 증강 가상

**05** 3차원 영상에서 왼쪽 눈과 오른쪽 눈에 맺히는 영상의 차이로 인해 입체감을 느끼는 것은?
① 수직 시차
② 과도 발산
③ 회전 정렬 시차
④ 양안 시차

04 ④ 05 ④

 **가상현실과 증강현실**

| | |
|---|---|
| VR | Virtual Reality의 줄임말로 가상현실로 번역함<br>일반적으로 쉽게 경험할 수 없는 상황이나 환경을 '가짜'로 만들어 고글 형태로 머리에 쓰는 HMD(Head Mounted Display)와 함께 사용하는 경우가 일반적임 |
| AR | Augmented Reality의 줄임말로 증강현실로 번역함<br>말 그대로 현실에 덧붙여진(증강) 개체를 표현하는 기술로 '스노우'처럼 실제 인물에 다양한 효과를 덧붙이거나 '포켓몬 고'처럼 현실에 캐릭터가 나타난 것처럼 구현하는 서비스 등이 가능함 |
| MR | Mixed Reality의 줄임말로 혼합 현실로 번역함<br>말 그대로 가상 공간에 카메라를 통해 촬영한 실제 사물이나 사람 등 현실을 더하는 기술이나 환경을 의미함<br>혹은 증강 가상(Augmented Virtuality)으로 표현하기도 함<br>일반적으로 홀로그램 기술을 기반으로 실제 공간이나 사물에 대해 가상으로 인테리어나 디자인에 실시간으로 변화를 준다든가 시제품을 만드는 등을 작업을 수행할 수 있음 |

# Chapter 2 인터넷

## 01 통신 일반

**01 인터넷 프로토콜의 세대별 구분**

| 종류 | IPv4 | IPv6 |
|---|---|---|
| 개요 | 기존 주소 체계로 세계적으로 10%가량, 우리나라의 경우 5%가량의 여유분(2009.08), 2011년부터 신규 할당 중지 | 주소고갈 대비 및 확장성과 보안 강화 위해 국제인터넷표준화기구가 1995년 9월 표준화 |
| 주소형태 | 192.168.0.19 | 2001:1234:5678:9ABC:FFFF:FFFF:FFFF:FFFF |
| 주소방식 | 32비트(8진수 4묶음) | 128비트(16진수 8개 묶음) |
| 주소개수 | 약 43억개 | 2,128개(약 340간 ≒ 무한대) |
| 패킷크기 | 64KB | 제한 없음(네트워크 효율성 ↑) |
| 특징 | 없음 | 보안강화, 라우팅효율성 및 IPv4와의 호환성 최대화 |

**06** IPv6의 주소체계는 몇 비트인가?
① 32bit    ② 64bit
③ 128bit   ④ 256bit

**07** IPv6에 대한 설명으로 거리가 가장 먼 것은?
① 주소를 표현하기 위해 16Byte를 사용한다.
② 새로운 기술이나 응용 분야에 의해 요구되는 프로토콜의 확장을 허용하도록 설계되었다.
③ 암호화와 인증 옵션들은 패킷의 신뢰성과 무결성을 제공한다.
④ 주소를 보다 읽기 쉽게 하기 위해 8진수 콜론 표기로 규정한다.

06 ③ 07 ④

**08** B 클래스에 속하는 IP 주소는?
① 200.200.200.1
② 192.200.190.1
③ 168.126.63.1
④ 244.221.5.1

**09** IP 멀티캐스팅을 위한 클래스이며, 전체 주소가 멀티캐스팅을 위해 사용되는 것은?
① Class A
② Class B
③ Class C
④ Class D

> 멀티캐스팅 : 한 번의 송신으로 메시지나 정보를 여러 컴퓨터에 동시에 전송하는 기술을 의미

**10** 전자메일시스템을 구성하는 요소로 거리가 먼 것은?
① MUA(Mail User Agent)
② MDA(Mail Delivery Agent)
③ MTA(Mail Transfer Agent)
④ MSA(Mail Server Agent)

**11** OSI 7계층 중 전송계층에서 사용하는 프로토콜은?
① FTP
② SMTP
③ HTTP
④ UDP

**12** OSI 7 계층 모델 중 보안을 위한 암호화/해독과 효율적인 전송을 위한 정보압축 등의 기능을 수행하는 계층은?
① 응용계층
② 표현계층
③ 전달계층
④ 네트워크계층

08 ③  09 ④  10 ④  11 ④  12 ②

---

**02** IPv4에서 클래스의 구분 (IP주소의 맨 앞 세 자리 영역)

| 종류 | 범위 | 용도 |
|---|---|---|
| 클래스A | 1.0.0.0~126.255.255.255 | |
| 루프백 | 127 | 테스트용 IP |
| 클래스B | 128~191 | |
| 클래스C | 192~223 | 대부분의 일반용도 |
| 클래스D | 224~239 | 멀티캐스트용(특수용) |
| 클래스E | 240~247 | 실험용(특수용) |

**03** E-mail 구성 요소

| | |
|---|---|
| MUA | Mail User Agent, 메일 사용자 에이전트로 아웃룩 같은 이메일용 프로그램 |
| MTA | Mail Transfer Agent, 메일 사용자 에이전트로 MUA에서 받은 내용을 이메일을 중계하거나 전송, 반송함 |
| MDA | Mail Delivery Agent, 메일 전송 에이전트로 MTA에 의해 메일서버에서 분류된 메일을 수신자에게 배송 |

**04** OSI 7계층

| 계층명 | 주요 프로토콜 | 주요 역할 (대표 장비) |
|---|---|---|
| 응용 | FTP, HTTP, TELNET, SMTP 등 | 사용자가 다양한 서비스(응용 프로그램)를 사용할 수 있게 함 |
| 표현 | | 암호화 및 복호화, 압축 |
| 세션 | SSL | 통신을 유지. 즉, 두 Host 사이에서 세션을 유지 및 관리 |
| 전송 | TCP, UDP | 양 끝 사용자 간의 신뢰성 있는 데이터 송수신. 오류 검출/복구(게이트웨이) |
| 네트워크 | | 각 노드 간의 이동경로 결정(라우터) |
| 데이터링크 | PPP, 이더넷 | 오류와 흐름 제어통한 신뢰성(브릿지) |
| 물리 | | 통신 위한 전기적, 물리적 규격(허브) |

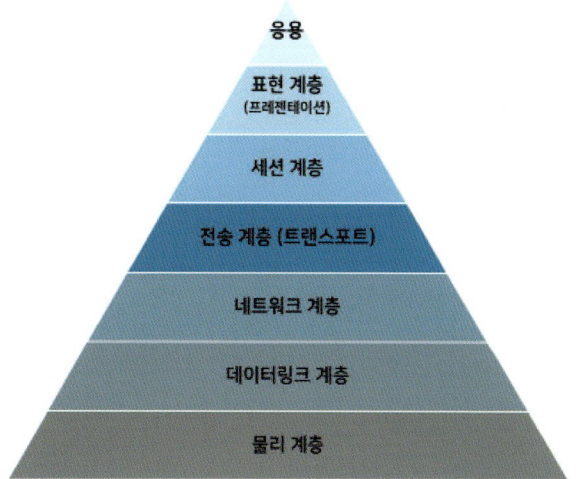

OSI 7계층은 국제표준화기구(OSI)에서 개발한 모델로 네트워크 간의 통신을 계층(Layer)으로 설명, L1(물리)~L7(응용)으로 7단계 구성
네트워크를 단계별로 나누어 각 계층별로 표준화했기 때문에 다양한 네트워크 장비들끼리 사용가능함

## 05 IEEE 802 표준

전기전자공학 전문가들의 국제조직인 전기전자기술자협회(IEEE, Institute of Electrical and Electronics Engineers)에서 수립하는 무선 네트워크 관련 국제 표준
수많은 무선 네트워크 관련 회사들이 이 표준에 따라 제품을 생산하기 때문에 다양한 브랜드의 기기들끼리 호환될 수 있음

| 주요 표준 | 특징 |
| --- | --- |
| 802.1 | 802 표준 전체에 대한 기본 구조에 대한 설명 |
| 802.3 | CSMA/CD 이더넷의 표준 |
| 802.4 | 토큰 패싱 버스의 표준 |
| 802.5 | 토큰 패싱 링의 표준 |
| 802.11 | 무선 LAN의 표준 |
| 802.15 | 블루투스, Zigbee 등의 표준 |
| 802.17 | 와이브로의 표준 |

**13** OSI 7계층에서 이더넷과 PPP를 지원하는 계층은?
① 표현 계층
② 응용 계층
③ 세션 계층
④ 데이터링크 계층

**14** OSI 7 Layer에서 응용계층 프로토콜이 아닌 것은?
① TCP   ② FTP
③ HTTP  ④ TELNET

13 ④  14 ①

**15** 다음 중 무선 네트워크를 위한 국제 표준은?
① IEEE 802.8
② IEEE 802.9
③ IEEE 802.10
④ IEEE 802.11

**16** IEEE에서 제정한 802 표준안 프로토콜에 대한 설명으로 거리가 먼 것은?
① 802.5 : 요구 우선순위 기반 애니 LAN
② 802.3 : CSMA / CD 이더넷 표준
③ 802.3u : CSMA / CO 고속 이더넷 표준
④ 802.4 : 토큰 패싱 버스 표준

15 ④  16 ①

**17** 인터넷과 관련된 통신 프로토콜 중 잘못 연결된 것은?
① TCP/IP: 인터넷 환경에서 정보의 전송과 제어를 위한 프로토콜
② HTTP: 웹 문서를 송수신하기 위한 프로토콜
③ SMTP: 전자우편 서비스를 위한 프로토콜
④ PPP: 파일 전송 프로토콜

**18** 전송계층에서 데이터를 세그먼트 단위로 전송하고 오류 제어 및 흐름 제어를 제공하는 프로토콜은?
① TCP        ② UDP
③ ICMP       ④ SMTP

**19** IP 논리주소를 MAC 물리주소로 변환시켜주는 프로토콜은?
① FTP        ② ARP
③ SMTP       ④ UDP

**20** 오디오 및 비디오와 같은 실시간 데이터의 신뢰성 있는 전송을 위해 제안된 인터넷 표준 프로토콜은?
① IP         ② RTP
③ TP         ④ FTP

> RTP : Real-time Transport Protocol (실시간 전송 프로토콜)의 약자로 인터넷을 통한 오디오와 비디오를 전달하는 프로토콜

17 ④  18 ①  19 ②  20 ②

## 02 프로토콜

### 01 주요 프로토콜

프로토콜(Protocol) : 네트워크상에서 통신하기 위한 규칙이나 약속

| | |
|---|---|
| TCP | Transmission Control Protocol의 약자로 컴퓨터(호스트)와 컴퓨터가 데이터를 교환하기 위한 통신 규약<br>제한된 전송량에 따라 데이터를 분할해 송수신 할 때 쪼개진 데이터가 제대로 송수신 됐는지를 확인하는 신뢰성이 높음 |
| IP | Internet Protocol의 약자로 OSI L3에 위치함<br>호스트 간의 통신 과정 전반을 책임지는 프로토콜임<br>IPv4와 IPv6 두 가지 방식이 있음<br>2011년 이후 IPv4는 신규 할당이 중지되었으며 고정IP와 유동IP로 운용하고 있음 |
| ARP | Address Resolution Protocol, 즉 주소 확인 프로토콜의 의미이며 논리적 주소인 IP주소를 실제의 물리적 주소인 MAC주소로 바꿔줌 |
| UDP | User Datagram Protocol의 약자로 TCP의 신뢰성 보장이 문제가 되는 상황 때문에 등장하게 됨<br>데이터의 송수신 완료 여부, 중복, 누락 등에 신경 쓰지 않고 전송 자체에 목적을 두고 있어 스트리밍, VoIP 영역 등에서 유용하게 활용 |
| HTTP | Hyper Text Transfer Protocol의 약자로 HTML로 만든 웹 페이지를 전송하는 프로토콜로 80번 포트 사용 |
| HTTPS | HTTP Secure의 약자로 HTTP의 보안프로토콜<br>암호화 되어 있어 전자상거래에 주로 쓰이며 포트는 443번 |
| MQTT | Message Queuing Telemetry Transport(메시지 대기 원격측정 전송 프로토콜)의 약자로 사물인터넷에 최적화된 초경량 통신프로토콜 |
| NNTP | Network News Transfer Protocol(네트워크 뉴스 전송 프로토콜)의 약자로 유즈넷(관심 분야끼리의 그룹 서비스 늑카페) 서비스 관련 프로토콜 |
| PPP | Point-to-Point Protocol의 약자로 서로 다른 업체의 원격접속 소프트웨어끼리 통신하기 위한 프로토콜 |
| FTP | File Transfer Protocol의 약자로 파일을 전송하는 프로토콜 |

## 02 TCP의 등장 배경과 연결설정

기존의 통신방법인 '회선교환'방식은 회선이 끊기면 통신이 끊기게 되어 있으나 TCP의 '패킷교환'방식은 최종 목적지만 정해주면 어떤 경로든 통신이 이어지는 장점이 있음. 다만 어떻게든 통신의 연결에만 중점을 두다보니 신뢰성이 떨어져 TCP가 등장하게 됨

| 3-way handshake | 포트번호 |
|---|---|
| SYN | A: 상대에게 통신하고 싶다는 메시지 발송 |
| SYN-ACK | B: 그 메시지에 응답+통신준비완료 메시지 발송 |
| ACK | A: 통신준비완료 메시지에 응답 |

## 03 IP의 구조

20~65,536바이트
20~60바이트

| 헤더 | 데이터 |

| 버전(4) | 헤더길이(4) | 서비스유형(ToS, 4비트) | 총 길이(16비트) |
| 식별(Identifier, 16비트) | | 플래그(Flag, 3비트) | 단편 오프셋(13비트) |
| 라이프 타임(TTL, 8비트) | 프로토콜ID(8비트) | 헤더 검사합(16비트) | |
| 송신지 IP 주소 | | | |
| 수신지 IP 주소 | | | |
| 옵션 | | | |

## 04 FTP의 종류

| FTP | File Transfer Protocol의 약자로 파일을 전송하는 프로토콜 FTP는 클라이언트 – 서버가 함께 관계를 이루며 동작하게 되는데<br>① 명령어 전달을 위한 '제어 연결' (전체 세션 동안 연결 유지, 포트는 TCP 21번 = 명령어 전달)<br>② 데이터 전송을 위한 '데이터 연결' (파일 전송 시마다 연결 후 바로 폐쇄, 포트는 TCP 20번 = 실제 파일 전송) 두 가지 방식으로 연결됨<br>또한 데이터 연결 방식은 ① 스트림 모드(가장 기본적인 방식으로 바이트를 단순하게 연속 전달)/ ② 블록 모드(데이터를 블록으로 나눠 캡슐화 하여 전송하는 전통적 방식)/ ③ 압축 모드(간단한 방식으로 압축한 후 블록 모드와 유사한 방법으로 전송)의 방식으로 연결됨<br>파일전송은 아스키모드(ASKII: 텍스트 파일 전송)와 바이너리모드(Binary: 동영상/실행 파일 전송)로 구분됨 |

---

**21** 신뢰성 있는 통신을 위하여 최초 접속 시 3-way handshake를 수행하여 syn, syn+ack, ack 신호를 통한 정확성 있는 통신에 이용되는 프로토콜은?
① HTTP ② TCP
③ UDP ④ IP

**22** IP 프로토콜 헤더의 필드로 라우팅 도중에 데이터 그램이 무한 루프에 들어가는 것을 방지하기 위해 인터넷에 머물 수 있는 최대 시간을 지정하는 필드는?
① IHL ② VER
③ TTL ④ FLAG

> IP의 헤더 : IP 패킷의 앞부분에서 주소 등 각종 제어정보를 담고 있는 부분
> Time-To-Live의 뜻 자체는 '생존 시간'의 의미로 해당 패킷이 네트워크에 너무 오래 머물렀을 경우 버리고 재전송 할 것인지를 알려줌

**23** TFTP(Trivial File Transfer Protocol)에 대한 설명으로 거리가 먼 것은?
① FTP보다 단순한 네트워크 어플리케이션이다.
② TCP 80번 포트를 이용한다.
③ 패스워드 없이 접속하여 파일을 가져올 수 있다.
④ 임베디드 시스템에서 운영체제 업로드로 주로 사용된다.

21 ② 22 ③ 23 ②

| Anonymous FTP | 익명 FTP로 아이디와 비번 없이 접속할 수 있으며 공개된 특정 디렉토리에서 파일을 읽는 권한만 있음 |
|---|---|
| TFTP | Trivial File Transfer Protocol<br>인증 기능 미제공, 아이디/비번 확인 등 없이 단순한 파일 전송 기능만을 제공 |

**24** Client와 Server 간에 FTP 프로토콜을 이용하여, 파일을 교환 하고자 할 때에 사용하는 데이터 전송모드가 아닌 것은?
① 패킷모드  ② 스트림모드
③ 블록모드  ④ 압축모드

**25** 파일전송 프로토콜(FTP)에서 파일 전송 시에 사용하는 데이터 전송 모드가 아닌 것은?
① 스트림 모드
② 블록 모드
③ 압축 모드
④ 패킷 모드

**26** IEEE 802.11 무선 LAN의 매체접속제어(MAC) 방식은?
① CSMA/CD
② CSMA/CA
③ Token bus
④ ICMP

연결된 회선이 아닌 무선이다 보니 충돌감지(CD)가 어려워 충돌 회피(CA)를 우선으로 작동함

24 ① 25 ④ 26 ②

## 05 네트워크의 유형

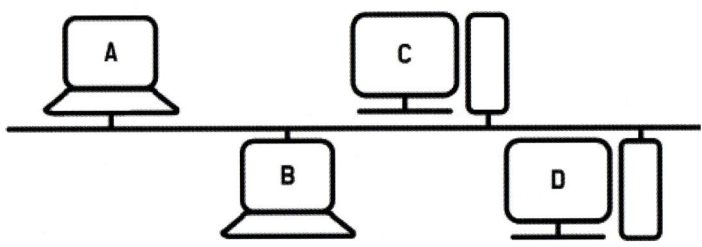

**CSMA/CD 방식**
Carrier Sense Multiple Access / Collision Detection, 우리말로 반송파감지 다중액세스/충돌 감지로 번역할 수 있음
이 방식은 해당 네트워크에 통신이 없을 때 눈치껏 전달하는 방법으로 데이터의 충돌이 일어나기 쉬운데 매우 짧은 시간동안 기다렸다가 다시 통신을 시도하게 됨

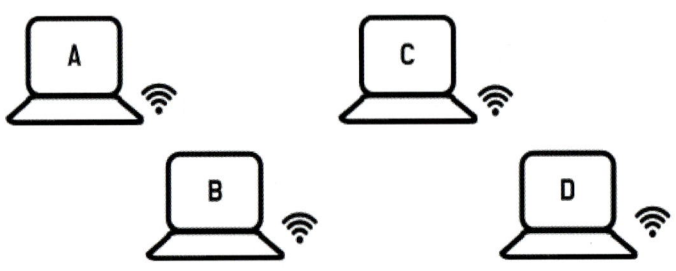

**CSMA/CA 방식**
Carrier Sense Multiple Access / Access with Collision Avoidance, 우리말로 반송파 감지 다중 액세스/충돌 회피로 번역할 수 있음

이 방식은 CSMA/CD방식과 달리 무선 네트워크를 연결/전송하는 방식을 설명하고 있으며 회선이 비어있는 것을 감지(캐리어 센싱)하는 것은 같으나, 일정한 난수만큼 기다렸다 전송하는 방식으로 최대한 충돌을 회피하는 방식으로 작동함

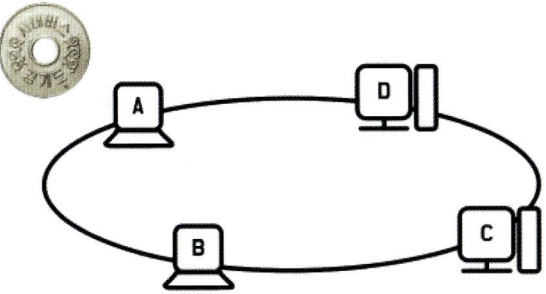

**토큰링 방식**
TokenRing 방식은 CSMA/CD 방식과 달리 오직 토큰을 가진 호스트만 데이터를 전송할 수 있으며 전송할 데이터가 없으면 바로 옆의 호스트에게 토큰을 주어 데이터를 전송할 권리를 넘기게 됨
충돌이 없다는 장점이 있으나 나머지 호스트는 대기해야 하는 단점도 있음

## 06 E-mail 관련 프로토콜의 종류와 구분

| | |
|---|---|
| SMTP | 이메일 송신용 프로토콜 |
| POP | 이메일 수신용 프로토콜 |
| IMAP | 이메일 수신용 프로토콜로 이메일의 헤더(머리글: 발신인, 수신인, 참조인, 메일제목, 날짜 등) 부분만 수신하며 본문은 서버에 보관. 이때 수신한 이메일은 서버에서 지워지지 않는 것이 장점 |
| MIME | 이메일에서만 사용되는 메일 전송용 표준 프로토콜로 텍스트는 물론 멀티미디어. 즉, 이미지나 사운드 뿐만 아니라 영상까지도 전송할 수 있게 해 주는 프로토콜 |

## 07 웹 보안 프로토콜

| | |
|---|---|
| SSL | 넷스케이프社의 인터넷 통신용 표준보안코드로 웹서버와 브라우저 간의 안전한 통신(주로 전자상거래 등의 보안을 위해)을 위해 개발된 기술이다. 주소형태가 https://의 형태임. HTTP, FTP 등에서도 호환 |
| TLS | Transport Layer Security의 약자로 SSL을 기반으로 발전한 형태임. 대칭키 암호 방식을 통해 도청, 간섭, 위조 등 방지 |
| S-HTTP | 기존 HTTP에 보안요소를 첨가해 개발한 것으로 HTTP의 보안 확장판. 공개키 암호 알고리즘 사용 |
| SEA | W3C가 개발한 것으로 전자서명과 암호화통신 등을 이용하여 보안 구현. SSL과 S-HTTP의 단점 보완 |

---

**27** 다음 보기가 설명하는 것은?

> 인터넷으로 전송되는 데이터를 식별하고 데이터의 종류를 구분하기 위해 정의한 표준화된 파일명 확장 리스트로서 다양한 파일의 확장자명과 타입, 용도에 대한 정의를 포함하고 있다.

① Plug-In   ② MIME
③ Cookie    ④ URL

**28** TCP/IP 통신에서 HTTPS에 사용되는 프로토콜은?
① IPsec     ② SSL
③ L2TP      ④ PPTP

**29** 포트번호가 443이며, 넷스케이프 사에서 개발한 보안 프로토콜은?
① IP        ② SSL
③ RDP       ④ L2TP

27 ②  28 ②  29 ②

**30** 웹 보안 프로토콜 중 RSA 암호화 기술을 기반으로 전송되는 정보를 보호하여 인터넷에서 안전하게 상거래를 할 수 있도록 지원해주는 지불(Payment) 프로토콜은?
① SET    ② FTP
③ SEA    ④ RS530

**31** 40비트와 128비트의 키를 가진 암호화 통신을 할 수 있게 해주는 SSL(Secure Socket Layer)의 서비스 포트번호는?
① 443    ② 80
③ 25     ④ 3389

30 ①  31 ①

| | |
|---|---|
| STT | MS와 비자카드가 공동개발 했으며 인터넷에서 사용되는 보안 코드 체계임 |
| SET | 마스터와 비자카드, IBM, MS, 넷스케이프 등이 개발하였으며 인터넷에서의 안전한 신용카드 결제를 위해 만듦 |

**08** 주요 프로토콜의 종류와 포트번호

| 프로토콜명 | 포트 번호 |
|---|---|
| HTTP | 80번 |
| HTTPS(SSL) | 443번 |
| FTP(제어연결) | 21번 |
| FTP(통신연결) | 20번 |
| TFTP | 69번 |

# Chapter 3 정보 보안

## 01 해킹

### 01 바이러스 유형

| | |
|---|---|
| 부트 바이러스 | 메모리상주형 바이러스로, 컴퓨터가 처음 가동될 때 사용하는 부팅영역인 하드디스크의 가장 처음 부분(부트 섹터)에 감염되는 바이러스 |
| 파일 바이러스 | 실행 파일에 감염되는 바이러스로 COM, EXE, SYS 등의 확장자를 가진 파일에 감염 |
| 부트/파일 바이러스 | 부트 섹터와 파일에 모두 감염되는 바이러스로 스스로 복제가 가능하게 설계됨 |
| 매크로 바이러스 | MS社의 엑셀과 워드프로그램에서 사용하는 문서파일에 감염되며 매크로를 통하여 문서를 읽을 때 감염되는 것이 특징 |

### 02 위협의 구체적인 형태

| | |
|---|---|
| 바이러스 | 특정한 상황 하에서 동작하여 시스템에 손상 |
| 웜(Worm) | 연속 복제를 통해 시스템 자원에 과부하 발생 |
| 트로이목마 | 정상적인 파일을 가장하여 악성프로그램 숨김 |
| 백도어(Back Door) | 비정상적인 경로(프로그래머가 점검/보수 등을 위해 감춰둔 뒷문)로 시스템에 침입 =TrapDoor |
| 스푸핑(Spoofing) | 속임수. 신뢰성 있는 사람이 데이터 보낸 것처럼 네트워크의 데이터를 변조해 TCP/IP의 구조적 결함을 이용하여 불법적으로 관리자 권한 획득<br>특정 프로그램이 정상적으로 실행되는 것처럼 위장하거나 정상사이트인 것처럼 위장 |
| 스니핑(Sniffing) | 해킹의 일종으로 네크워크를 떠도는 패킷을 엿보면서 ID나 비밀번호, 주민번호 등을 알아냄 |
| 파밍(Pharming) | 악성코드에 감염된 PC에서 정확한 사이트를 검색이나 직접 방문해도 가짜 사이트로 연결되도록 조작하는 신종 기법 |

**32** 컴퓨터 바이러스의 설명으로 틀린 것은?
① 복제(증식)기능, 은폐기능, 파괴기능과 같은 특징이 있다.
② 감염부위에 따라 부트 바이러스, 파일 바이러스, 부트/파일 바이러스 등으로 분류한다.
③ 매크로 바이러스는 감염대상이 실행파일이다.
④ 감염경로는 불법복사, 인터넷 등이 있다.

**33** 한 공격자가 여러 시스템을 동시에 사용하여 한 대상을 공격하는 공격의 종류는?
① 스푸핑(SPOOFING)
② 스니핑(SNIFFING)
③ 세션 하이재킹(SESSION HIJACKING)
④ 분산도스(DDOS)

**34** 서비스거부공격(Denial of Service)과 관련이 가장 적은 것은?
① Fraggle Attack
② Smurf Attack
③ Land Attack
④ Trojan Attack

32 ③ 33 ④ 34 ④

**35** 패킷을 전송할 때 소스 IP주소와 목적지 주소 값을 똑같이 만들어서 공격 대상에게 보내는 서비스 거부 공격은?

① Targa Attack
② Trinoo Attack
③ Smurf Attack
④ Land Attack

35 ④

| | |
|---|---|
| 피싱 (Phishing) | Private과 Fishing의 합성어로 개인정보를 통해 메일이나 문자, 전화 등의 수단으로 행하는 금융범죄 |
| 분산서비스거부 (D-DoS/DoS) | 특정표적시스템에 데이터패킷을 범람시켜 시스템의 성능저하를 발생시키거나 마비시킴 |
| Land Attack | Local Area Network Denial ATTACK으로 IP스푸핑을 이용한 공격<br>TCP에서 양쪽이 최초로 보낸 Flag에만 있어야 하는 SYN (Synchronize Sequence Numbers : 순서번호 동기화)를 계속 발생시켜 빈 연결을 쌓이게 하고, 이로 인해 시스템을 범람하게 하는 D-DoS의 일종 |

# 02 보안(해킹 및 위협에 대한 대응)

## 01 정보보안의 3대 요소

| | |
|---|---|
| 기밀성 | 허락되지 않은 존재가 정보의 내용을 알 수 없게 함 |
| 무결성 | 허락되지 않은 존재가 정보를 함부로 수정할 수 없게 함 |
| 가용성 | 허가된 존재가 정보에 접근할 때 방해받지 않게 함 |

## 02 암호화 방식의 종류

| | |
|---|---|
| 공개키 방식<br>(=비대칭키) | 공개키 : 암호화와 복호화가 다른키(그래서 비대칭 방식이라고도 함, 인터넷 뱅킹의 경우 개인키[ex.공인인증서]로 복호화 함)<br>RSA, ECC 등이 대표적 |
| 비밀키 방식<br>(=대칭키) | 비밀키 : 암호호와 복호화가 같은 키(공개키에 비해 암호가 더 복잡하게 되어 있으나 비대칭 방식보다 빠름)<br>DES, 3DES, AES, IDEA, RC4, Blowfish 등이 대표적 |

**36** 다음 중 정보보안의 기본 목표가 아닌 것은?
① 가용성   ② 통합성
③ 기밀성   ④ 무결성

**37** 데이터 암호를 위한 공개 Key 알고리즘에 속하는 것은?
① DES   ② SEED
③ RSA   ④ RC4

> 공개키 암호 방식을 개발한 MIT의 Rivest, Shamir, Adleman 세 명의 이름 앞글자를 딴 표기로 대부분의 인터넷 뱅킹이 RSA-2048 암호화를 사용함.
> 가장 대표적인 공개키 방식(=비대칭 암호화 방식)
> 공개키(=비대칭키)/비밀키(=대칭키)

**38** 다음 암호화 방식 중 비대칭 암호화 방식은?
① ARS   ② IDEA
③ RSA   ④ DES

**39** 대칭키 암호 시스템 중 블록 암호 방식이 아닌 것은?
① DES   ② RSA
③ SEED   ④ IDEA

**40** 비밀키 암호기법이 아닌 것은?
① AES   ② ESS
③ DES   ④ Blowfish

**41** 비밀키 암호화 기법으로 거리가 먼 것은?
① AES   ② DES
③ Blowfish
④ Diffie Hellman

36 ②  37 ③  38 ③  39 ②  40 ②  41 ④

# 기출문제 풀이

**01** 2012년 영국의 학교 재단에서 기초 컴퓨터 과학 교육을 증진시키기 위해 만든 싱글보드 컴퓨터로 25~35달러의 저렴한 가격, 그래픽 성능이 뛰어난 장점, 리눅스 기반 운영체제를 이식할 수 있는 싱글보드 컴퓨터는?
① 비글  ② 라즈베리파이
③ 비틀즈  ④ MEC

> 아두이노와 비슷하나 아두이노는 마이크로프로세스칩을 통해 코딩을 돌리는 초보적인 수준이라면, 라즈베리파이는 말 그대로 저성능 컴퓨터로 봐도 무방하며 IoT 분야 등에서 쓰임새가 증가하고 있음

**02** 지능형 교통시스템을 위한 통신방식으로 무선 통신 기술을 이용하여 통행료 자동지불시스템, 주차장관리, 물류 배송관리, 주유소 요금 지불, 자동차 쇼핑, 자동차 도선료 등 다방면에서 활용되는 단거리 통신은?
① DSRC  ② GPS
③ SDR  ④ Wibro

> 차량과 도로 간의 근거리 통신으로, 기존의 게이트를 통과하는 하이패스 방식 대신 'ㄷ'자 형태의 구조물 하단을 그대로 주행하면 자동으로 정산되는 '스마트 톨링' 시스템에 점차 적용되고 있음
> 최근에는 더 긴 통신거리를 지원하면서 교통량 관리, 여행정보제공 등 다양한 분야에서 활용됨

**03** 구글에서 2016년 5월에 발표한 데이터 분석 및 인공지능에 특화된 딥 러닝용 하드웨어는?
① GPU(Graphic Processing Unit)
② TPU(Tensor Processing Unit)
③ Nand Flash Memory
④ Blockchain

> 텐서처리장치로 번역되며 구글의 알파고 바둑 대국을 통해 널리 알려짐

> CPU, GPU처럼 일반적인 컴퓨터 작업이나 그래픽 처리가 아닌 딥 러닝을 위한 프로세서로 이해할 수 있음

**04** 온라인과 오프라인 소비채널을 융합한 마케팅을 통해 소비자의 구매를 촉진하는 새로운 비즈니스 모델은?
① O2O(Online to Offline)
② Open Market
③ Closed Market
④ Complex Market

**05** #과 특정단어를 붙여 쓴 것으로서 트위터, 페이스북 등 소셜 미디어에서 특정 핵심어를 편리하게 검색할 수 있도록 하는 메타데이터의 형태는?
① OLAP  ② Mobile UX/UI
③ Hashtag  ④ PnP

> 메타데이터 : 흔히 '데이터의 데이터'로 정의하는데 다시 말해 어떤 데이터를 설명하는 데이터를 의미함

**06** 일반적인 서버에서 클라우드 컴퓨팅 서비스를 생성하고 실행할 수 있도록 2010년 Rackspace사와 미국 항공우주국에서 수행한 프로젝트는?
① 애자일  ② 블록체인
③ 오픈스택  ④ O2O

> 클라우드 시스템을 만드는 일종의 운영체제로, 오픈소스 프로젝트로 운영해 많은 개발자들이 활용하게 되면서 업계의 기술표준 같은 위치를 확립함

**07** 미리 설계된 시간이나 임의 환경조건이 충족되면 스스로 모양을 변경 또는 제조하여 새로운 형태로 바뀌는 제품을 3D 프린팅 하는 기술은?
① 에그노스틱  ② 4D 프린팅
③ 민하드웨어  ④ 시멘틱

**08** 웹과 인터넷 등의 가상 세계가 현실 세계에 흡수된 형태이며, 가상세계 서비스로 "세컨드라이프" 등이

01 ② 02 ① 03 ② 04 ① 05 ③ 06 ③ 07 ②

대표적으로 기존의 가상현실(VR)보다 진보된 개념은?
① AaaS　　　② Grid
③ Metaverse　　④ Splogger

> 현실(Universe)과 가공, 추상의 세계(Meta)를 합성한 용어로 3차원의 가상세계를 의미하며, 아바타 등을 통해 상호 작용이 이뤄짐

**09** 맥락 인식 모바일 증강현실 환경의 사용자 인터페이스의 특징 중 가장 거리가 먼 것은?
① 모바일 플랫폼　② 맥락 인식
③ 직관적인 사용자 인터페이스 증강
④ 깊이 인지

> 맥락인식 : 모바일을 활용한 증강현실 기술로 학습자가 관찰하고 있는 대상이나 장소 등에 대한 부가적인 정보를 제공하는 등의 학습 분야에서 각광

**10** 각 픽셀을 박막 트랜지스터(TFT)로 작동하게 하는 능동형 유기 발광 다이오드로, 전력 소모가 상대적으로 적으며 더 정교한 화면을 구현할 수 있는 장점이 있는 것은?
① LCD　　　② AMOLED
③ PMOLED　　④ CRT

> 유기 발광 다이오드(Organic Light-Emitting Diode, OLED)의 일종으로써 모 기업의 마케팅 영향으로 흔히 '아몰레드'라 읽음
> 능동형(Active Matrix -) 유기 발광 다이오드로 번역하며, 참고로 LCD는 액정표시장치(Liquid Crystal Display)로 번역함
> 기술 특성상 OLED가 더 명확히 흑백을 표현하는 명암비나 시야각, 전력소비량 등에서 유리하나 가격이 비쌈

**11** 다음과 같은 특성으로 휘어지는 디스플레이 투명 디스플레이, 웨어러블 컴퓨터에 적용할 수 있는 차세대 소재는?

- 두께가 0.2mm로 얇음
- 상온에서 구리보다 100배 많은 전류 전달 가능
- 기계적 강도와 신축성이 좋음
- 탄소원자로 구성된 원자 크기의 벌집 형태 구조

① 그래핀　　　② 폴리케톤
③ 크레이프　　④ 슬립

**12** 투명전극이 코팅된 2장의 기판으로 구성되어 손가락이나 펜을 통해 화면에 압력을 주면 그 부위의 기판이 서로 달라붙으며 위치를 인지하는 터치스크린 방식은?
① 와이브로 방식　② 적외선 방식
③ 정전용량 방식　④ 저항막 방식

> 저항막 방식 : 전기적 접촉과 압력을 동시에 발생 시키는 방식으로 손가락을 비롯한 거의 모든 것으로 터치 가능하며 섬세한 인식이 가능해 최근 가장 보편적인 방식
> 적외선 방식 : 손가락이 닿아서 화면에 그림자가 생긴 부분을 인식하며 대형화면에 유리
> 정전용량 방식 : 액정 코팅에 얇게 흐르던 전류가 손가락이 닿은 부분을 인식하는 방식이며 멀티터치 등이 가능

**13** IP-TV에 대한 설명으로 틀린 것은?
① 초고속 광대역 네트워크를 통해 서비스 되는 디지털 채널 방송이다.
② 양방향의 데이터 서비스를 제공한다.
③ 셋톱박스를 통하여 디지털 비디오 레코딩 기능 등 다양한 멀티미디어 기능을 제공한다.
④ 필수 장비로 컴퓨터가 필요하다.

**14** 컴퓨터가 사람을 대신하여 정보를 읽고 이해하고 가공하여 새로운 정보를 만들어 낼 수 있도록 이해하기 쉬운 의미를 가진 차세대 지능형 웹은?
① N Screen　　② Smart Grid Web
③ Semantic Web　④ Topic Web

**15** 모바일 TV 미디어와 관련이 없는 것은?
① MMS　　　② DMB
③ DVB - H　　④ Media FLO

> DMB : Digital Multimedia Broadcasting의 약어로 지상파(T-DMB)와 위성방송(S-DMB)으로 구분
> DVB-H : Digital Video Broadcasting Hand Held의 약어로 유럽의 지상파 디지털방송인 DVB-T를 기반으로 한 유럽식 이동형 멀티미디어 방송 표준

08 ③　09 ④　10 ②　11 ①　12 ④　13 ④　14 ③　15 ①

노키아가 주도
Media FLO : 미국의 퀄컴社가 개발한 모바일 기기를 위한 디지털 방송시스템으로 DMB 방식에 대응하기 위한 차세대 이동형 멀티미디어 방송 기술

**16** 하나의 콘텐츠를 PC, 스마트TV, 스마트폰, 태블릿 PC 등 다양한 디지털 정보기기에서 끊김 없이 이용할 수 있게 해주는 서비스는?
① N-Screen ② NFC
③ trackback ④ Bluetooth

수학에서의 미지수 n을 차용한 용어로 n개의 스크린에서 하나의 콘텐츠를 이어서 경험할 수 있는 서비스

**17** 군용 통신에 이용 되었던 대역 확산(Spread Spectrum) 방식을 이동 통신에 이용한 방식으로 세계 최초로 디지털 셀룰러 전화에 채택하여 상용화된 기술은?
① FDMA ② TDMA
③ FDDI ④ CDMA

**18** Eureka-174을 기반하여 우리나라에서 개발한 지상파 디지털 멀티미디어 방송 표준은?
① T-DMB ② ATSC
③ DVB-T ④ IBOC

**19** 주로 모바일 기기를 대상으로 수백 미터에서 최대 1km 거리에 있는 모바일 기기들끼리 직접 통신이 가능한 기술은?
① NFC ② LTE D2D
③ RFID ④ SMA

LTE D2D(Device-to-Device) : 단말기가 기지국을 거치지 않고 단말기끼리 직접 통신하는 기술로 블루투스 등과 달리 원거리/다수의 연결이 가능해 기지국 신호를 못 받는 단말기에도 신호를 보내는 재난 통신 등에 활용 가능함

**20** 근거리 무선통신 규격(IEEE 802.15.4)을 기반으로 블루투스의 저속버전이라고도 불리며, 대규모 센서 네트워크를 구성할 수 있는 무선 통신 기술은?
① RFID ② Wi-Fi
③ WLAN ④ ZigBee

블루투스 기반의 저전력 무선통신, 유사 기술로는 NFC, 블루투스 등이 있음

**21** 저전력 단거리 무선망 IPv6(6LoWPAN)을 기반으로 한 도어록, 전구, 온도조절기, 세탁기 등 스마트 홈 기기간의 사물인터넷을 제공하는 무선 프로토콜은?
① 엠엔지 프로토콜
② 스레드 프로토콜
③ 에이디에스 - 비 프로토콜
④ 래드섹 프로토콜

**22** 사물통신(M2M), 사물인터넷과 같이 대역폭이 제한된 통신환경에서 최적화하여 개발된 푸시 기술 기반의 경량 메시지 전송 프로토콜은?
① Baas ② MQTT
③ N-SCREEN ④ Geo-fence

**23** 클라우드의 중앙 데이터센터 대신 거리상 가까이 위치한 끝단에서 데이터를 분석하고 이용하는 분산형 클라우드 컴퓨팅 방식은?
① Process Automation
② Edge Computing
③ Gopher Service
④ Meltdown

**24** 네트워크를 통한 데이터 전송 시 데이터의 전송경로를 파악하기 위해 사용하는 유닉스계열 운영체제의 traceroute, Windows 운영체제의 tracert 등은 공통적으로 어느 프로토콜을 기반하여 동작하는가?
① HTTP· ② ICMP
③ IMAP ④ X25

Internet Control Message Protocol(인터넷 제어 메시지 프로토콜)은 네트워크 장치에서 데이터 전송과 관련된 통신 문제를 진단하는 데 사용함

**25** 다음은 무엇에 대한 설명인가?

네트워크의 각 노드에 유일한 IP 주소를 자동으로 할당하고 관리하는 서비스이다.

16 ① 17 ④ 18 ① 19 ② 20 ④ 21 ② 22 ② 23 ② 24 ②

① POP　　　　　② DHCP
③ S/MIME　　　 ④ SMTP

> Dynamic Host Configuration Protocol(동적 호스트 설정 프로토콜)은 호스트 IP 구성관리를 단순화하는 IP표준
> 고정 IP를 설정하는 방식은 오타가 있거나 하면 연결이 안 되는 등의 여러 문제가 있어 IP를 필요로 하는 컴퓨터에 자동 할당 해 줄 필요가 생겼으며, IP부족 문제에도 기여함

**26** 홈 네트워킹에서 사용되는 홈 게이트웨이 기술이 아닌 것은?
① HAVi　　　　② UPnP
③ Jini　　　　　④ SNMP

> Simple Network Management Protocol(간이 망 관리 프로토콜)은 네트워크 관리를 위한 프로토콜이기는 하나 전혀 간단하지 않고 더 큰 규모의 네트워크에서 사용됨

**27** IPSec에서 제공되는 기능으로 거리가 먼 것은?
① 기밀성 보장　　② 인증
③ 접속 제어　　　④ 오류보고

> IP Security : 네트워크계층에서 인증, 암호화, 키관리를 하는 프로토콜로 데이터의 근원지나 상대방에 대한 인증, 무결성, 기밀성, 접근제어, 재생공격방지(Replay Attack Protection) 등을 제공함

**28** 비연결지향 전송계층 프로토콜은?
① UDP　　　　　② TCP
③ ICMP　　　　　④ SMTP

> TCP의 경우 메일이나 파일전송에서는 신뢰성 높아 유리하나 최근의 스트리밍 같은 방식에는 오히려 단점 많음
> 이를 해소하기 위해 등장한 것으로 연결의 신뢰성은 신경 쓰지 않고 데이터의 송신에만 집중하는 방식으로 실시간이 중요한 스트리밍이나 VoIP 등에서 활용되며 TCP와 마찬가지로 OSI 4계층인 전송계층에서 사용

**29** IEEE 802.16에서 사물지능통신(M2M)을 지원하기 위해 개발된 표준은?
① IEEE 802.16c　　② IEEE 802.16k
③ IEEE 802.16x　　④ IEEE 802.16p

> M2M을 위한 프로토콜이 MQTT라면, M2M을 위한 전송규격은 IEEE 802.19p

**30** IPv6에 대한 설명으로 틀린 것은?
① 네트워크의 고속화와 그래픽과 비디오 등의 혼합된 미디어 전송요구에 부합되도록 설계되었다.
② 128비트의 IP주소 크기를 가지고 있다.
③ 암호화와 인증 옵션들은 패킷의 신뢰성과 무결성을 제공한다.
④ 다섯 개의 클래스로 구성된 2 레벨 주소구조로 되어 있다.

**31** IPv6에 대한 설명으로 틀린 것은?
① 기본 헤더와 확장 헤더가 분리되어 있어서 유연한 구조를 가지고 있다.
② 주소 설정을 전담하는 DHCP 서버가 없는 경우를 stateful 주소 설정이라 한다.
③ IPv4의 헤더필드 중 일부를 삭제하거나 선택영역으로 변경하였다.
④ 보안과 관련하여 안전한 통신, 메시지의 발신지 확인, 암호화 기능 등을 제공한다.

**32** OSI 7계층에서 전송계층(Transport Layer)의 주요 기능이 아닌것은?
① 분할과 재조립　　② 종단 간 흐름제어
③ 디렉토리 서비스　④ 서비스 지점 주소 지정

**33** OSI 7 Layer에서 응용계층 프로토콜이 아닌 것은?
① TCP　　　　　② FTP
③ HTTP　　　　 ④ TELNET

**34** 데이터링크 계층에서 수행하는 기능이 아닌 것은?
① 프레임구성　　② 오류제어
③ 흐름제어　　　④ 연결제어

**35** 2003년 매트 물렌웨그가 창립하였으며, 웹상에서 콘텐츠를 저작하고 출판할 수 있는 오픈소스 콘텐츠 관리 시스템은?
① 타조　　　　② 워드프레스
③ 세컨드 스크린　④ 스마트 플러그

**36** 디지털 신호의 전달 과정에서 일어나는 시간 축 상의 오차, 즉 신호가 지연되어 전달되지 못해 발생하는 신호의 왜곡은?
① 클리핑(Clipping)　② 지터(Jitter)
③ 디더링(Dithering)　④ 노이즈(Noise)

**37** 해커가 무선 네트워크를 찾기 위해 무선장치를 가지고 주위의 AP(Access Point)를 찾는 과정을 말하며 무선 랜 해킹과정의 초기단계에 사용하는 방법은?
① Spoofing　　② Sniffing
③ War Driving　④ Analog Dialing

**38** 표적으로 삼은 특정 집단이 주로 방문하는 웹 사이트를 미리 감염시키고 피해 대상이 해당 웹 사이트를 방문할 때까지 기다리는 웹 기반 공격은?
① 워터링 홀　② 디도스
③ 트로이목마　④ 패스워드 스니핑

**39** 스니핑(Sniffing)에 해당하는 설명으로 옳은 것은?
① IP주소, 로그인화면 등을 속이는 것을 말한다.
② 컴퓨터 네트워크 상의 트래픽을 엿보는 행위를 말한다.
③ 네트워크 블록 전체를 스캐닝하여 취약점을 찾는 방법이다.
④ 거짓 패킷을 지속적으로 보내어 시스템을 마비시키는 것을 말한다.

**40** LAN 카드의 "Promiscuous Mode"를 이용하여 모든 트래픽을 도청하는 행위를 무엇이라 하는가?
① 부트파일 바이러스　② 디도스
③ 스니핑　　　　　　④ 백도어

**41** 스푸핑(Spoofing)의 종류가 아닌 것은?
① RPC Spoofing　② IP Spoofing
③ ARP Spoofing　④ DNS Spoofing

**42** 스푸핑(Spoofing)에 대한 설명으로 틀린 것은?
① 정당한 사용자로 위장하여 시스템에 침투하는 방법 이다.
② DNS 스푸핑은 실제 DNS 서버보다 빨리 공격대상 에게 DNS Response 패킷을 보내 공격대상이 잘못된 IP 주소로 웹 접속을 하도록 유도한다.
③ ARP 스푸핑은 MAC 주소를 속이는 것이다.
④ Land처럼 ICMP 패킷을 이용한다.

**43** 합법적으로 소유하고 있던 사용자의 도메인을 탈취하거나 DNS정보를 교묘하게 속여 사용자들로 하여금 실제 사이트로 오인하여 접속하도록 유도 한 뒤에 개인정보를 훔치는 컴퓨터 범죄 수법은?
① Pharming　　　② DoS Attack
③ SQL-Injection Attack
④ Macro virus

**44** DNS 스푸핑을 이용하여 공격대상의 신용정보 및 금융정보를 획득하는 사회공학적 해킹 방법은?
① 프레임 어택　② 디도스
③ 파밍　　　　④ 백도어

**45** 미국에서 진짜 와이파이(Wi-Fi)망을 복사한 가짜 망을 만들어, 접속한 사용자들의 신상 정보를 가로채는 인터넷 해킹 수법은?
① 교착상태　　　② 와레즈(warez)
③ 에블 트윈(Evil Twins)
④ 디도스(DDos)

**46** Brute-Force 공격에 해당하는 설명으로 맞는 것은?
① 통신망 중간에서 인증 정보를 얻어내는 방법이다.
② 모든 경우의 수를 대입하여 암호 해독을 시도한다.
③ 서버가 처리할 수 있는 용량 이상의 패킷을 보내 서비스를 마비시킨다.
④ 바이러스를 통해 해당 시스템에서 원하는 정보를 습득한다.

**47** 컴퓨터와 온라인의 보안 취약점을 연구해 해킹을 방어하거나 퇴치하는 민·관에서 활동하는 보안전문가는?

35 ② 36 ② 37 ③ 38 ① 39 ② 40 ③ 41 ① 42 ④ 43 ① 44 ③ 45 ③ 46 ② 47 ③

① 그리드　　② 크래커
③ 화이트 해커　④ 블랙 해커

**48** 해커의 분류에 있어서 최고 단계의 해커로 스스로 새로운 취약점을 발견하고, 이에 대한 해킹 코드를 스스로 작성할 수 있는 해커 레벨은?
① Newbie　　② Kids
③ Nemesis　　④ Scripter

**49** 정보보호를 위한 암호화에 대한 설명으로 거리가 먼 것은?
① 평문 - 암호화되기 전의 원본 메시지
② 암호문 - 암호화가 적용된 메시지
③ 키(Key) - 적절한 암호화를 위하여 사용하는 값
④ 복호화 - 평문을 암호문으로 바꾸는 작업

**50** 이메일 보안 기술 중 하나인 PGP(Pretty Good Privacy)에 대한 설명이 아닌 것은?
① 개인이 개발한 보안기술이다.
② 전자우편의 수신부인 방지를 지원한다.
③ 기밀성과 무결성 등을 지원한다.
④ RSA와 IDEA 등의 암호화 알고리즘을 사용한다.

**51** 데이터의 무결성을 검증하는 보안 알고리즘은?
① Hash 함수　　② DH
③ SHED　　　　④ AES

**52** 해시(Hash) 함수에 대한 설명으로 틀린 것은?
① 임의 길이의 메시지를 일정길이(120비트, 160비트 등)로 출력하는 함수이다.
② 함수가 양방향인 경우를 메시지 다이제스트라고 한다.
③ 메시지의 정확성이나 무결성을 중시하는 보안 업무에 사용한다.
④ 메시지의 무결성이나 사용자 인증을 사용하는 전자서명에 유효하다.

> Digest: 단방향 해시를 통해 얻어낸 암호화된 패스워드로 이를 수학적으로 계산해 다시 원래로 되돌리는 것은 현재 기술로 불가능

**53** 전자우편의 메시지 무결성을 위해 사용되는 해쉬 함수에 대한 설명으로 거리가 먼 것은?
① 다양한 가변 길이의 입력에 적용 가능해야 한다.
② 가변적인 입력 길이와는 달리 출력은 고정적이다.
③ 입력 값을 통해 결과 값을 얻는 것은 쉽지만 반대의 경우는 매우 어렵다.
④ 입력 값에 따라 동일한 출력 값을 가질 수 있다.

**54** 동일한 메시지라도 암호화가 이루어질 때마다 암호문이 변경되고 암호문의 길이가 2배로 늘어나는 특징을 지닌 암호 시스템은?
① ElGamal　　② RSA
③ SSL　　　　④ DES

> 타헤르 엘가말이 개발한 암호방식. 이산대수(이산로그) 기반의 공개키 방식으로 암호화가 이뤄질 때마다 길이가 2배로 늘어남. RSA 암호 방식에 비해 안전하나 속도가 느림

**55** 다음은 무엇에 대한 설명인가?

> 인터넷에서 전달하는 전자우편을 다른 사람이 받아 볼 수 없도록 암호화하고 받은 전자우편의 암호를 해석해주는 프로그램을 말한다.

① POP　　② PGP
③ S/MIME　④ SMTP

**56** 전자우편 시스템인 S/MIME에서 사용되는 암호 알고리즘으로 가장 거리가 먼 것은?
① SHA-1(Secure Hash Algorithm-1)
② MD5(Message Digest 5 Algorithm)
③ RSA(Rivest, Shamir, Adleman Algorithm)
④ IDEA(International Data Encryption Algorithm)

**57** WEP(Wired Equivalent Privacy) 보안에 대한 설명이 아닌 것은?
① IEEE 802.11b. 표준에 정의된 WLAN에 대한 보안 프로토콜이다.
② 무선 단말과 액세스 포인트가 동일한 WEP 키를 공유한다.
③ 사용자 인증과 부인방지를 지원한다.
④ 24비트 초기화 벡터를 이용하여 키 스트림을 반복해서 생성한다.

48 ③　49 ④　50 ②　51 ①　52 ②　53 ④　54 ①　55 ②　56 ④　57 ③

> 대칭키 방식으로 무선 네트워크의 보안을 지원하는 프로토콜로 기밀성과 무결성을 제공함

**58** 개인 PC보안을 위한 방법으로 적합하지 않은 것은?
① 개인 방화벽을 설정한다.
② 특수문자와 숫자를 포함한 8자 이상의 암호를 사용한다.
③ 보안 패치 관리를 위해 자동 업데이트를 설정한다.
④ Guest 계정을 활성화한다.

**59** 정보확산으로 인한 각종 부작용으로 추측이나 루머가 결합된 부정확한 정보가 인터넷이나 휴대전화를 통해 전염병과 같이 빠르게 전파됨으로써 개인 사생활, 경제, 정치 안보 등에 치명적인 영향을 초래하는 것을 의미하는 용어는?
① Hadoop   ② webaholism
③ trackback   ④ infodemics

**60** 커버로스에 대한 설명으로 옳은 것은?
① 공개키 암호 방식 사용
② 패스워드 추측 공격에 강함
③ 티켓 기반 보안 시스템
④ 시스템을 통해 패스워드는 평문 형태로 전송

58 ④　59 ④　60 ③

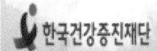 # 컴퓨터 증후군을 날리는 짬짬이 스트레칭

### ▲ 목 스트레칭
1. 의자에 상체를 곧게 펴고 몸에 힘을 뺀 상태로 앉는다.
2. 부드럽게 호흡하며 5초에 한번 목을 돌려준다. 양쪽 3회씩 수행한다.

### ▲ 손목 스트레칭
1. 손등이 위로 향하게 팔을 뻗고 반대 손으로 뻗은 손을 몸 쪽으로 당기며 10초간 스트레칭 한다.
2. 손바닥이 위로 향하게 팔을 뻗고 반대 손으로 뻗은 손을 몸 쪽으로 당기며 10초간 스트레칭 한다.
   반대쪽도 동일하게 진행한다.

### ▲ 등, 어깨 스트레칭
1. 의자에 바르게 앉은 상태에서 등에 힘을 빼면서 두 손으로 뒷머리를 눌러주며 10초간 스트레칭 한다.
2. 자세를 유지한 상태로 머리, 목, 등, 가슴, 팔꿈치를 최대한 펴면서 10초간 스트레칭한다. 앞뒤로 2회씩 수행한다.

### ▲ 어깨 스트레칭
1. 오른팔에 왼팔을 십자 형태로 걸어 고개를 반대로 돌리면서 왼팔을 몸쪽으로 당기며
   10초간 스트레칭한다. 반대쪽도 동일하게 진행한다.
2. 오른 팔을 위로 올린뒤 오른손으로 왼 팔꿈치를 당겨주며 10초간 스트레칭 한다. 반대쪽도 동일하게 진행한다.

### ▲ 허리 스트레칭
1. 의자에 바르게 앉아 하체를 고정시키고 오른손은 왼 무릎, 왼손은 의자 등받이를 잡는다.
2. 오른손을 당겨 허리를 비틀고 고개도 같이 돌리면서 10초간 스트레칭 하고 반대쪽도 동일하게 실시한다.

한 권으로 끝내는
## 멀티미디어콘텐츠제작전문가 필기
## 완벽대비

제 2 과목

# 멀티미디어 기획 및 디자인

# 제 2 과목
# 멀티미디어 기획 및 디자인

# PART 1
# 기획 및 구성

Chapter 1 콘텐츠 기획
Chapter 2 멀티미디어 마케팅
Chapter 3 콘텐츠 구성
기출문제풀이

# Chapter 1 콘텐츠 기획

## 01 아이디어 발상법

### 01 아이디어 발상법의 종류

| | |
|---|---|
| 브레인 스토밍법 | 집단 사고에 의한 독창적 아이디어 개발을 위한 그룹 토의법으로 제약이나 한계없이 생각하고 의견을 내놓을 수 있는 환경을 만들어 다양하고 폭넓은 사고를 통하여 혁신적 아이디어를 얻는 방법 |
| 고든법 (아이디어발상기법) | 미국의 심리학자 고든(William J. J. Gordon)에 의해서 고안된 것으로, 브레인 스토밍법과 유사하게 집단적으로 발상을 전개하나 테마를 구체적으로 제시하는 브레인스토밍과 달리 키워드만을 제시하고 리더가 주축이 되어 발상의 방향을 제시함 |
| 시네틱스법 | W. 고든에 의해 설립된 시네틱社에서 개발한 기법으로 2개 이상의 것을 결합하거나 합성한다는 의미의 그리스어 'syneticos'에서 비롯된 것으로, 사물과 현상을 관찰하고 거기에서 새로운 방법을 추측하거나 연상해 내게 됨. 구체적으로는 분석하는 제품과 가장 유사한 다른 것을 참고로 개선책 찾는 등으로 활용 |
| KJ법 | 일본의 카와키타 지로가 창안한 방법으로 다른 방법들이 아이디어를 쏟아내는 것이라면 KJ법은 아이디어를 체계적으로 정리하고 구조화 하는 것을 중심으로 함. 즉 아이디어를 정리하는 것이 핵심 |

**01** 디자인을 위한 아이디어 발상법과 그 내용이 잘못된 것은?
① 브레인스토밍을 거침없이 생각하여 말을 하도록 하는 방법으로 폭넓은 사고를 통하여 우수한 아이디어를 얻도록 하는 것이다.
② 고든법이란 가장 구체적으로 문제를 설명하여 주고 자유로운 토론을 유도하는 방법이다.
③ 시네틱스법(Synetics)이란 서로 관련이 없어 보이는 것들을 조합하여 2개 이상의 것을 결합하거나 합성 하는 방법으로 Idea를 발상하는 방법이다.
④ KJ법이란 가설발견의 방법으로 사실이나 정보를 듣고 직감적으로 관계가 있다고 느끼는 것을 말하는 것이다.

01 ②

## 02 스케치

### 01 스케치의 종류

| 스크래치 스케치<br>(Thumbnail Sketch) | 초기 단계, 아이디어 표출, 이미지 포착 위해 간략하게 그린 그림<br>순간적으로 떠오르는 아이디어를 포착하기 위해 순간적으로 그린 이전 단계를 따로 썸네일 스케치로 부르기도 함 |
|---|---|
| 러프 스케치<br>(Rough Sketch) | 간단한 음영이나 재질 표현 등을 적용하며 좀 더 구체적인 아이디어의 개략이 나타남 |
| 스타일 스케치<br>(Style Sketch) | 가장 정밀하며 전체 및 각 부분에 대한 여러 각도의 스케치가 필요한 경우가 많음 |

02 스케치 중 가장 정밀한 스케치로 외관의 형태, 컬러, 질감 등을 표현한 것은?
① 스타일 스케치
② 스크래치 스케치
③ 러프 스케치
④ 아이디어 스케치

03 썸네일 스케치(Thumbnail Sketch)에 대한 설명으로 옳은 것은?
① 표현대상의 특징과 성질 등을 사진처럼 세밀 하게 스케치
② 아이디어를 간략하고 신속하게 스케치
③ 최종 결과물을 보여주는 자세한 스케치
④ 형상, 재질, 패턴, 색채 등을 정확하게 스케치

02 ① 03 ②

# Chapter 2 멀티미디어 마케팅

## 01 마케팅 일반

**04** 인터넷 비즈니스 모델의 구성요소 중 일부이다. 올바른 설명이 아닌 것은?
① Contents : 웹사이트가 가지고 있는 디지털화 된 정보
② Customization : 개별 사용자를 위한 맞춤화 서비스
③ Commerce : 웹상에서 이뤄지는 상품 판매 관련 거래
④ Communication : 자신들의 공통 관심사에 대하여 의견과 정보를 교환하는 사용자 간의 비공식적인 공동체

04 ④

**01** 인터넷 비즈니스 모델 핵심 3C (최근 들어 Customization이 추가)

| | |
|---|---|
| Contents | 소비자가 원하는 참신한 정보생성(상품정보, 가격비교, 뉴스, 음악, 동영상 등) |
| Community | 공통의 관심사를 갖고 있으면서 원하는 사람들과 교류할 수 있는 장(동호회, 채팅, 게시판 등) |
| Commerce | 실제로 웹을 통해 재화나 서비스가 거래 |
| Customization | 고객맞춤으로 번역하며 거래정보를 바탕으로 개인화 서비스를 제공 |

Contents를 바탕으로 Community를 형성해 이를 기반으로 Commerce하는 것이 이상적이고 전형적인 발전 형태

# Chapter 3 콘텐츠 구성

## 01 웹 디자인

### 01 정보디자인의 개념

정보디자인은 디자인의 하위 개념 중 하나로 정보기기 및 웹의 발달과 더불어 더욱 중요해지고 있음

사용자가 정보를 접할 때 느낄 수 있는 혼란을 줄이고 정보에 대한 이해력을 높여 의사결정에 도움이 되는 디자인이 중요

| | |
|---|---|
| 상호작용 디자인 (Interaction Design) | 인간이 제품이나 서비스를 사용하면서 상호간 작용하는 것을 용이하게 하는 디자인 분야로 의도하는 행위가 일어날 수 있게 직관적으로 디자인해야 함<br>① 가시성 : 기능이 눈에 띄어야 함<br>② 피드백 : 사용자의 행동에 따른 변화가 피드백 되어야 함<br>③ 제한요소 : 특정 상황에서 행동범위를 규정하거나 제한해 오류를 미연에 방지해야 함<br>④ 메타포(또는 맵핑) : 메타포란 어떤 것을 머리에 떠올릴 때 직관적으로 반응하는 느낌과 해석을 의미하며, 특별한 설명이나 도움 없이 대상의 기능이 떠올라야 함<br>⑤ 일관성 : 디자인에 있어 일정한 패턴이나 예측 가능한 일관성을 지녀야 함<br>⑥ 행동유도성 : 사용자에게 기대하는 행동이 자연스럽게 유도되어 일어날 수 있어야 함 |

**05** 상호작용(Interaction)에 관한 내용 중 옳지 않은 것은?
① 상호작용의 정도가 클수록 프로그래밍의 역할이 중요해진다.
② 상호작용의 인터페이스에는 주로 이미지, 텍스트 등을 사용한다.
③ 게임 연출의 경우에는 상호작용 디자인이 게임의 재미를 결정하는 가장 핵심 요소이다.
④ 게임의 경우 상호작용은 중요한 반면 웹의 경우 실시간 상호작용은 적은 편이다.

**06** 다음 중 인터랙션 디자인(Interaction Design)의 중요 요소와 거리가 먼 것은?
① 내비게이션
② 정보 접근의 유형
③ 화려함
④ 상호작용을 위한 사용성 용이

05 ② 06 ③

**07** 웹 디자인 시 고려하여야 할 사항들에 대한 설명으로 옳은 것은?
① 웹 페이지에 가능한 많은 정보를 제공한다.
② 각각의 페이지마다 독창성을 살려 컬러나 전체적인 이미지 톤, 레이아웃 등에 변화를 주어야 한다.
③ 웹 디자인이 중심이 되기보다는 콘텐츠를 부각시킬 수 있는 디자인이 되어야 한다.
④ 웹 페이지의 다운로드 속도를 빠르게 하기 위해 메뉴나 이미지 속의 타이포그래피도 웹브라우저에 디폴트로 지정된 폰트를 활용하는 것이 좋다.

**08** 인터페이스 디자인을 위한 조명 원리로 거리가 가장 먼 것은?
① 통일   ② 조화
③ 절제   ④ 균형

07 ③  08 ③

## 02 웹 페이지 디자인의 구성요소

| 메뉴 | 사이트 메뉴라고도 하며 일반적으로 웹페이지의 헤더 영역에 자리하게 됨 |
|---|---|
| 로고 | 웹 페이지의 가치를 높이고 정체성을 상징적으로 보여줄 수 있는 요소 |
| 아이콘 | 색이나 글꼴, 디자인 등에 일정한 규칙 및 통일성을 주는 것이 좋으며 기능이 직관적으로 나타나야 함 |
| 버튼 | 일반적으로 아이콘 혹은 텍스트와 결합하며 지정된 기능에 대해 사용자와 상호작용할 수 있게 함 |
| 네비게이션 | 사용자가 원하는 정보를 빠르고 정확하게 찾고, 이동하기 위해 제공하는 모든 것들을 의미 |

※ 웹 페이지 인터페이스 설계 원칙 : 사용자가 원하는 정보를 손쉽게 찾을 수 있도록 디자인 및 구성하며, 웹 사이트 전체에 대한 구조 정보를 제공해야 함
또한 각 웹 페이지를 독립적으로 구성하면서 일관성을 유지

## 03 사용자 인터페이스

| | |
|---|---|
| CUI | Character User Interface의 약자로 운영체제의 경우 DOS나 UNIX처럼 문자로 명령을 내리는 환경을 의미 |
| GUI | Graphic User Interface의 약자로 윈도우처럼 그래픽 중심으로 되어있어 주로 마우스를 사용해 명령을 내리는 환경을 의미 |

**09** 전통적인 사용자 인터페이스로 키보드에 의해 입력하고 결과를 보여주는 방식의 명령어 체계는 다음 중 무엇인가?
① Web Contents
② Visual Composition
③ Character-Based UI
④ Graphic UI

**10** 사용자가 그래픽을 통해 컴퓨터와 정보를 교환하는 작업 환경을 말하는 것으로 키보드를 이용한 명령어 입력 대신 마우스 등을 이용하여 화면의 메뉴 중에서 하나를 선택하여 작업하는 방식은?
① Anchor
② GUI
③ Hypermedia
④ Mapping

**11** 동작이나 목록이 메뉴나 아이콘으로 표현되며, 키보드나 마우스를 사용하여 진행되는 방식의 직관적인 사용자 인터페이스를 무엇이라 하는가?
① GUI    ② CBUI
③ HSV    ④ CMYK

09 ③  10 ②  11 ①

# 기출문제 풀이

**01** 다음 중 콘텐츠 제작과정이 아닌 것은?
① 프로덕션(Production)
② 프리 프로덕션(Pre - Production)
③ 포스트 프로덕션(Post - Production)
④ 애프터 프로덕션(After - Production)

**02** 시나리오 구성요소와 설명이 바르게 연결된 것은?
① 모티브(Motive) - 삽입장면
② 프롤로그(Prologue) - 영화의 본 내용 뒤에 보여 지는 해설
③ 내러티브(Narrative) - 스토리의 구성
④ 내레이션(Narration) - 영화의 내용을 소개하는 도입부분

**03** 기획서 작성에 대한 설명으로 틀린 것은?
① 표지는 기획서를 읽는 사람이 기획서와 처음 접하는 페이지로서 컬러와 디자인 감각을 적극 도입한다.
② 플로차트(Flowchart)는 기획된 내용들을 각 모듈과 모듈별, 개념과 개념의 상관관계, 내용구성의 로직을 한눈에 볼 수 있도록 작성한다.
③ 안건에 대한 개선이나 문제점을 해결하기 위해 방향성을 제시하면서 개선안에 대한 구체적인 방안을 모색하여 방법을 제시한다.
④ 스토리보드는 전체구성도로서 기입에는 코드명 형식을 사용한다.

**04** 현재 또는 잠재적인 소비자의 욕구를 충족시켜주는 제품 및 서비스에 대해 계획하고, 가격을 결정하며, 판촉활동을 하고 배포하도록 계획된 경영 활동의 전반적인 체계를 무엇이라 하는가?
① 시장조사 ② 리서치
③ 기획 ④ 마케팅

**05** 멀티미디어 마케팅에 대한 설명으로 틀린 것은?
① 마케팅의 목적과 소비자 집단을 명확하게 규명한다.
② 성공적인 판매를 위해서는 유통 판매점 방문 및 통신판매, 강습회 등의 기회를 마련한다.
③ 소비자 집단의 특성에 따라 홍보와 판매장소 방법을 선택한다.
④ 무조건 다수의 사람들에게 홍보 및 판매 전략을 적용해야 한다.

**06** 마케팅 전략 수립에서 손익분기점 분석에 대한 내용으로 틀린 것은?
① 투자비용의 고정비용은 개발에 필요한 비용이며 인건비, 개발기간 동안의 외주비용, 복리후생비나 운영비용 등을 포함한다.
② 변동비란 제품의 제작 수량과 밀접한 관계가 있다.
③ 소비자 가격은 가능한 높게 책정하여 이익 발생 시점을 앞당길 수 있게 한다.
④ 손익 분기 수량은 소비자가 가격을 결정하고 제품제작 단가가 나왔을 때, 최소 매출 수량을 타산하는 유용한 수단이다.

**07** 다음 중 마케팅 커뮤니케이션의 기능으로 포함되지 않는 것은?
① 정보기능 ② 제시기능
③ 조정기능 ④ 구조기능

**08** 다음은 소비자 의사결정의 각 단계별 항목이다. 순서대로 바르게 나열된 것은?

| ㉠ 대안평가 | ㉡ 구매결정 | ㉢ 문제인식 |
| ㉣ 정보탐색 | ㉤ 구매 후 행동 | |

① ㉢→㉠→㉣→㉡→㉤
② ㉣→㉢→㉠→㉡→㉤
③ ㉢→㉣→㉠→㉡→㉤
④ ㉣→㉢→㉠→㉡→㉤

**09** 다음 중 우리나라 텔레비전 광고의 유형이 아닌 것은?

01 ④ 02 ③ 03 ④ 04 ④ 05 ④ 06 ③ 07 ④ 08 ③

① 프로그램 광고　② 스팟(Spot) 광고
③ 특집광고　　　④ 네온사인 광고

> 스팟 광고: 케이블에서 특히 자주 보이는 유형으로 방송을 1부 2부로 나누고 그 사이에 집행되는 광고 유형

**10** 웹 가상 커뮤니티에서 개인을 상징하는 대표적인 심벌로 원래 분신, 화신을 뜻하는 말은?
① 사인(Sign)　　② 아이콘(Icon)
③ 블릿(Bullet)　　④ 아바타(Avatar)

**11** 다음 중 웹 2.0 서비스에 해당하지 않는 것은?
① 페덱스(FedEx)
② 위키피디아(Wikipedia)
③ 팟캐스팅(PodCasting)
④ 소셜 네트워크 서비스(Social Network Service)

> 개방, 공유, 참여가 핵심으로 사용자가 직접 정보를 생산하고 쌍방향으로 소통하는 웹 기술

**12** 다음 중 웹 페이지의 이미지 구성요소로 잘못된 것은?
① 로고　　　② 아이콘
③ 메뉴　　　④ 사이트맵

**13** 웹 디자인에서 내비게이션에 대한 설명으로 거리가 먼 것은?
① 웹 콘텐츠를 분류하고 체계화시킨 후 이들을 연결시켜 방문자로 하여금 웹 사이트를 이용할 수 있게 하는 체계를 말한다.
② 일관성 있는 아이콘과 그래픽을 사용하여 사용자가 홈페이지 어디서라도 길을 잃지 않고 필요한 정보를 쉽게 얻을 수 있도록 하는 것이다.
③ 웹 사이트의 전체적인 분위기를 결정하고 개인의 홍보나 회사의 홍보, 또 사용자간의 자발적 참여와 커뮤니티를 형성한다.
④ 사이트의 이동경로나 이동방법, 이동을 돕는 구조와 인터페이스를 모두 포함하는 개념이다.

**14** 웹 사이트 구축 시 사용되는 메뉴 유형 설명이 잘못된 것은?
① 자바스크립트를 사용하여 롤오버 버튼을 제작할 수 있다.
② 플래시로 메뉴를 만들면 다양한 효과가 첨가된 메뉴 제작이 가능하다.
③ 이미지 탭으로 제작된 메뉴는 이미지 이외의 추가적인 코드에 대한 지원이 필요 없어 시간소요가 적다.
④ 텍스트 메뉴는 용량이 적어 속도가 빠르다.

> 롤오버: 마우스를 올렸을 때 다른 내용의 메뉴가 광고가 보임

**15** 다음 중 인터넷/웹 기반 서비스가 아닌 것은?
① E-Mail
② FTP(File Transfer Protocol)
③ Portal Site
④ Graphic Tablet

**16** 다음 중 이미지의 구성요소인 픽셀(Pixel)에 대한 설명으로 틀린 것은?
① 픽쳐(Picture) 와 구성요소(Element) 의 복합어다.
② 픽셀은 더 이상 부분으로 나눌 수 없는 개체이다.
③ 디지털 시스템과 가장 유사한 이미지는 바로 모자이크다.
④ 픽셀은 둘 이상의 값을 갖고 있다.

**17** 모션블러(Motion-Blur)에 대한 설명으로 틀린 것은?
① 카메라 앞에서 너무 빨리 움직이는 물체가 흐리게 보이는 현상이다.
② 이 현상은 물체의 속도가 빨라지고 대상물이 카메라에 가까워짐에 따라 감소한다.
③ 컴퓨터 그래픽에서 고속으로 운동하고 있는 물체를 표현하는 방법 중 하나이다.
④ 이 현상은 컴퓨터 애니메이션에서는 자동적으로 일어나지 않으며 제작자가 추가해야 한다.

09 ④　10 ④　11 ①　12 ④　13 ③　14 ④　15 ④　16 ④　17 ②

# 제 2 과목
# 멀티미디어 기획 및 디자인

# PART 2
# 멀티미디어 디자인 일반

Chapter 1  디자인 일반
Chapter 2  디자인 요소와 원리
Chapter 3  화면 디자인
Chapter 4  디지털 색
기출문제풀이

# Chapter 1 디자인 일반

## 01 디자인 일반

**01. 다음 중 디자인의 조건이 아닌 것은?**
① 합목적성 ② 경제성
③ 주관성 ④ 심미성

**02. 디자인의 조건 중 최소의 재료와 노력에 의해 최대의 효과를 얻고자 하는 원리는?**
① 합목적성 ② 질서성
③ 경제성 ④ 독창성

**03. 굿 디자인(Good Design) 조건으로 틀린 것은?**
① 가독성 ② 경제성
③ 독창성 ④ 기능성

01 ③ 02 ③ 03 ①

### 01 디자인(Design)의 요건

| | |
|---|---|
| 합목적성 | 조형물의 실용성이나 합리성, 효용성 등의 특성을 평가 = 기능성 |
| 심미성 | 아름다움을 느끼는 미적의식으로 원칙적으로는 합목적성과 대립되는 개념으로 개인의 기호에 따라 비합리적, 주관적, 감성적 특징을 지님 |
| 경제성 | 심미성과 합목적성을 잘 조화시켜 처음 단계부터 한정된 경비로 최상의 디자인이 나올 수 있도록 구체화해야 함 |
| 독창성 | 현대 디자인의 핵심으로 창조적이며 이상을 추구하면서도 독창적인 요소를 가미해야 함 |
| 질서성 | 디자인 4대 조건인 합목적성, 심미성, 경제성, 독창성이 서로 조화를 이루기 위해 질서성이 반드시 필요 |

그 외 합리성/비합리성/친자연성/문화성

### 02 디자인의 구성 요소 중 개념적 요소

※ 굿디자인 : 유럽과 미국을 중심으로 제2차 대전 후 대량생산 제품의 품질 향상운동의 하나로 발생
 - 런던디자인진흥원은 Kite Mark(카이트마크) 부여하는 방식
 - 뉴욕현대미술관은 1950년 첫 굿디자인 전시회 개설

| | |
|---|---|
| 점 | - 기하학 정의: 점은 미세하며 크기 없으나 공간에서 위치 값 가짐<br>- 조형적 정의: 형태의 가장 기본적 요소이며 한 선의 양 끝이나 2개의 선이 만나는 곳에서 볼 수 있음. 점이 이동하면 선, 확대되면 면, 다시 축소되면 점 |
| 선 | - 기하학 정의: 무수히 많은 점들의 집합이며 폭 없이 길이와 방향만을 가짐<br>- 조형적 정의: 점이 이동한 자취가 선을 이루며 길이, 방향 외에도 표현상의 폭을 가짐. 이 폭이 길이보다 좁으면 선, 폭과 길이의 차이가 적으면 면으로 인식 |
| 면 | - 기하학 정의: 2차원의 모든 방향으로 펼쳐진 무한히 넓은 영역<br>- 조형적 정의: 공간을 구성하는 기본 단위이며, 셋 이상의 점이 연결된 변에 의해 정의된 내부 공간 |

| 입체 | - 1차원: 점이 이동해 생기는 선<br>- 2차원: 선이 이동해서 생기는 면<br>- 3차원: 면이 이동해서 생기는 입체 = 공간 |
|---|---|

### 03 디자인의 분류

|  | 2차원디자인(평면) | 3차원디자인(입체) | 4차원디자인(공간) |
|---|---|---|---|
| 시각<br>디자인 | 그래픽, 상업, 광고,<br>편집, 타이포그래피,<br>일러스트, CI, 심볼 | 포장,<br>POP | 애니메이션, 영상,<br>TV, CF |
| 제품<br>디자인 | 벽지,<br>텍스타일,<br>인테리어 패브릭 | 가구, 액세서리,<br>주방용품 |  |
| 환경<br>디자인 |  | 환경, 실내, 전시,<br>디스플레이 | 무대 |

- POP(Point Of Purchase AD) : 구매 판매 디자인이며 소형포스터, 사람모양의 패널 등

### 04 3차원 입체디자인의 요소

| 개념 요소 | 점, 선, 면, 입체 |
|---|---|
| 상관 요소 | 위치, 방향, 공간, 중량감 |
| 구조 요소 | 꼭짓점, 모서리, 면 |

**04** 디자인의 분류 중 2차원 디자인이 아닌 것은?
① 텍스타일 디자인
② 벽지 디자인
③ 액세서리 디자인
④ 포토 디자인

**05** 시각전달 디자인 분야에 해당되지 않는 것은?
① 타이포그래피
② 포스터 디자인
③ 무대 디자인
④ 광고 디자인

**06** 다음 ( )에 들어갈 내용을 순서대로 바르게 나열한 것은?

> 입체디자인의 기본 형태를 이루는 ( ), 공간 내의 상호 관계를 이루는 ( ), 대상물의 실체를 형성하는 ( )로 구성되어 있다.

① 개념요소, 상관요소, 구조요소
② 실제요소, 상관요소, 개념요소
③ 상관요소, 구조요소, 개념요소
④ 상관요소, 개념요소, 구조요소

**07** 입체디자인의 상관요소가 아닌 것은?
① 위치    ② 방향
③ 공간    ④ 길이

04 ③  05 ③  06 ①  07 ④

**08** 디자인의 역사 중 공예개량운동인 미술공예운동을 전개한 사람은?
① 윌리엄 모리스  ② 설리번
③ 브뤼셀       ④ 에밀 갈레

**09** 미술 공예운동에 대한 설명으로 옳은 것은?
① 기계생산의 질을 향상시키려는 정책을 세웠다.
② 수공업이 가지고 있는 아름다움을 회복시키려고 중세적직인제도의 원리에 따른 공예개혁을 시도 하였다.
③ 전통적인 유럽역사양식으로부터 탈피하고자 하였다.
④ 형태를 기하학적으로 정리하여 기계생산이 가능하게 하였다.

**10** 19세기 후반 영국의 윌리엄 모리스가 주창했던 것은?
① 구성주의    ② 기능주의
③ 미술공예주의 ④ 분리파

**11** 미술사조에 나타난 색채의 특징 중 틀린 것은?
① 큐비즘(Cubism): 입체파라고 불리며 화려하고도 어두운 톤과 강한 명암대비를 사용하였다.
② 데스틸(De Stile): 순수한 원색으로 제한되어 있으며 강한 원색대비가 특징이다.
③ 아방가르드(Avant Garde): 급진적 변화와 폭넓은 색채를 사용하였다.
④ 아르데코(Art Deco): 부드러운 색상과 독특한 패턴을 사용하였다.

08 ① 09 ② 10 ③ 11 ④

# 02 디자인 역사

## 01 근현대 디자인사

| | | |
|---|---|---|
| 고대그리스 | | 종교적 의미, 기하학과 황금비율 등 질서와 조화 |
| 르네상스 | 15C내외 | 기독교사상 기반, 성당 및 길드 중심 |
| 산업혁명 | 19C | 대량생산으로 예술성보다는 실용성 |
| 미술공예운동 | 1860~1900 | 윌리엄 모리스에 의해 영국에서 시작된 수공예운동(예술의 민주화)<br>저질 기계 공예품에 반대, 이후의 대부분의 근대 디자인 운동에 영향 끼쳤으나 근대화에 역행(수공예로 비싼 가격)하여 실패 |
| 아르누보 | 1890~1910 | 빅토르 오르타가 시작한 장식미술로 식물을 모방한 곡선과 화려한 양식이 특징<br>산업혁명 완성 후 신예술 양식 요구<br>평면적이고, 장식적인 비례가 특징으로 전영역에 걸친 종합예술 추구 |
| 독일공작연맹 | 1907~1933,<br>1946~ | 헤르만 무테지우스가 이끈 디자인진흥단체로 공업제품을 양질화하고 객관적, 합리적 미술 주장<br>영국 미술공예운동의 영향을 받아 예술가, 건축가, 산업가 등을 주축으로 공작연맹 발족하였으며 유럽 각국에 유사 단체가 설립되게 됨<br>기계생산을 전제로 하는 디자인 추구 |
| 큐비즘 | 1908~ | 1908년 마티즈가 처음 언급하였으며 인상주의를 거쳐 등장한 양식으로 프랑스 입체주의로 피카소, 브라크, 마티스 등이 대표 작가(입체파) |
| 1차세계대전 | 1914~1918 | |
| 데 스틸 | 1917~1930 | 新조형주의라고도 하며, 수직/수평분할 및 3원색과 무채색만 활용<br>수학적 계산에 의한 치밀하고 기하학적인 형태 추구 |
| 바우하우스 | 1919~1933 | 독일공작연맹의 영향을 받았으며 당시 가장 민주적 헌법 국가였던 '바이마르공화국'에서 시작된 창조적 조형 교육<br>근대 디자인의 정점 |
| 아르데코 | 1920~1939 | 파리국제박람회에서 처음 등장한 용어로 '장식미술'의 의미하며 新장식주의<br>기하학적 형태를 패턴화 해 기계적 대량생산이 가능한 장식을 적극 활용<br>이후 팝디자인과 포스트모던 디자인에 영향 |
| 2차세계대전 | 1939~1945 | |

## 02 근현대 디자인 사상(표현 양식)

| | | |
|---|---|---|
| 다다이즘 | 1914~1918 | 입체주의 영향으로 꼴라주(실제 오브제나 재료를 붙여 표현하는 기법)가 더욱 발전 전쟁에서 비롯된 기존의 질서를 부정하고 반미술적 행위를 표방하고 자유로운 표현 중시 |
| 초현실주의 | 1920~1930 | 유럽과 미국을 중심으로 유행하였으며 1차 세계대전 이후 인간성 상실의 도피로 무의식이나 몽상을 주로 다룸 |
| 포스트모더니즘 | 1960~ | 인간의 정서적, 유희적 본능 중시 |
| 팝아트 | 1960~ | 앤드워홀, 올덴버그 등이 대표 작가로 잡지 등을 오려붙여 대량소비사회를 풍자 (영국팝아트: 비판/미국팝아트: 긍정표현) |

**12** 기본적인 형태의 반복, 동심원 등의 기하학적인 문양직선미를 추구한 파리 중심의 1920년대 장식 미술은?
① 아르누보  ② 아르데코
③ 구성주의  ④ 옵아트

**13** 기능주의에 입각한 모던디자인의 전통에 반대하여 20세기 후반에 일어난 인간의 정서적, 유희적 본성을 중시하는 디자인 사조로서 역사와 전통의 중요성을 재인식하고 적극 도입하여 과거로의 복귀와 디자인에서의 의미를 추구한 경향은?
① 모더니즘
② 합리주의
③ 팝아트
④ 포스트모더니즘

12 ② 13 ④

## 03 각종 멀티미디어/그래픽스 효과

### 01 그래픽 처리 관련 용어

| | |
|---|---|
| 디더링 | 제한된 색상을 섞어 다양한 색을 만들어 냄 |
| 메조틴트 | 동판화를 찍은 것처럼 무수히 많은 점으로 효과 냄 |
| 인터레이싱 | 이미지의 대략적 모습을 먼저 보여준 후 점차 자세히 그림 파일을 표시하는 방법 |
| 안티앨리어싱 | 이미지 외곽의 거친 부분을 부드럽게 처리 |
| 솔러리제이션 | 필름 과다노출 시 발생하는 톤의 반전현상 |
| 랜더링 | 2차원에 광원, 색상 등을 부가하여 3차원화상 만듦 |
| 텍스처 매핑 | 단순한 색으로 덮여있는 3차원 폴리곤에 텍스처(그림)을 붙여 질감을 살리는 기법 |

**14** 물체가 가지고 있는 질감을 표현해 주기 위해 평면에 무늬를 삽입하는 것처럼 표현하고 텍스처나 패턴을 표면에 부여하는 방법을 질감처리(Mapping)라 한다. 다음의 매핑 처리는 무엇을 설명하는가?

- 물체표면에 텍스처를 사용하여 음각과 양각효과를 나타내는 방법
- 물체표면에 엠보싱 효과를 나타낼 때 사용함

① 텍스처 매핑
② 솔리드 텍스처 매핑
③ 범프 매핑
④ 패턴 매핑

**15** 디더링(Dithering)에 대한 설명으로 옳지 않은 것은?

① 제한된 수의 색상을 사용하여 다양한 색상을 시각적으로 섞어서 만드는 작업이다.
② 포토샵의 디더링 옵션으로 색상간의 경계를 자연스럽게 흩어주는 방식인 디퓨젼이 있다.
③ 해당 픽셀에서 표현하고자 하는 컬러와 가장 가까운 컬러 값을 사용하면 가장 우수한 화질을 얻을 수 있다.
④ 두 개 이상의 컬러를 조합하면 원래 이미지와 좀 더 가까운 이미지를 표현할 수 있다.

14 ③ 15 ③

**16** 셀과 뚜렷한 경계선의 거친 부분을 부드럽게 하는 기법은?
① Dithering
② Smooth Shading
③ Surface Modeling
④ Anti-Aliasing

16 ④

# Chapter 2 디자인 요소와 원리

## 01 디자인 요소

### 01 디자인의 요소

| | |
|---|---|
| 개념적 요소 | 실제로 존재하지는 않지만 시각을 통해 이념상 존재하는 요소 (점, 선, 면, 입체) |
| 시각적 요소 (조형적 요소) | 실질적으로 볼 수 있는 것으로 재료와 기법에 따라 다르게 느껴질 수 있음 (형 Shape, 형태 Form, 크기, 색상, 질감, 빛, 명암) |
| 상관 요소 | 독립적으로 보다는 여러 가지 요소를 포함하여 표현됨 (방향감, 위치감, 공간감, 중량감) |
| 실제 요소 | 디자인의 고유 목적 달성을 위하여 존재하는 요소로, 질감 표현을 위한 재료, 디자인 목적에 적합한 기능, 메시지 전달을 위한 대상 등 |

**17** 디자인의 요소로 가장 거리가 먼 것은?
① 형태　② 색
③ 재료　④ 질감

**18** 디자인의 조형요소가 아닌 것은?
① 형태　② 유행
③ 색채　④ 재질감

**19** 디자인의 시각 요소에 속하지 않는 것은?
① 모양(Shape)
② 크기(Size)
③ 비례(Proportion)
④ 배경(Background)

**20** 다음은 디자인 요소 중 무엇에 관한 설명인가?

> 광원으로부터 나오는 광선이 물체에 비추어 반사, 분해, 투과, 굴절, 흡수될 때 안구의 망막과 여기에 따르는 시신경을 자극하여 일어나는 감각현상이다.

① 형태　② 색채
③ 질감　④ 빛

17 ③　18 ②　19 ④　20 ②

## 02 디자인 원리

### 01 디자인의 원리

| | |
|---|---|
| 통일<br>(Unity) | 미적 질서의 기본으로 주제, 모양 크기 등의 반복 뿐 아니라 색채, 질감 등으로도 구현지나친 통일은 단조로울 수 있어 적당한 변화 필요 |
| 조화<br>(Hamony) | 두 개 이상의 요소나 부분이 서로 통일되어 높은 수준의 미적, 감각적 효과를 발휘하는 현상으로 여러 요소들의 통일, 변화의 정확한 배합과 균형 중요<br>유사조화: 외형적 동일요소의 조화로 온화하고 안정적대비조화: 변화의 다른 형식으로 강력하고 화려함 |
| 균형<br>(Balance) | 시각적인 무게의 동등한 배분을 의미하며 대칭, 비대칭, 비례 등을 통해 표현됨<br>대칭적 균형/비대칭적 균형/대칭/색채의 균형 등 |
| 비례<br>(Proportion) | 균형을 구성하는 요소 중 하나로 두 개 이상의 요소나 부분의 비중, 크기 등이 일정한 비율로 구성되어 공간적 조형미를 나타내는 상태<br>황금분할: 긴 선분과 짧은 선분의 비율이 1:1.618비례의 3종류: 기하학 / 산술 / 조화적 비례 |
| 대칭<br>(Symmetry) | 균형을 구성하는 요소 중 하나로 상하좌우 등 일정 방향으로 같은 형태로 마주보고 있는 안정적인 상태 |
| 율동<br>(Rhythm) | 선이나 형태, 문양 등을 일정한 체계로 배치하고 이를 통해 얻는 시각적 율동<br>반복/점이(점진)/교대/방사 등 |
| 강조<br>(Emphasis) | 특정 부분의 형태나 색, 크기 등을 강화함으로써 변화를 주어 시선을 끌고 긴장감을 주는 요소 |

**21** 2차원에서 모든 방향으로 펼쳐진 무한히 넓은 영역을 의미하며 형태를 생성하는 요소로서의 기능을 가진 것은?
① 점 ② 선
③ 면 ④ 입체

**22** 조형적 디자인 요소에서 형태를 이루는 요소가 아닌 것은?
① 점 ② 위치
③ 선 ④ 면

> 디자인의 개념적 요소와 동일(입체만 제외 및 형태로 치환)

21 ③ 22 ②

**23** 디자인 요소들 간의 관계 조절을 원활하게 유지하기 위하여 적용되는 디자인 조건은?
① 질서성 ② 심미성
③ 합목적성 ④ 경제성

**24** 비례의 3가지 유형으로 거리가 먼 것은?
① 사실적 비례 (Realistic Proportion)
② 기하학적 비례 (Geometric Proportion)
③ 산술적 비례 (Arithmetic Proportion)
④ 조화적 비례 (Harmonic Proportion)

**25** 인체스케일에 대한 척도인 모듈러(Modulor)의 기본 개념은?
① 그리드 ② 비례
③ 연관 ④ 일관성

23 ① 24 ① 25 ②

**26** 모듈러(Modular)의 기본 개념은?
① 통일   ② 연관
③ 수학   ④ 비례

**27** 형태의 시각적 특성으로써 비례에 대한 설명으로 거리가 가장 먼 것은?
① 황금분할은 모듈러의 개념으로 1:1.414이다.
② 비례란 개념적으로 시각적 질서나 균형을 결정하는데 쓰인다.
③ 황금 분할은 그리스 시대부터 미적인 비례의 전형으로 사용되었다.
④ 이상적인 비례로는 루트, 피보나치수열, 황금분할 등이 있다.

**28** 어떤 색을 본 후 이어서 다른 색을 볼 때 생기는 대비로 시간차를 두고 일어나는 대비현상은?
① 면적대비   ② 보색대비
③ 연변대비   ④ 계시대비

26 ④  27 ①  28 ④

## 02 대비의 정의와 종류

색의 대비
├─ 계시 대비 — A색을 계속 보다 B색을 볼 때 이전 색의 영향으로 색이 달라져 보이는 현상
└─ 동시 대비 — 인접한 두 색을 같이 볼 때 서로의 영향으로 색이 달라져 보이는 현상
    ├─ 색상 대비
    ├─ 보색 대비
    ├─ 명도 대비
    ├─ 채도 대비
    ├─ 면적 대비
    ├─ 연변 대비
    └─ 한난 대비

| 03 | 대비의 정의와 종류 | |
|---|---|---|
| 색상 대비 | 서로 다른 두 색이 대비되는 효과로 가장 대비가 큰 것은 3원색 명도와 채도가 비슷할수록 색상 차가 크며 우리나라의 단청이나 오방색 등에서도 볼 수 있음 | |

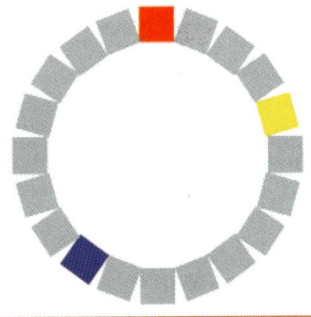 

| 04 | 대비의 정의와 종류 | |
|---|---|---|
| 보색 대비 | 반대 대비라고도 하며 하나의 색이 주위 혹은 배경색의 영향으로 강조되는 시각 효과(튀어 보임) | |

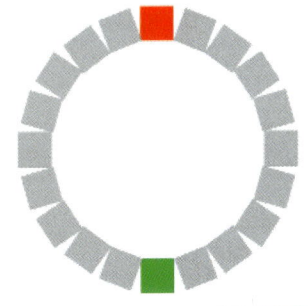 

| 05 | 대비의 정의와 종류 | |
|---|---|---|
| 명도 대비 | 명도가 다른 두 색이 대조가 되어 명도차가 크게 보이는 현상으로 명도가 높은 색과는 가볍고 부드러운 느낌을, 어두운 색과는 무겁고 차분한 느낌을 만듦 | |

**29** 흰색 배경의 회색보다 검정색 배경의 회색이 더 밝게 보이는 것은?
① 보색대비  ② 채도대비
③ 명도대비  ④ 색상대비

29 ③

**30** 동일한 색을 채도가 낮은 바탕에 놓았을 때는 선명해 보이고, 채도가 높은 바탕에 놓았을 때는 탁해 보이는 것을 무슨 대비현상 때문인가?
① 색상대비  ② 채도대비
③ 명도대비  ④ 계시대비

**31** 면적대비에 대한 설명으로 옳은 것은?
① 같은 색이라도 면적이 좁은 쪽이 넓은 쪽 보다 명도가 높게 느껴진다.
② 같은 색이라도 면적이 좁은 쪽이 넓은 쪽 보다 채도가 높게 느껴진다.
③ 면적의 크고 작음에 의해서 색이 다르게 보이는 현상을 면적대비라고 한다.
④ 배색에서 넓은 면적은 채도가 높은 색, 좁은 면적은 채도가 낮은 색이 효과적이다.

**32** 다음 중 두 색이 인접해 있을 때 서로 인접한 부분이 경계로부터 멀리 떨어져 있는 부분보다 색상, 명도 채도의 대비 현상이 더욱 강하게 일어나는 현상은?
① 보색대비  ② 명도대비
③ 연변대비  ④ 색상대비

30 ②  31 ③  32 ③

---

**06 대비의 정의와 종류**

| 채도 대비 | 채도가 다른 두 색이 대조되는 효과로 무채색 바탕의 유채색은 채도가 더 높아 보이고(고채도), 원색 바탕의 무채색은 상대적으로 채도가 더 낮아 보임(저채도) |

 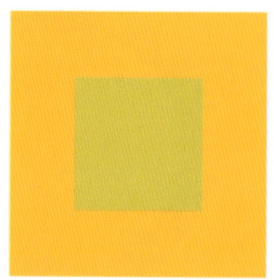

**07 대비의 정의와 종류**

| 면적 대비 | 색면의 크기에 따라 명도와 채도가 달라 보이는 효과로 면적이 클수록 명도와 채도가 높아 보임 |

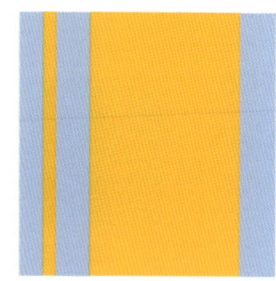 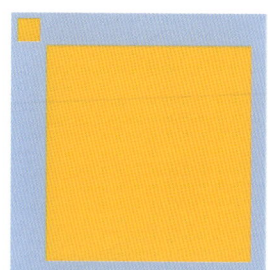

**08 대비의 정의와 종류**

| 연변 대비 | 경계 대비라고도 하며, 인접한 두 색의 경계가 되는 부분에서 색상, 명도, 채도 대비가 강해지는 현상을 의미. 연변대비를 막기 위해 무채색을 테두리를 주기도 함(분리 배색) |

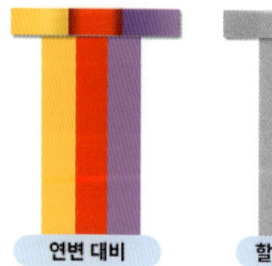 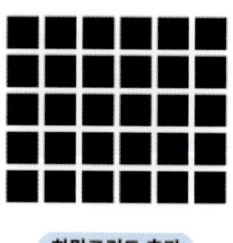

연변 대비 / 할레이션 현상 / 하만그리드 효과

**33** 연변대비에 대한 설명으로 가장 알맞은 것은?
① 면적이 커지면 실제보다 명도, 채도가 높아 보이는 현상
② 색의 차고 따뜻함에 변화가 오는 대비 현상
③ 어떤 색을 보고 난 뒤 다른 색을 보는 경우 먼저 본 색의 영향으로 색이 다르게 보이는 현상
④ 어떤 두 색이 맞붙어 있을 때 그 경계 부분에서 대비 현상이 더 강하게 나타나는 현상

33 ④

## 09 대비의 정의와 종류

| 한난 대비 | 중성색 계열에서 인접한 한색 혹은 난색에 따라 색 느낌의 영향을 받는 것을 의미<br>무채색에서도 느낄 수 있으며 흰색은 차가운 느낌, 검은색을 따뜻한 느낌을 느끼게 됨 |
|---|---|

 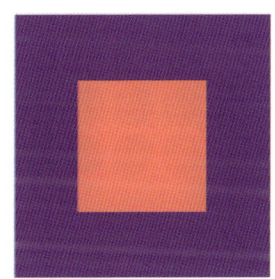

## 10 잔상의 정의와 종류

| 잔상 | 어떤 색을 일정 시간 동안 보고 있을 때 그 색의 자극이 망막에 흔적을 남겨 해당 자극이 없어지더라도 남아있는 동질 혹은 이질의 감각 경험 |
|---|---|
| 정(正)의 잔상 | Positive after image. 망막의 흥분상태가 지속되어 원래 색의 밝기와 색상이 남아있는 잔상 |
| 부(不)의 잔상 | Negative after image. 원래의 색과 반대로 남는 잔상 |

**34** 잔상이 원래의 감각과 같은 밝기 및 색상을 가지는 것은?
① 동시대비  ② 동화현상
③ 정의잔상  ④ 부의잔상

34 ③

**35** 게슈탈트 법칙으로 틀린 것은?
① 접근성  ② 유사성
③ 용이성  ④ 폐쇄성

35 ③

**36** 게슈탈트의 심리법칙 중 거리가 가까운 요소끼리 하나의 묶음으로 보이는 것은?
① 근접성의 원리
② 폐쇄성의 원리
③ 유사성의 원리
④ 연속성의 원리

36 ①

## 11 게슈탈트 심리법칙(Gestalt laws)

| Gestalt [게슈탈트] : 형태, 형상 | - 막스 베르트하이머(Max Wertheimer)가 처음 주장하였으며 인간이 형태를 지각(인지)하는 방법이나 법칙을 설명 ☞ 형태심리학<br>- 형태가 지각의 원초적 단위로 패턴을 체제화하는 것은 인간의 생득적 특성이라 봄<br>- 즉, "우리 뇌는 구성 요소들을 개별로 보기에 앞서 윤곽, 패턴, 형태적 차이를 먼저 파악한다"라는 것이 핵심 주장<br>- 근접성, 폐쇄성, 유사성, 연속성 등의 성질을 갖고 있으며 기억, 학습, 사고 등에도 적용 가능해 심리학을 비롯한 사회과학, 회화, 영화, 음악 등 다양한 방면에도 영향을 끼침 |
|---|---|
| 군화(群化)의 원리 | - 베르트하이머가 주장한 그룹화(군화, 群化)의 기준<br>- 근접의 법칙, 유동의 법칙, 폐합(閉合)의 법칙, 좋은 연속의 법칙, 좋은 모양의 법칙이 있음 |

## 12 군화(群化)의 원리

| 근접성 (Law of Proximity) | 서로 모양이 동일 혹은 유사하거나 거리가 근접한 것끼리 무리지어 인식 |
|---|---|

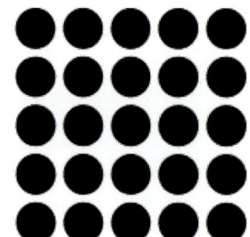 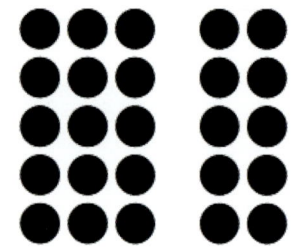

## 13 군화(群化)의 원리

| 폐쇄성 (Closure) | 완성되지 않은 형태를 기존 경험으로 완성시켜서 인지 |
|---|---|

세계자연기금

## 14 군화(群化)의 원리

| 유사성 (Similarity) | 유사한 요소, 모양, 크기, 색채 등을 하나로 인식 |
|---|---|

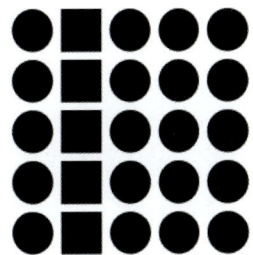 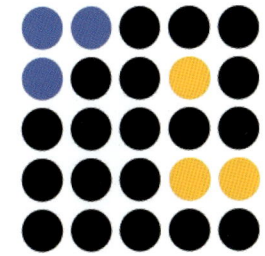

## 15 군화(群化)의 원리

| 연속성 (Continuity) | 어떤 선이나 운동방향을 하나로 인식 |
|---|---|

## 16 군화(群化)의 원리

| 단순성/간결성 (Simplicity) | 대상을 주어진 조건 하에서 가급적 단순하고 간결하게 인식 |
|---|---|

---

**37** 디자인에 필요한 시각적인 원리 중에는 베르트하이머(Wertheimer)에 의해 정식화된 군화의 원리가 있다. 그중 비슷한 성질을 가진 것들은 비록 떨어져 있어도 서로 그룹을 이루고 있는 것처럼 보이는 원리를 무엇이라 하나?
① 유사성의 원리
② 폐쇄성의 원리
③ 연속성의 원리
④ 공동 운명의 원리

**38** 게슈탈트의 심리법칙 중 윤곽선이 완전히 연결되어 있지 않아도 같은 형태로 방향성을 지니고 있다면 연결 되어 보이는 것을 무엇이라고 하는가?
① 폐쇄성의 원리
② 연속성의 원리
③ 유사성의 원리
④ 근접성의 원리

> 1920년대 독일에서 시작되었으며 시지각적 구성을 심리학적 실험으로 접근
> 좋은 형태의 요소를 단순, 규칙, 대칭, 균형, 기억의 용이성으로 봄

37 ① 38 ②

| 17 | 군화(群化)의 원리 | |
|---|---|---|
| | 전경/배경 (Figure and Ground) | 1차적 주의를 이끄는 개체를 전경, 그 밖의 대상은 배경으로 분리해서 인식 |

루빈의 컵

| 18 | 군화(群化)의 원리 | |
|---|---|---|
| | 공통성/공통운명 (Common fate) | 이동성을 지닌 유사한 대상들을 하나의 묶음으로 인식 |

| 19 | 군화(群化)의 원리 | |
|---|---|---|
| | 대칭성 | 복잡한 대상을 기하학적으로 대칭성을 부여하며, 이 때 근접성이 무시되기도 함 |

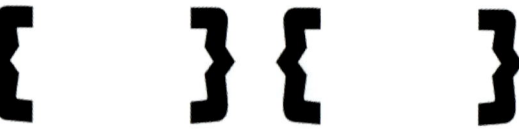

**칸딘스키 형태 연구**

| 바실리 칸딘스키 (Wassily Kandinsky) | - 현대 추상 미술의 아버지로 불리는 러시아 출신 화가로 대학에서 법학과 경제학을 공부하다 클로드 모네의 그림을 보고 충격과 감명을 받아 화가로 전향<br>- 삼원색(빨강, 노랑, 파랑)과 세 도형(삼각형, 사각형, 원형)을 활용한 점, 선, 면, 풍부한 색채의 활용이 특징 |
|---|---|

**39** 칸딘스키(Kandinsky)가 제시한 형태 연구의 3가지 요소가 아닌 것은?
① 육각형  ② 사각형
③ 삼각형  ④ 원형

39 ①

# Chapter 3 화면 디자인

**40** 디 타이포그래피(Typography)에 관한 내용으로 거리가 가장 먼 것은?
① 타입(Type)과 그래피(Graphy)의 합성어이다.
② 디자인 된 문자를 활용한 문자 표현이나 작품을 레터링(Lettering)이라고 한다.
③ 타입(Type)은 문자 또는 활자의 의미를 갖는다.
④ 정보를 시각화하여 전달하는 방법 중에 가장 과학적이고 객관적인 방법으로 많은 메시지를 전달할 수 있는 새로운 디자인 형태이다.

40 ④

## 01 타이포 그래피

### 01 타이포그래피(Typography)

| 타이포그래피의 3가지 속성 | 균형, 비례, 조화 |
|---|---|
| 종류 | - 명조체(serif typeface) : 여성적이고 가독성 좋음<br>- 고딕체(sans-serif typeface) : 명시성이 좋음 |
| 모션 타이포그래피 | 4차원 공간에서 시간 소리와 결합하여 복합적으로 표현되는 것 |

**41** 타이포그래피에 대한 설명으로 틀린 것은?

① 메시지를 전달하는 데 있어 매우 중요한 요소이다.
② 회화, 사진, 도표, 도형 등을 시각화 한 것을 말하며, 문장이나 여백을 보조하는 단순한 장식적 요소이다.
③ 글자를 가지고 하는 디자인으로 예술과 기술이 합해진 영역이다.
④ 글자의 크기, 글줄 길이, 글줄 사이, 글자 사이, 낱말 사이, 조판 형식, 글자체 등이 조화를 이루었을 때 가장 이상적이다.

**42** 타이포그래피의 조건에 대한 설명으로 가장 적합한 것은?

① 특이하면서도 단순한 게슈탈트로 확대나 축소되어도 변하지 않아야 한다.
② 시각요소들의 명료도, 가독성 정도를 고려하여 서체의 미적인 면과 내용표현의 적절성, 표현성을 갖추어야 한다.
③ 규모, 내용, 이념 등을 강조할 수 있는 커뮤니케이션 수단이어야 한다.
④ 사물의 성격, 목적, 용도 등을 파악하여 적절한 의미의 상징성을 고려하여야 한다.

41 ② 42 ②

## 02 편집 디자인

### 01 편집 디자인의 주요 용어 및 개념

| | |
|---|---|
| 레이아웃 | 디자인이나 편집 등에서 한정된 공간 안에 적절히 배치하여 전달성, 가독성, 주목성 등을 높이는 일 |
| 포맷 | 틀잡기 정도의 의미로 기본 양식을 의미하는 것으로 디자인의 가로/세로 배치나 용지의 크기, 분량, 질감 등 전반적이고 대략적인 것을 아우르는 개념 |
| 라인업 | 분할과 배치, 배열하는 작업 |
| 마진 | 여백 |

**43** 디편집디자인에 있어서의 레이아웃(Layout)이란?
① 의사 전달 목적과 관련된 사진 내용의 이해
② 시각적 구성요소들을 조합하여 상호간 기능적으로 배치, 배열하는 작업
③ 내용을 전달하는 그림을 완성하는 일
④ 편집의 처리규정과 운영방법을 계획하는 것

**44** 화면의 레이아웃 디자인 시 그리드(Grid)에 대한 설명으로 거리가 먼 것은?
① 한 화면상에서 구성요소들의 배치를 정확히 하는 것을 돕는다.
② 여러 화면에서 구성요소들의 일관성을 유지시켜 준다.
③ 그리드가 부적절하거나 일관성이 부족할 때는 웹페이지의 타이포그래피와 그래픽이 시각적으로 혼란스러울 수 있다.
④ 그리드는 모듈, 본문 컬럼, 마진, 그리고 단위 등으로 구성된다.

43 ② 44 ④

**45** 레이아웃의 구성 요소가 아닌 것은?
① 포맷(Format)
② 옵셋(Offset)
③ 라인업(Line-up)
④ 마진(Margin)

**46** 출판물의 전체적인 흐름을 알 수 있도록 내용 요소, 조형적 요소들을 배치하고 구성하는 작업을 지칭하는 용어는?
① 포맷(Format)
② 마진(Margin)
③ 라인업(line-up)
④ 프로토타입(Prototype)

45 ② 46 ③

# Chapter 4 디지털 색

## 01 색 정보의 표현

### 01 포토샵 색 모드

**47** 특정 컬러를 표현하는 제한된 색 모드에 대한 설명으로 거리가 먼 것은?
① 이중 톤 모드(duotone)에서는 2에서 4가지 색상 잉크를 사용하여 이미지를 만든다.
② 비트맵 모드는 두 색상 값 중 하나(Black or White)를 사용하여 이미지 픽셀을 표현한다.
③ 그레이스케일 모드는 256레벨의 그레이스케일을 사용하여 이미지를 표현한다.
④ 인덱스 색상모드는 최대 216 색상을 사용한다.

**48** 디지털카메라나 스캐너 등의 색채 영상 입력 장비나 컴퓨터 모니터를 포함한 각종 색채 영상 디스플레이 장비에 사용하는 컬러 코드는?
① RGB 코드
② CMYK 코드
③ HSB(HSV) 코드
④ YUV 코드

47 ④ 48 ①

### 02 빛의 3원색과 색의 3원색

빛의 3원색 RGB (가산혼합)

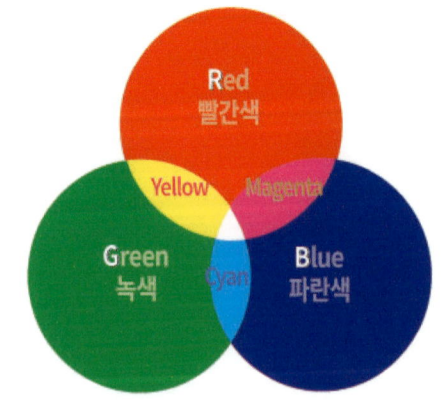

색의 3원색 CMY
(감산혼합)

## 03 색의 3요소

색의 3요소
(HSB/HSValue)

**49** 디지털 컬러에서 (R, G, B) 값이 (255, 255, 0)으로 주어질 때 색채는?
① MAGENTA  ② GREEN
③ YELLOW   ④ CYAN

**50** 다음 중 인쇄 시에 필요한 출력 컬러 방식은?
① CMYK 방식  ② RGB 방식
③ HSV 방식    ④ LAB 방식

**51** 가산혼합 방식으로 모든 영상 이미지의 컬러 처리를 수행하는 방식은?
① Grayscale 방식
② Index 방식
③ CMYK 방식
④ RGB 방식

**52** 디지털 색채시스템 중 HSB시스템에 대한 설명으로 거리가 먼 것은?
① 먼셀의 색채개념인 색상, 명도, 채도를 중심으로 선택하도록 되어 있다.
② 프로그램 상에서는 H모드, S모드, B모드로 볼 수 있다.
③ H모드는 색상을 선택하는 방법이다.
④ B모드는 채도 즉, 색채의 포화도를 선택하는 방법이다.

49 ③  50 ①  51 ④  52 ④

**53** 색채를 16진수로 표기할 때 바르게 연결된 것은?
① 녹색 : FF0000
② 파랑 : 0000FF
③ 빨강 : 00FF00
④ 흰색 : 000000

53 ②

| 04 | 전경색/배경색에서의 색상 지정(RGB) |
|---|---|
| 8비트방식 | RGB값은 8비트로 저장 되는데 이를 정수로 표현하면 2^8, 즉 256이 됨. 이를 0부터 시작하면 최대값은 255가 됨<br>추가 설명: 255,255,255 = FFFFFF |

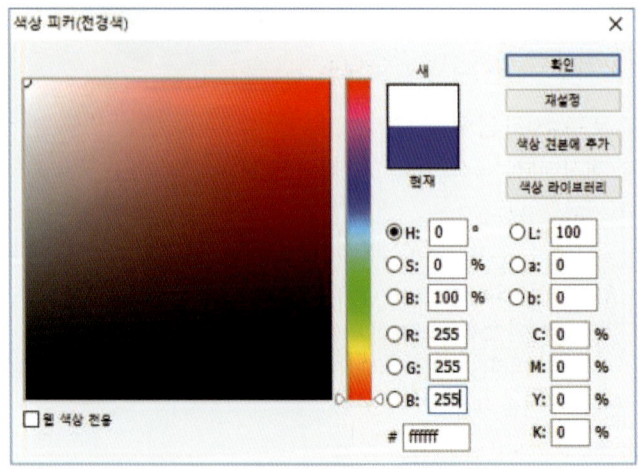

# 기출문제 풀이

**01** 다음 중다음 중 아트디렉터의 역할이 아닌 것은?
① 애니메이터  ② 프로그래머
③ 일러스트레이터  ④ 그래픽디자이너

**02** 다음 중 3차원 입체 디자인의 기본 구성 요소는?
① 직선, 사선, 곡선  ② 꼭지점, 모서리, 면
③ 깊이, 너비, 길이  ④ 수직면, 수평면, 측면

> 입체 디자인의 요소는 깊이, 너비, 길이인데 이를 입체 디자인의 방향으로 표현할 때는 수직방향(길이), 수평방향(너비), 깊이 방향(깊이)으로 말함
> 이 세 가지를 다시 평면에 적용하면 수직면, 수평면, 측면이 성립됨
> 기본 구성요소는 3차원디자인의 정의/ 방향은 3차원디자인의 표현법

**03** 빅터 파파넥(Victor Papanek)이 주장한 디자인의 복합 기능에 대한 설명으로 거리가 가장 먼 것은?
① 텔레시스 : 보편적인 것이며, 인간의 마음 속 깊이 자리 잡고 있는 충동과 욕망의 관계
② 방법 : 재료와 도구를 타당성 있게 사용하는 것
③ 필요성 : 경제적, 심리적, 정신적, 기술적, 지적 요구에 의해 전개되는 것
④ 용도 : 기능과 실용성을 바탕으로 하며 목적에 부합되는 것

**04** 편집디자인과 거리가 가장 먼 것은?
① 사진  ② 애니메이션
③ 일러스트레이션  ④ 타이포그래피

**05** 이념적 형태에 해당하는 것은?
① 인공형태  ② 자연형태
③ 추상형태  ④ 현실형태

**06** 디자인 영역 분류 중 대표적인 4차원 영역은?
① 영상 디자인  ② POP 디자인
③ 어패럴 디자인  ④ 사인 디자인

**07** 데 스틸에 관한 설명으로 거리가 먼 것은?
① 개성을 배제한 주지주의적 손상 미술 운동이다.
② 인간의 정신 속에서 영감을 찾는 순수 조형이론이다.
③ 녹색, 주황 등의 강한 색조를 주로 사용하였다.
④ 색면 구성을 강조하여 구성에 있어 질서와 배분이 중요하다.

**08** 독일 공예계에 미술의 실생활화, 기계생산품의 미적 규격화 등을 주장하였으며, 독일공작연맹을 결성한 사람은?
① 월터 그로피우스  ② 윌리엄 모리스
③ 필립포 마리네티  ④ 헤르만 무테지우스

**09** 큐비즘에 영향을 받은 몬드리안이 전개한 운동은?
① 큐비즘 운동  ② 팝아트 운동
③ 데스틸 운동  ④ 미술공예 운동

**10** 앙포르멜적 추상 일러스트레이션에 대한 설명으로 맞는 것은?
① 직선, 삼각형, 원 등의 기하학적인 형태를 이용한 일러스트레이션
② 자연계에서 찾아볼 수 있는 형태를 이용한 일러스트레이션
③ 인물이나 경치 등을 주관성 없이 극사실화 하는 일러스트레이션
④ 우연성이 강한 터치나 마티에르 등에 의한 비구상적 일러스트레이션

01 ② 02 ③ 03 ① 04 ② 05 ③ 06 ① 07 ③ 08 ④ 09 ③ 10 ④

> 앵포르멜 : 프랑스를 중심으로 일어난 현대추상회화의 한 경향으로 형상을 부정한 기하학적 추상이 특징

**11** 멀티미디어 디자인을 할 때 각 파일명을 만들 때 잘못된 것은?
① 파일명에는 공백을 주지 않는다.
② 파일명의 앞부분에는 파일이 속하는 그룹을 표시해 주어 각 파일의 구분에 도움을 준다.
③ 디자이너만이 알 수 있는 암호화된 문자를 사용하면 안 된다.
④ 파일의 성격을 파악할 수 있는 파일명을 사용한다.

**12** 다음 중 컴퓨터 애니메이션의 특수효과에 해당하지 않는 것은?
① 모핑(Morphing)
② 로토스코핑(Rotoscoping)
③ 입자 시스템(Particle System)
④ 벡터 애니메이션(Vector-Based Animation)

> 입자시스템 : 3차원 컴퓨터그래픽에서 다수의 미세한 입자를 중력이나 바람 등 물리 법칙을 고려해 움직이게 하는 시스템으로 연기, 파도, 군중의 이동 등 불규칙한 움직임에 적용함

**13** 컴퓨터 그래픽스에 대한 설명으로 거리가 가장 먼 것은?
① 실물 그 자체의 재현은 물론 명암, 질감, 색감, 형태 등을 의도하는 대로 자유롭게 바꿀 수 있다.
② 제작물은 디자이너의 능력, 감각 등을 통해 무한한 이미지 창출은 물론 영구적인 보존이 가능하다.
③ 제작 시 세밀한 부분이나 작은 시간의 차이도 표현할 수 있지만 수정이 어렵고 비용이나 시간이 많이 든다.
④ 인쇄 출력 시 모니터의 색상과 실체 출력 색상이 다르게 나오므로 색 보정이 필요하다.

**14** 다음 중 디지털화 된 이미지의 기본적 색채 특징이 아닌것은?
① 해상도(resolution)
② 트루컬러(true color)
③ 비트깊이(bit depth)
④ 컬러모델(color model)

**15** 비트맵 이미지의 설명으로 거리가 가장 먼 것은?
① 여러 개의 점(Pixel)으로 표시하는 방식이다.
② 작성된 그림을 확대 또는 축소할 경우에는 그림의 모양, 외곽선 부분이 변형된다.
③ 점(Pixel)의 수가 많을수록 해상도가 좋다.
④ 일러스트레이터, CAD프로그램이 가장 대표적인 방식이다.

**16** 정지된 비트맵 형태의 로고나 심벌을 웹상의 콘텐츠로 사용할 때 가장 적합한 파일 형식은?
① GIF         ② BMP
③ SWF        ④ EPS

> SWF : 어도비 플래시의 확장자로 백터이미지 파일

**17** 그래픽 확장자에 대한 설명으로 잘못된 것은?
① EPS : 프린터에 그래픽 정보를 보내기 위해 등장한 Postscript 언어를 활용한 포맷이다.
② AI : Illustrator의 기본 포맷으로, Photoshop 등의 그래픽 소프트웨어에서도 읽을 수 있다.
③ SWF : 어도비 플래시 파일로 웹에 퍼블리시 시키기 위한 확장자이다.
④ GIF : 웹에 올릴 수 있는 확장자로 투명 효과를 지원 하지 않는다.

**18** 다음 내용에 관한 설명으로 옳은 것은?

> 팔레트를 사용하는 것과 같이 제한된 수의 색상을 사용해야 할 경우, 그 제한된 색상들을 섞어서 다양한 색상을 만들어내는 것이다. 즉, 현재 팔레트에 존재하지 않는 컬러를 컬러패턴으로 대체하여 가장 유사한 컬러로 표현하는 기법이다.

① 디더링(Dithering)
② 컬러조정(Color Adjustment)
③ 메타포(Metaphor)
④ 컬러변화(Color Variation)

11 ① 12 ④ 13 ③ 14 ② 15 ④ 16 ① 17 ④ 18 ①

Base Model / Bump Mapping / Displacement Mapping

**19** 다음 내용이 설명하는 디자인 기법은?

> 어원은 마찰이라는 의미의 프랑스어이다. 나무판이나 잎, 천 따위의 면이 올록볼록한 것 위에 종이를 대고, 연필 등으로 문지르면 피사물의 무늬가 베껴지는데, 그때의 효과를 조형에 응용하는 기법

① 몽타주  ② 프로타주
③ 꼴라주  ④ 마블링

> frottag : 프랑스어로 '문지르다'의 의미

**20** 디자인 요소 중 점에 대한 설명으로 거리가 먼 것은?
① 점은 움직임을 지각하지 못하지만 크기와 군집에 의해 방향성이 느껴지기도 한다.
② 점은 작을수록 점처럼 보이며 클수록 면처럼 보인다.
③ 점은 위치를 표시한다.
④ 점은 원형으로만 표현된다.

**21** 점을 생성하기 위한 방법이 아닌 것은?
① 입체와 면의 교차  ② 선과 선의 교차
③ 선의 양쪽 끝  ④ 면과 선의 교차

**22** 그래픽 디자인 요소 중 선에 대한 설명으로 거리가 가장 먼 것은?
① 직선은 수평선, 수직선, 대각선이 있다.
② 색과 결합하여 공간감이나 입체감을 나타낸다.
③ 공간에 있는 방향성과 길이가 있다.
④ 크기가 없는 점의 연장으로서 점의 이동에 따라 직선, 곡선이 생성된다.

**23** 다음 중 직선에 대한 설명으로 잘못 된 것은?
① 수평선은 평온, 고요, 안락, 편안함을 나타내는 형태이다.
② 대각선은 따뜻함과 차가움이 포함된 무한한 운동성을 나타내는 형태이다.
③ 지그재그 선은 특정한 거리를 두고 방향이 바뀌는 선이다.
④ 직선은 대범한 펼쳐짐과 화려함을 느낄 수 있다.

**24** 디자인의 미적원리 중 균형을 구성하는 요소인 대칭에 대한 설명 중 틀린 것은?
① 도형에서 서로 대응하는 각 부분에 서로 점이나 직선 또는 면을 개입시켜 서로 같은 거리에 배치된 상태를 말한다.
② 대칭을 뜻하는 영어는 Symmetry이다.
③ 어느 기준에 대해 일정한 비율을 유지하는 미적 조화를 의미한다.
④ 대칭을 크게 수평 대칭과 상하 대칭으로 나누어진다.

> 상하/좌우의 선대칭을 기본으로 방사대칭, 이동대칭(평행이동에서 생기능 대칭), 확대대칭(일정한 비율로 도형이 확대되며 생기는 대칭) 등이 있음

**25** 디자인의 원리 중 Symmetry에 대한 설명으로 맞는 것은?
① 자연물 등의 대칭된 형태에서 느낄 수 있다.
② 길이의 비례 관계를 말한다.
③ 하나의 직선이나 곡선 또는 단순형태에서는 느낄 수 없다.
④ 변화 속에서 통일감을 얻는다.

> Symmetry : 대칭
> Rhythm : 율동, 율동의 하나인 반복에서 통일감을 느낄 수 있음

**26** 하나의 도형 속에서라도 각기 서로의 관계에 의해 생기는 시각의 움직임의 한 형식으로, 공통요소가 연속적으로 되풀이 되는 리듬의 변화에 속하지 않는 것은?
① 반복  ② 대칭  ③ 점이  ④ 강조

19 ② 20 ④ 21 ① 22 ② 23 ④ 24 ④ 25 ① 26 ②

**27** 균형에 대한 설명으로 옳은 것은?
① 같은 단위 형태를 반복 사용할 때 나타난다.
② 단위형태의 주기적인 반복에 의해 느껴지는 움직임이다.
③ 각 부분 사이에 시각적인 강한 힘과 약한 힘이 규칙적으로 연속될 때 생기는 것이다.
④ 부분과 부분 또는 부분과 전체 사이에 시각 상으로 힘의 안정을 주어 명쾌한 감정을 느끼게 한다.

**28** 강조에 대한 설명으로 거리가 먼 것은?
① 대비, 분리, 배치, 색채에 의해서 표현된다.
② 점층적으로 변화하는 것에 나타난다.
③ 시선을 집중시키는데 효과적이다.
④ 화면에서 분명하게 드러나는 것으로 한 가지 요소가 다른 많은 요소들과 다를 때 나타나는 현상이다.

**29** 디자인의 원리 중 반복, 강조, 점이 등을 통해 얻어지는 것은?
① 균형   ② 대칭   ③ 대비   ④ 율동

**30** 단행본, 학술지, 문학지, 사전 등 편집디자인에 있어서 메시지를 전달하는 데 가장 중요한 것은?
① 타이포그래피   ② 일러스트레이션
③ 사진   ④ 오브제

**31** 레터링에 대한 설명으로 거리가 가장 먼 것은?
① 글자를 쓴다는 의미이다.
② 가독성이 부족하더라도 조형성이 중요하다.
③ 글자를 새기거나 박음질하는 것도 포함된다.
④ 이미 만들어진 글자체를 정확하게 옮기는 기술도 포함된다.

**32** 다음은 무엇에 관한 설명인가?

> 내용의 구조와 서로간의 유기적인 관계를 다이어-램 형태로 나타내준다. 카테고리, 단계, 링크의 특성을 식별할 수 있게 해준다.

① 플로차트   ② 스토리보드
③ 레이아웃   ④ 그리드 시스템

**33** 픽토그램(Pictogram) 디자인에 대한 설명으로 옳은 것은?
① 항상 가까운 거리에서 판독하는 것을 전제로 한다.
② 문자정보의 보조역할로 디자인 한다.
③ 기본적으로 디자인의 명료성과 단순화가 요구된다.
④ 문화와 언어 관습의 차이를 반영한다.

**34** 로고타입(Logotype)의 기능이 아닌 것은?
① 독자성   ② 상징성
③ 가독성   ④ 신비성

**35** 은유의 의미를 내포하는 단어로 사용자가 접근하려는 인터페이스 환경을 쉽게 이해하도록 익숙한 개념적 모델을 제공하기 위해 이용되는 것은?
① 그리드   ② 가이드
③ 레이아웃   ④ 메타포

**36** 가산혼합에 대한 설명으로 옳은 것은?
① 색을 혼합하면 혼합할수록 명도는 높아진다.
② 삼원색의 혼합이며 색료 혼합이라고 한다.
③ 삼원색을 같은 비율로 혼합하면 검정색이 된다.
④ 마젠타(Magenta), 옐로우(Yellow), 시안(Cyan)의 혼합이다.

27 ④  28 ②  29 ④  30 ①  31 ②  32 ①  33 ③  34 ④  35 ④  36 ①

# 졸음을 물리치는 짬짬이 스트레칭

### ▲ 목 스트레칭
1. 엄지손가락으로 턱을 받친 다음 고개를 젖히며 10초간 스트레칭 한다.
2. 깍지를 끼고 팔의 무게를 이용하여 고개를 앞으로 숙이며 10초간 스트레칭 한다.
3. 오른손으로 머리를 감싼 뒤 오른손으로 당기며 10초간 스트레칭한다. 반대쪽도 동일하게 진행한다.

 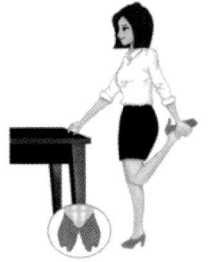 

### ▲ 허리, 다리 스트레칭
1. 의자 끝에 앉아 두 다리를 펴고 머리와 상체를 굽히며 10초간 스트레칭 한다.
2. 왼쪽 발목을 잡고 엉덩이 쪽으로 당기면서 10초간 스트레칭 한다.
3. 바른자세로 앉아 왼 무릎을 두손으로 잡고 가슴쪽으로 당기면서 10초간 스트레칭한다.

### ▲ 팔 스트레칭
1. 깍지를 끼고 두 팔을 앞으로 10초간 뻗은 뒤 머리위로 다시 팔을 뻗어 10초간 스트레칭 한다.
2. 뻗은 상태에서 왼쪽으로 기울이며 10초간 스트레칭 한다.
3. 허리와 팔을 곧게 펴는 것에 유의하며 반대쪽도 동일하게 진행한다.

### ▲ 등, 배 스트레칭
1. 의자에 허리를 펴고 바른 자세로 앉아 두 손을 무릎 위에 올린다.
2. 무릎을 당기면서 허리를 최대한 넣어주어 10초간 스트레칭 한 후 원래 자세로 돌아온다.
3. 숨을 내쉬며 두 손으로 무릎을 밀어주고 고개와 등을 최대한 구부리며 10초간 스트레칭 한다.

한국건강증진재단

# 제 2 과목
# 멀티미디어 기획 및 디자인

# PART 3
# 색채학

**Chapter 1** 색채 지각
**Chapter 2** 색의 분류 및 혼합
**Chapter 3** 색의 표시
**Chapter 4** 색채 조화
**Chapter 4** 각종 원리 및 효과
기출문제풀이

# Chapter 1 색채 지각

## 01 색 지각 일반

### 01 색의 3속성

| | | |
|---|---|---|
| 색상<br>(Hue) | 명도, 채도와는 관계없이 색채만을 구별 | |
| | 색상환 | 7개 색을 중심으로 원형으로 색을 배열 |
| | 유사색 | 색상환에서의 근접색 |
| | 반대색 | 색상환에서의 반대편 색 |
| | 보색 | 색생환에서 정반대의 색으로 보색끼리 섞으면 무채색이 됨 |
| 명도<br>(Value/<br>Brightness) | 색 밝고 어두운 정도를 나타내는 것으로서 색의 반사율로 결정이 됨<br>사람의 눈은 명도에서 가장 예민하며, 유채색과 무채색 모두에 존재<br>흰색과 검정, 그리고 그 사이에서 회색이 0~10까지 총 11단계로 구성되어 있음 | |
| 채도<br>(Chroma/<br>Saturation) | 색의 진하고 엷음을 나타내는 정보로 맑고 깨끗한 원색(순색)에 가까울 때의 상태를 채도가 높다고 표현하며 다른 색이나 무채색이 포함되면 채도가 낮아지게 됨 | |
| | 순색 | 무채색이 전혀 포함되지 않은 순수한 색 |
| | 청색 | 순색에 흰색 혹은 검정색이 혼합된 색 명청색 : 순색+흰색 / 암청색 : 순색+검정 |
| | 탁색 | 유채색+유채색 혹은 유채색+무채색 혼합으로 채도가 떨어진 색 명탁색 : 순색+회색/ 암탁색 : 청색+검정 |

---

**01** 물체 표면 반사율의 높고 낮음을 나타내는 시감각 속성은?
① 색지각  ② 색상
③ 명도    ④ 채도

**02** 색채 지각 반응 효과에서 명시성에 가장 크게 영향을 미치는 속성은?
① 명도 차이  ② 채도 차이
③ 색상 차이  ④ 질감 차이

**03** 다음 중 색의 3속성이 아닌 것은?
① 색상(Hue)
② 질감(Texture)
③ 명도(Value)
④ 채도(Chroma)

01 ③  02 ①  03 ②

## 02 색의 3속성

## 03 색채의 지각과 종류

| 물체색 | 빛이 물체에 부딪힌 후 반사된 색을 인지 |
|---|---|
| 광원색 | 각 광원(光源)이 가지고 있는 색으로 광원에 따라 같은 색도 다르게 보일 수 있음<br>태양, 형광등, 백열등, 네온사인, 텔레비전 등 |
| 투과색 | 빛이 물체를 투과하고 나타나는 색 |

**04** 다음 중 프리즘을 통과한 백색광에서 무지개색과 같이 연속된 색의 띠로 발견된 것을 무엇이라 하는가?
① CMYK  ② RGB
③ 파장  ④ 스펙트럼

04 ④

**05** 태양, 형광등, 백열등, 네온사인 등은 다음 중 어디에 해당하는가?
① 물체색  ② 표면색
③ 투과색  ④ 광원색

05 ④

# Chapter 2 색의 분류 및 혼합

## 01 색의 성질

**06** 색의 성질에 대한 설명 중 틀린 것은?
① 연두, 녹색, 보라는 중성색이다.
② 파랑, 청록, 남색은 차가운 느낌을 주기 때문에 한색이라고 한다.
③ 난색이 한색보다 후퇴되어 보인다.
④ 밝은 색은 실제보다 크게 보인다.

**07** 다음 중 무채색은?
① 청록  ② 회색
③ 보라  ④ 분홍

06 ③ 07 ②

### 01 한색과 난색

- **난색**: 따뜻한 느낌을 주는 색으로 빨간색 계열
- **한색**: 차가운 느낌을 주는 색으로 파란색 계열
- **중성색**: 보라색과 녹색 계열

### 02 색의 분류

| | |
|---|---|
| 무채색 | 흰색, 회색, 검정색으로 색상, 채도 없이 명도만 존재 |
| 유채색 | 무채색이 아닌 색으로 색상, 명도, 채도를 가짐 |

## 02 색의 혼합

### 01 색 혼합의 종류

| | |
|---|---|
| 가산혼합 | 빛의 3원색인 Red, Green, Blue를 모두 섞었을 때 명도가 높아져 흰색이 만들어지는 것으로 가법혼색 또는 색광혼합이라고도 함 |
| 감산혼합 | 색의 3원색인 Cyan, Magenta, Yellow를 모두 섞었을 때 명도가 낮아져 blacK이 만들어지는 것으로 감법혼색 또는 색료혼합이라고도 함 |
| 중간혼합 | 직접적으로 색을 섞는 가산혼합이나 감산혼합과 달리 간접적으로 색을 섞어 새로운 색을 만들어 내는 것을 중간혼합 또는 평균혼합이라고 함<br>그 중 회전혼합은 일정 속도 이상으로 두 가지 이상의 색을 회전시켰을 때 색상이나 명도가 중간값을 갖게 됨<br>병치혼합은 두 가지 이상의 색을 인접시켜 망막에 동시 자극을 줌으로써 혼색되어 보이는 효과를 발생함 |

**08** 감산혼합의 3원색이 아닌 것은?
① 시안(Cyan)
② 마젠타(Magenta)
③ 노랑(Yellow)
④ 검정(Black)

**09** 감산혼합에 대한 설명으로 거리가 먼 것은?
① 보색끼리 혼합하면 검정색에 가까워진다.
② 혼합하면 할수록 명도, 채도가 낮아진다.
③ 삼원색은 R, G, B이다.
④ 염료의 혼합, 물감의 혼색 등을 말한다.

**10** 여러 가지 색이 조밀하게 놓여있어 혼색되어 보이는 경우를 말하는 것으로 TV의 영상화면이나 모자이크, 신인상파의 점묘법에서 사용된 혼색법은?
① 병치혼합   ② 계시혼합
③ 감산혼합   ④ 회전혼합

**11** 병치혼합에 대한 설명으로 거리가 먼 것은?
① 색의 면적과 거리에 따라 눈의 망막 위에 혼합되어져 보이는 생리적 현상이라 할 수 있다.
② 인상파 화가의 점묘화나 직물에서 볼 수 있다.
③ 명도, 채도가 높아져 보인다.
④ 다른 색을 인접하게 배치해 두고 볼 때 생기는 혼합이다.

08 ④   09 ③   10 ①   11 ③

**12** 점묘화 또는 모자이크 벽화에서 볼 수 있으며, 직물에서의 베졸드 효과, 텔레비전이나 컴퓨터의 컬러모니터, 망점에 의한 원색 인쇄 등에 활용되는 혼합 원리는?
① 계시혼색  ② 병치혼색
③ 감법혼색  ④ 동시혼색

**13** 붉은 망에 들어간 귤의 색이 본래의 주황보다도 붉은 색을 띠어 보이는 효과는?
① 스푸마토(sfumato) 효과
② 플루트(flute)효과
③ 베졸드(bezold) 효과
④ 팬텀컬러(phantom color) 효과

12 ② 13 ③

**14** 보색에 대한 설명으로 거리가 먼 것은?
① 보색을 혼합하면 무채색이 된다.
② 보색이 인접하면 채도가 서로 낮아 보인다.
③ 인간의 눈은 스스로 평형을 유지하기 위해 보색잔상을 일으킨다.
④ 유채색과 나란히 놓인 회색은 유채색의 보색기미를 띤다.

**15** 다음 중 MAGENTA의 보색은?
① BLUE    ② GREEN
③ YELLOW  ④ GRAY

14 ② 15 ②

| 02 | 베졸드 효과 | |
|---|---|---|
| 베졸드 효과 (Bezold effect) | 회색 바탕에 검정 선을 그리면 바탕의 회색은 더 어둡게 보이고 하얀선을 그리면 바탕의 회색이 더 밝아 보이는 현상 동화 효과(두 색이 인접했을 때 실제보다 인접 색과 유사하게 느껴지는 현상)라고도 함 | |

| 03 | 색의 보색과 대비 |
|---|---|
| 보색 대비 | 반대 대비라고도 하며 하나의 색이 주위 혹은 배경색의 영향으로 강조되는 시각 효과(튀어 보임) |

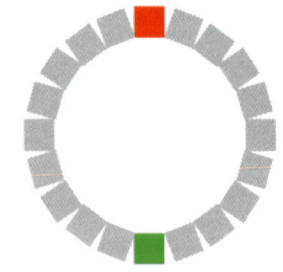 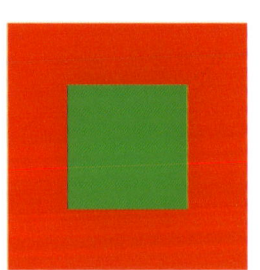

| 04 | 색의 시각적 특성 |
|---|---|
| 한색 | 차가운 느낌의 색으로 파란색 계열<br>한색 뿐 아니라 저명도, 저채도는 수축 혹은 후퇴하는 느낌을 가짐 |

| 05 | 색의 시각적 특성 |
|---|---|
| 난색 | 따뜻한 느낌의 색으로 빨간색 계열<br>난색 뿐 아니라 고명도, 고채도는 확장 혹은 전진하는 느낌을 가짐 |

**16** 팽창색과 수축색에 대한 설명으로 가장 거리가 먼 것은?
① 따뜻한 색은 외부로 확산하려는 팽창색이다.
② 명도가 높은 색은 내부로 위축되려는 수축색이다.
③ 차가운 색은 내부로 위축되려는 수축색이다.
④ 색채가 실제의 면적보다 작게 느껴질 때 수축색이다.

**17** 색채의 진출, 후퇴와 팽창, 수축에 대한 설명으로 거리가 가장 먼 것은?
① 진출색은 황색, 적색 등의 난색계열이다.
② 팽창색은 명도가 낮은 어두운 색이다.
③ 수축색은 한색계열이다.
④ 후퇴색은 파랑, 청록 등의 한색계열이다.

16 ② 17 ②

# Chapter 3 색의 표시

## 01 색의 체계

> 18 먼셀의 색상환에서 기본 5원색에 해당되지 않는 것은?
> ① 빨강  ② 노랑
> ③ 보라  ④ 주황
>
> 18 ④

### 01 기본 5원색

1905년 미국 화가이면서 색채연구가인 먼셀이 고안했고 후에 색채교육용으로 널리 보급됨

기본 5원색
① 2차 5원색 (빨강, 노랑, 초록, 파랑, 보라색, 순색…이라고도 함, 표기는 5R-5Y-5G-5B-5P, Red-Yellow-Green-Blue-Purple)은 1차의 빨강, 파랑, 노랑을 각각 섞은 중간색으로 사실 여기에서 주황색이 만들어지므로 6색이 되어야 함
② 그러나 '주황'은 3차 10원 색(2차 5원색의 혼색)을 만들 때에도 만들 수 있는 색이어서 색상환에서 색을 만드는 원리로 봤을 때 2차에서만 만들 수 있는 색으로 보지 않음

1차 3원색      2차 5원색

### 20색 상환의 생성 원리

| 20색 상환의 생성 원리 | ③ 주황은 2차 5원색(순색…빨강,노랑,초록,파랑,보라색, 5R, 5Y, 5G, 5B, 5P) 을 섞어 만든 3차 10원색에서 등장<br>④ 3차 10원색을 섞어 중간색을 만들면 4차 20원색이 완성 되게 됨 |
|---|---|

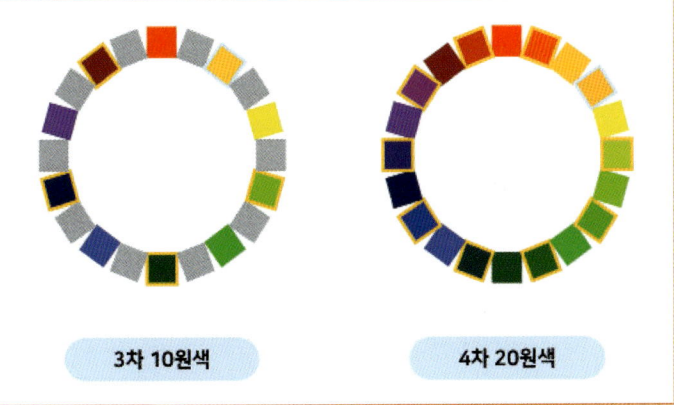

3차 10원색      4차 20원색

19 먼셀(Munsell) 색체계의 표기법은?
① H/VC  ② HC/V
③ HC-V  ④ HV/C

19 ④

| 02 | 먼셀의 색체계 표기법(HV/C) |
|---|---|
| 먼셀의 색체계 표기법 (HV/C) | 1905년 미국 화가이면서 색채연구가인 먼셀이 고안했고 후에 색채교육용으로 널리 보급됨<br>색을 구성하는 방법의 하나로 색이론에서는 HSB 혹은 HSV 라고도 함<br><br>먼셀에서는 순서 바뀜 HV/C<br>① 색도( H ue)<br>② 명도( B rightness/ V alue [Blue와 중복피하려] )<br>③ 채도( 원래는 C horma[크로마]의 뜻이 채도(=순도, 유채색의 순수한 정도)며, 포토샵의 S aturation은 색의 진하고 옅음을 나타내는 '포화도,탁도'의 의미  / 명도는 11단계이나 색마다 채도의 단계 다름 |

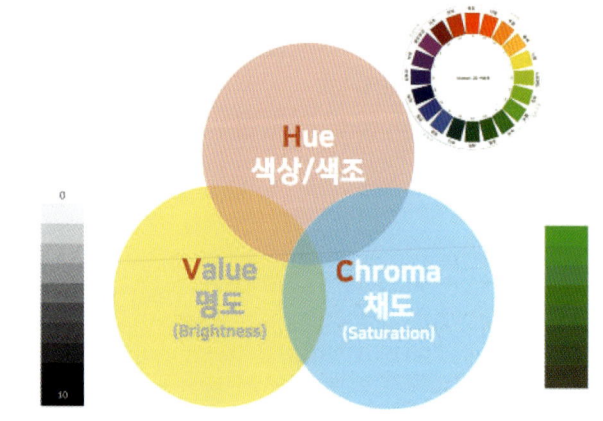

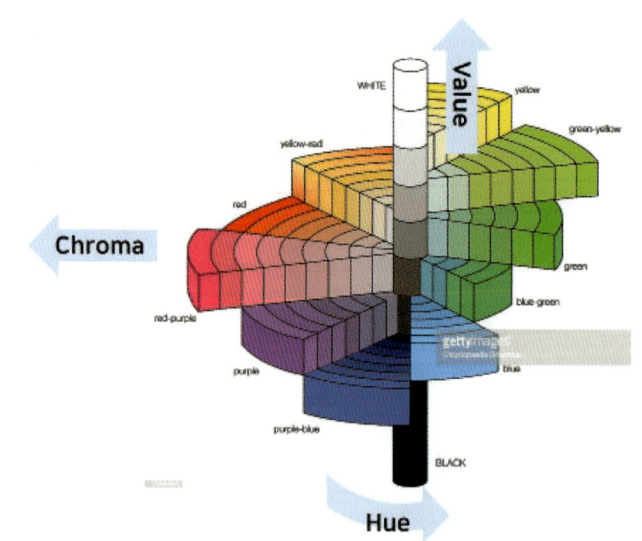

## 03 먼셀의 색체계 표기법(HV/C)

| 먼셀 기호 | 명도는 11단계이고, 채도는 색마다 제일 끝 값이 다름 |
|---|---|

**HueValue/Chroma**

**4.3YR 7 / 12**

색상 　명도 　채도

## 04 빨강의 먼셀 기호

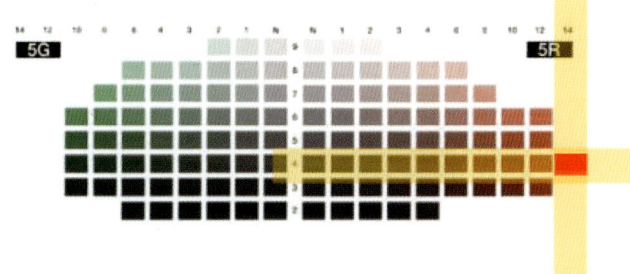

## 05 CIE(국제조명위원회) 표색계

| CIE 표색계 | 국제조명위원회 (CIE)에서 1976년 정의. 색 좌표라고도 함<br>CIE에서 앞서 1931년 제정했던 CIE XYZ표색계를 기반으로 수정한 표색계<br>기존에는 가산혼합 기반으로 색기준을 정해 자연색을 표현하는데에 다소 한계가 있었음 |
|---|---|

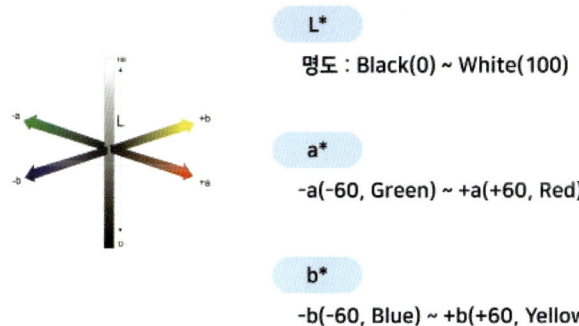

L*
명도 : Black(0) ~ White(100)

a*
-a(-60, Green) ~ +a(+60, Red)

b*
-b(-60, Blue) ~ +b(+60, Yellow)

CIE L*a*b* 표색계

---

**2015년 집중 출제**

**20** 먼셀 기호 4.3YR 7/12에 대한 설명으로 옳은 것은?
① 명도는 4.3이다.
② 명도는 YR이다.
③ 명도는 7이다.
④ 명도는 12이다.

**21** 먼셀의 표기법에 10RP 7/8은 무슨 색인가?
① 빨강　② 보라
③ 분홍　④ 자주

**22** 빨강을 먼셀 기호로 바르게 표기한 것은?
① 10R 6/10　② 5R 4/14
③ 5GY 7/10　④ 5G 5/6

20 ③　21 ③　22 ②

**23** CIE L*a*b* 표색계에 대한 설명으로 거리가 먼 것은?
① +a*는 red의 방향이다.
② -a*는 red - green 축에 관계된다.
③ L* = 50 은 gray 이다.
④ +b*는 blue의 방향이다.

23 ④

**24** 헤링의 4원색설을 기준으로 하는 색채체계는?
① 먼셀의 색채체계
② 뉴튼의 색채체계
③ 비렌의 색채체계
④ 오스트발트의 색채체계

**25** 오스트발트 표색계에 대한 설명으로 틀린 것은?
① 색입체는 복원추체 모양이며 같은 기호의 색은 명도, 채도의 감각이 같다.
② 색입체를 수평으로 절단하면 흰색, 검정색, 순색량이 같은 등가색환 계열이 된다.
③ 헤링의 4원색설을 기본으로 하여 색상분할을 원주의 4등분이 서로 보색이 되도록 했다.
④ 색량의 많고 적음에 의해 만들어진 것이며 색은 흰색, 검정색, 순색의 혼합으로 이루어진다.

24 ④  25 ①

## 06 주요 색체계

| | |
|---|---|
| 헤링의 4원색설 | 토마스 영의 3원색설에 대응하는 것으로 헤링의 반대색설(빨강-녹색, 노랑-파랑이 대립적으로 작용한다는 이론)의 보색대비에 따라 4분할 수 있으며 이를 다시 중간색 배열해 8색을 기준으로 삼음<br>보색잔상현상과 동시대비현상을 밝히는 데 중요한 이론이 됨 |

| | |
|---|---|
| 뉴튼의 색체계 | 프리즘으로 태양광을 분해해 여러 광선이 혼합되어 있음을 확인해 17C 당시 색채에 대한 의문을 과학적으로 입증했음<br>인문학 및 7음계의 영향으로 태양광을 7개 색으로 구분했으며 모두 섞으면 백색광(태양광)이 됨 |

| | |
|---|---|
| 오스트발트의 표색계 | 헤링의 4원색인 빨강, 파랑, 초록, 노랑을 4원색으로 하고 그 사이색으로 주황, 보라, 청록, 연두색을 합해 8색을 기본색으로 사용함. 각 기본색을 3단계씩 나누고 색상명 앞에 숫자를 붙이는 방식으로 표기(빨강, 2R)<br>오스트발트(빌헬름 오스트발트, Wilhelm Fridrich Ostwald)의 색체계는 명도와 채도를 따로 분리하지 않음 |

## 07 색채정보수집

| | |
|---|---|
| SD법 | Semantic Differential Method의 줄임말로 의미분석법, 의미분화법 등으로 번역함<br>미국의 심리학자 오스굿에 의해 고안된 연구법으로 이를 색채 이미지에 적용하면 주관적인 색채 감성을 객관적으로 평가할 수 있음 |

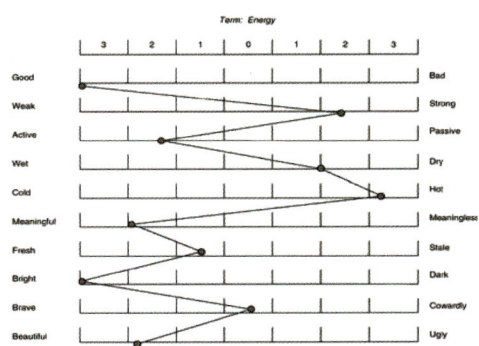

| | |
|---|---|
| PCCS<br>(Practical Color Cooldinate System) | 1964년 일본색채연구소가 발표한 컬러 시스템으로 색채교육 및 마케팅용 자료로 사용, 색도, 채도, 명도가 아닌 색채 이미지의 기본 개념인 색상과 톤으로 분류해 디자이너나 아티스트 등 색채를 주로 사용하는 사람들이 색을 선택하기 쉬움<br>먼셀표색계 + 오스트발트표색계의 특징을 모두 가지며 특히 명도와 채도를 톤(Tone)이라는 개념으로 통일함 |

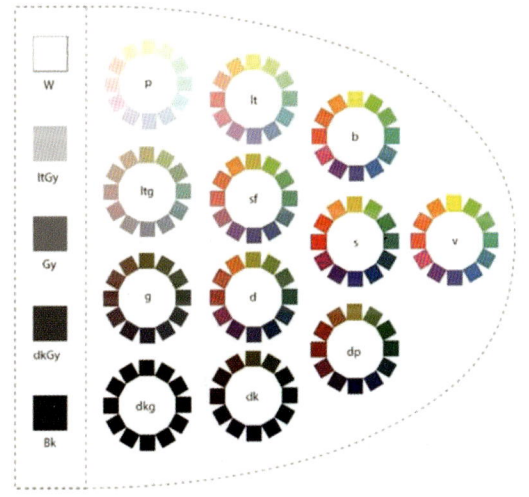

**26** 다음 ( )에 들어갈 내용은?

> 형용사 이미지 공간은 미국의 심리학자 오스굿(Osgood)에 의해 고안된 '색체이미지 평가방법'인 ( )을(를) 기준으로 색을 더욱 객관적으로 파악하고자 했던 색채 이미지 공간이다.

① SD법
② ISCC-NBS법
③ JIS 표준색표
④ PCCS 표색계

26 ①

# Chapter 4 색채 조화

## 01 색 이론

### 01 색채조화론

색채 조화론 : 색채는 시각적으로 가장 강한 반응을 일으키는 아주 중요한 요소로 두 가지 이상의 색을 아름답고 질서 있게 조합, 배색하는 것을 의미

| | |
|---|---|
| 슈브릴의 색채조화 | 보색관계에 있는 색의 조화는 순조롭지만 같은 색상이나 유사 색상의 경우에는 오히려 조화로움을 방해할 수 있다고 보았으며 기본적으로 유사색의 조화와 대비로 색채조화를 바라봄 |
| 레오나르도다빈치 | 강렬한 대비색을 집중적으로 배치함으로써 이상적인 배색미를 얻을 수 있다고 봄 |
| 뉴턴 | 태양광을 분해해 각 색상이 함께 존재함을 증명 |
| 괴테 | 뉴턴과는 반대로 빛의 현상이 아닌 눈에서 생기는 시각적 현상으로서의 색에 중점을 두고 연구해 물리적, 화학적, 심리학적으로 분류함 |
| 베졸트와 브뤼케 | 인접한 유사 색상은 조화하기 쉬우며 보색에 가까운 색들도 조화하기 쉽다고 봄 |

---

**27** 다음은 누구의 색채조화론에 대한 설명인가?

> 모든 색채조화는 유사성의 조화와 대비에서 이루어진다.

① 뉴튼  ② 괴테
③ 슈브뢸  ④ 베졸드

**28** 슈브뢸(M.E. Chevreul)의 색채조화 이론 중 활기찬 시각적 효과를 주고 유쾌한 감정을 유발하는 조화는?

① 반대색의 조화
② 주조색의 조화
③ 근접보색의 조화
④ 등간격 3색 조화

**29** 슈브뢸의 색채조화론에 대한 설명으로 틀린 것은?

① 보색대비에 따른 조화는 명도대비와 함께 고려하면 극적인 효과를 얻을 수 있다.
② 등간격 3색 조화는 부드러운 느낌을 얻을 수 있다.
③ 색상에 따른 조화는 명도가 비슷한 여러 색들을 동시에 배색했을 때 얻을 수 있다.
④ 인접보색대비에 따른 조화는 단순보색대비보다 고급스러운 조화를 얻을 수 있다.

27 ③ 28 ① 29 ②

## 02 배색의 정의와 특징

| | |
|---|---|
| 배색 | 두 가지 이상의 색을 조합하는 것으로 배색을 통해 균형 잡힌 아름다움으로 생활의 즐거움을 주기도 하고 편안한 환경을 조성하기도 하며 작업 능률 등을 향상시킬 수 있음 |
| 톤 인 톤 배색 (Tone in Tone) | 명도 차이 없이 색상표에서 인접색 혹은 유사색을 배색하는 것 |
| 톤 온 톤 배색 (Tone on Tone) | 같은 색상 안에서 명도의 차이 만으로 배색하는 것 |
| 토널 배색 (Tonal) | 중명도, 중채도의 탁한(dull) 톤을 중심으로 배색하는 것으로 전체적으로 안정되며 편안한 느낌을 만들어 낼 수 있음 |

## 03 음양오행설의 오정색(오방색)

| | |
|---|---|
| 오정색 (오방색) | 청적황백흑 : 순수하고 섞음이 없는 기본색 |

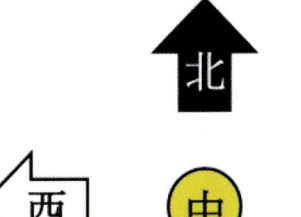

**30** 색상은 동일하거나 유사한 색상으로 하고 2가지 톤의 명도차를 크게 둔 배색기법은?
① 톤 온 톤(Tone on Tone) 배색
② 톤 인 톤(Tone in Tone) 배색
③ 리피티션(Repetition) 배색
④ 세퍼레이션(Separation) 배색

30 ①

**31** 한국의 오방색의 방향과 색이 맞는 것은?
① 동 - 청색   ② 서 - 적색
③ 남 - 황색   ④ 북 - 백색

**32** 음양오행설에서 볼 때 오정색 중 청색이 의미하는 방위는?
① 동       ② 서
③ 남       ④ 북

31 ① 32 ①

# Chapter 5 각종 원리 및 효과

## 01 색 관련 효과

### 01 베졸드 효과(Bezold effect)

| 베졸드 효과 (Bezold effect) | 회색 바탕에 검정 선을 그리면 바탕의 회색은 더 어둡게 보이고 하얀선을 그리면 바탕의 회색이 더 밝아 보이는 현상 동화 효과(두 색이 인접했을 때 실제보다 인접 색과 유사하게 느껴지는 현상)라고도 함 |
|---|---|

### 02 리프만 효과(Liebmann's effect)

| 리프만 효과 (Liebmann's effect) | 색 이론 중 하나로 색상의 차이가 크더라도 명도차이가 작으면 색의 차이가 크게 느껴지지 않는 현상으로 예제에서도 모두 노란색에서 명도 차이만으로 색을 만들어 냈을 때 명도 차가 분명한 아래가 더 또렷이 보임 |
|---|---|

글씨 : 노란색 1단계 - 배경 : 노란색 3단계

글씨 : 노란색 1단계 - 배경 : 노란색 8단계

---

**33** 다음 그림이 뜻하는 효과는 무엇인가?

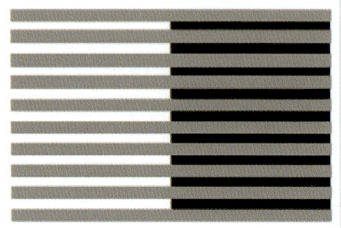

① 에브니 효과
② 헬름홀츠 - 콜라우슈 효과
③ 베졸드 효과
④ 리프만 효과

**34** 색이 서로 달라도 그림과 바탕의 밝기 차이가 없을 때 그림으로 된 문자나 모양이 뚜렷하지 않게 보이는 것은?
① 색음현상
② 리프만 효과
③ 색상현상
④ 베졸트 브뤼케 현상

33 ③ 34 ②

## 03 베너리 효과 (Benery effect)

| 베너리 효과 (Benery effect) | 검정 십자형의 도형 안쪽과 바깥 쪽에 각각 동일한 밝기의 회색 삼각형을 배치하였을 때 보여지는 밝기가 검정 배경 안쪽에 있는 삼각형은 보다 밝게 보이고 하얀 배경 위에 삼각형은 보다 어둡게 보이는 현상 |
|---|---|

**35** 흰색 배경 위에 검정 십자형의 안쪽에 있는 회색 삼각형과 바깥쪽에 있는 회색 삼각형을 비교하면 안쪽에 배치한 회색이 보다 밝게 보이고, 바깥쪽에 배치한 회색은 어둡게 보이는 효과는?
① 스티븐스 효과
② 베너리 효과
③ 애브니 효과
④ 에렌슈타인 효과

35 ②

## 04 페히너 효과 (Fechner effect)

| 페히너 효과 (Fechner effect) | 무채색만으로 칠한 원판에서 유채색을 경험하는 효과로 회전혼색이라고도 함, 이 현상을 연구했던 구스타브 페흐너/페이너(Gustav Fechner)의 이름을 따 '페흐너(페히너) 색 효과'라고 부름<br>장난감 제조공이었던 벤함(Benham's Top) 1895년에 발매한 팽이에서 발생했음. 이런 효과는 당시 사람들에게 충격적이어서 '벤함의 코마'로도 불렸음<br>흰색과 검은색(무채색)만 있는 팽이를 회전시키면 없던 무채색의 반복되는 변화가 시신경을 자극해 색이 나타나게 되는 착시 효과의 하나로 사람마다 자극 받는 정도가 달라 느끼는 색도 다름 |
|---|---|

**36** 색의 잔상효과 중 하나로서 흑백으로 나눈 면적을 고속으로 회전시키면 파스텔톤의 연한 유채색이 나타나는 현상은?
① 에브니효과
② 페히너 효과
③ 맥컬루효과
④ 보색잔상효과

36 ②

**37** 푸르킨예 현상에 대한 설명으로 거리가 먼 것은?

① 빨간색은 밤이 되면 검게 보이고, 파란색이 밤이 되면 회색으로 보이는 현상
② 조명이 점차로 어두워지면 파장이 짧은 색이 먼저 사라지고 긴 색이 나중에 사라지는 현상
③ 새벽이나 초저녁에 물체들이 대부분 푸르스름하게 보이는 현상
④ 초저녁에 가까워질수록 초목의 잎이 선명하게 보이는 현상

**38** 낮에는 적색으로 보이는 사과가 어두워지면 검게 보이는 것과 관계있는 것은?

① 푸르킨예 현상
② 베졸트 현상
③ 매스 효과
④ 색음 효과

**39** 파장이 같아도 색의 순도가 변함에 따라 그 색상이 변화하는 것과 관련된 것은?

① 에브니 효과
② 마스킹 효과
③ 푸르킨예 현상
④ 매스 효과

37 ② 38 ① 39 ①

 **푸르킨예 현상 (Purkinje effect)**

| 푸르킨예 현상 (Purkinje effect) | 푸르킨예 현상은 이 현상을 처음 발견한 19세기 체코의 생리학자 이름을 딴 것으로 간상이라 불리는 시세포에 의해 (눈의 순응에 의해) 사람의 눈은 어두워질수록 푸른색에 민감해지고 붉은 계열은 환할 때와 달리 오히려 검게 보여 잘 보이지 않게 됨 |
|---|---|

**06** 기타 색채 지각 효과

| 애브니 효과 (Abney Effect) | 색자극의 순도(선명함)가 변하면 색상이 다르게 보이는 현상<br>≠ 베졸트 브뤼케 현상 |
|---|---|
| 베졸트-브뤼케 현상 (Bezold-Brückes Effect) | 빛의 세기가 높아지면 색상이 같아 보이는 위치가 달라지는 현상으로 원래의 색이 빛의 세기에 따라 달라 보이는 현상 |
| 베너리 효과 (Benary Effect) | 흰색 배경의 검정 십자형의 안쪽에 회색의 삼각형을 배치하면 그 회색이 보다 밝게 보이고, 십자형의 바깥쪽에 배치하면 보다 어둡게 보이는 현상 |
| 리프만 효과 (Lippmann Effect) | 색상의 차이가 커도 명도차이가 작으면 색의 차이가 쉽게 인식되지 않는 현상 |

**07 다의도형(多義圖形)에 의한 착시**

| 다의도형 착시 | 동일한 형태가 보는 사람에 따라 2개 이상으로 보이는 현상으로 '잔과 얼굴'이 가장 대표적 |
|---|---|

**40** 아래 그림에 대한 착시현상은?

① 대비의 착시
② 모순 도형의 착시
③ 다의 도형에 의한 착시
④ 일시적 착시

40 ③

# 기출문제 풀이

**01** 어떤 색채가 매체, 주변색, 광원, 조도 등이 서로 다른 환경에서 관찰될 때, 다르게 보이는 현상은?
① Device Calibration
② Color Appearance
③ ICM File
④ Color Gamut Mapping

> 색의 현시 : 같은 색이라도 주변 상황에 따라 다르게 보임
> Color Gamut Mapping(색 영역 맵핑 : 그리스어 Gamma[감마]가 어원으로 모든 사물의 전체 영역을 의미하며, 여기서는 색 전체영역을 의미하며 보통 '색 재현율'로 표현함. Out of gamut(특정색을 기기에서 표현하지 못할 때) 상태를 보정해 색이 나타나게하는 작업
> ICM file : Image Color Matching profile의 약자. 주로 모니터에서 정확한 색을 표현해 내기위한 설정값의 파일

**02** 색의 3속성 중 사람의 눈에 가장 민감하게 반응하는 요소는?
① 색상       ② 명도
③ 채도       ④ 순도

**03** 먼셀색체의 색상환에서 서로 마주보고 있는 색으로 배색했을 때 어떤 대비 효과를 볼 수 있는가?
① 명도대비     ② 채도대비
③ 보색대비     ④ 색상대비

**04** 오스트발트 색채조화론에 대한 설명으로 옳은 것은?
① 회전 혼색법을 사용하여 두 개 이상의 색을 배열 하였을 때 그 결과가 명도5(N5)인 것이 가장 조화되고 안정적이다.
② 명도는 같으나 채도가 반대색일 경우 채도가 높은 색은 좁은 면적, 채도가 낮은 색일수록 넓은 면적일 때 조화롭다.
③ 색표계의 3대 계열인 백색량, 흑색량, 순색량은 서로 조화를 이룬다.
④ 미도M과 먼셀 표색계를 모체로 하며 감정적이고 다루어지던 통념을 배격하고 과학적이고 정량적인 방법의 색채조화론이다.

**05** 오스트발트 색채체계의 단일 색상면 삼각형 내에서 동일한 양의 백색을 가지는 색채를 일정한 간격으로 선택하여 배색함으로써 얻을 수 있는 조화는?
① 등순색 조화     ② 등가색환 조화
③ 등흑색 조화     ④ 등백색 조화

**06** 색삼각형의 연속된 선상에 위치한 색들을 조합하면 관련된 시각적 요소가 포함되어 있기 때문에 서로 조화한다는 원리는?
① 비렌의 색채조화론
② 루드의 색채조화론
③ 이텐의 색채조화론
④ 문-스펜서의 색채조화론

**07** 문·스펜서 조화론에서 분류하는 조화가 아닌 것은?
① 동일조화     ② 이색조화
③ 유사조화     ④ 대비조화

**08** 져드의 색채 조화론 원리가 아닌 것은?
① 질서의 원리     ② 유사의 원리
③ 명료성의 원리   ④ 색채의 원리

**09** 저드의 색채조화 원칙 중 배색에 있어서 공통된 상태와 성질이 있을 때 조화한다는 원리는?
① 질서의 원리     ② 동류의 원리
③ 친밀의 원리     ④ 명료의 원리

**10** 자연현상에서 빨간 열매와 파란 잎의 싱그러운 대비는 어떤 조화에 해당하는가?
① 안정색의 조화   ② 반대색의 조화
③ 유사 조화       ④ 등간격 3색의 조화

**11** 배색에 관한 설명 중 거리가 가장 먼 것은?
① 이미지를 결정시키는 배색의 주요 요인으로 톤, 색상, 대비 항목 등이 있다.

01 ② 02 ② 03 ③ 04 ③ 05 ④ 06 ① 07 ② 08 ④ 09 ② 10 ②

② 동일 색상 배색 사이에서는 명도, 채도의 차이가 발생 하지 않는다.
③ 배색은 한 부분에서만 효과를 보는 것이 아니라 문자나 그림 등가 같이 조합이 되었을 때 복합적인 효과가 나타난다.
④ 보색에 의한 배색은 그림 전체의 색채와는 원만한 조화를 얻기 어려우므로 강조의 효과를 얻고자 할 때 적절히 사용한다.

**12** 배색의 구성요소가 아닌 것은?
① 기조색　　　② 주조색
③ 강조색　　　④ 분리색

**13** 색상은 같게, 명도 차이는 크게 하여 통일성을 유지하면서 극적인 효과를 주는 배색 기법은?
① 까마이외 배색　② 톤온톤 배색
③ 톤인톤 배색　　④ 포 까마이외 배색

**14** 자연현상에서 빨간 열매와 파란 잎의 싱그러운 대비는?
① 근접 보색의 조화　② 반대색의 조화
③ 인접색의 조화　　④ 등간격 3색의 조화

**15** 푸르킨예 현상(Purkinje effect)에 대한 설명 중 가장 거리가 먼 것은?
① 눈의 추상체가 낮에만 반응하기 때문에 생기는 현상이다.
② 파란 색의 공이 밤에는 밝은 회색처럼 보이는 현상이 이에 속한다.
③ 밝은 곳에서 어두운 곳으로 갈수록 단파장의 감도가 높아진다.
④ 점차 밝아질수록 장파장의 감도가 떨어진다.

11 ②　12 ④　13 ②　14 ②　15 ④

한 권으로 끝내는
# 멀티미디어콘텐츠제작전문가 필기
완벽대비

## 제 3 과목
# 멀티미디어 저작

# 제 3 과목
# 멀티미디어 저작

# PART 1
# 멀티미디어 프로그래밍

Chapter 1  HTML 기초익히기
Chapter 2  HTML 응용
Chapter 3  HTML & 자바 스크립트
Chapter 4  자바 스크립트
Chapter 5  XML
기출문제풀이

# Chapter 1
# HTML 기초 익히기

**01** 메모장을 실행시킵니다.

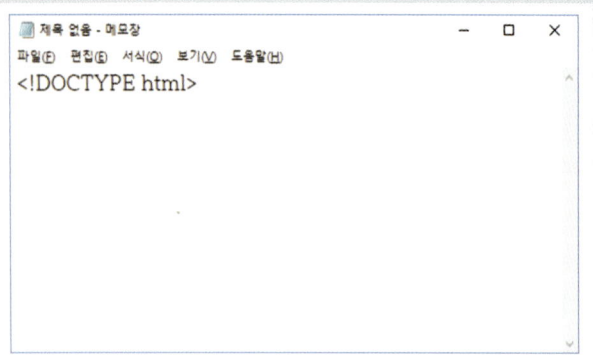

**02** `<!DOCTYPE html>` 라고 입력합니다.

HTML5로 웹 페이지를 만들 것이라고 선언했습니다.

기본적으로 대소문자는 상관없으나 웹 문서 표준을 관리하는 기관인 W3C (World Wide Web Consortium)는 소문자로 작성하는 것을 권장하고 있습니다.

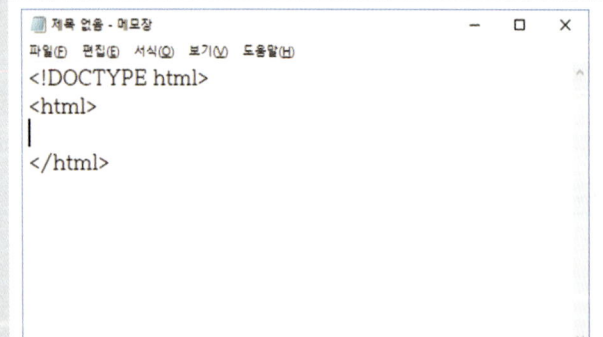

**03** 웹 페이지를 구성할 내용은 <html>로 감싸야 합니다.
<html>과 </html>로 작업 영역을 생성합니다.

**04** 같은 방법으로 head 영역과 body 영역을 생성합니다.

참고로 그림에 보이는 것처럼 새로운 태그 등 명령을 넣을 때에는 구분을 쉽게 하기 위해 탭 키나 스페이스바로 들여쓰기 하는 것이 일반적입니다.

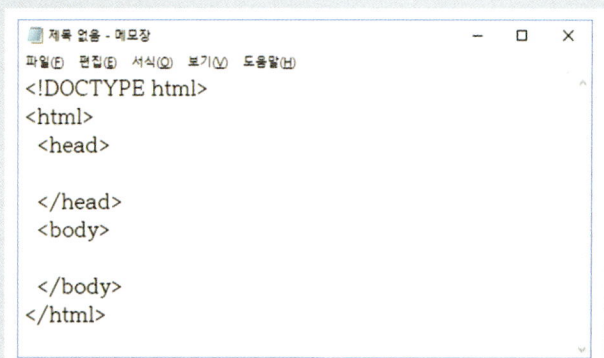

**05** head 영역에 다음과 같이 입력합니다.

`<title>html연습</title>`

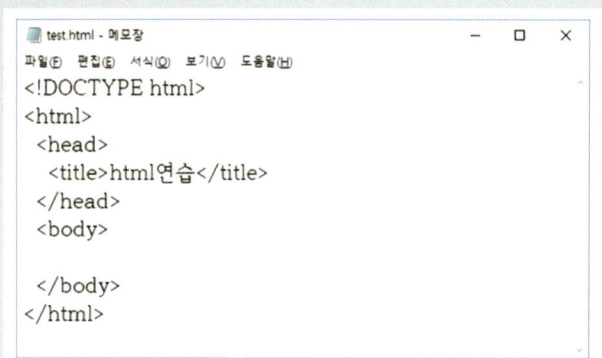

**06** body 영역에 다음과 같이 입력합니다.

멀티미디어콘텐츠제작전문가

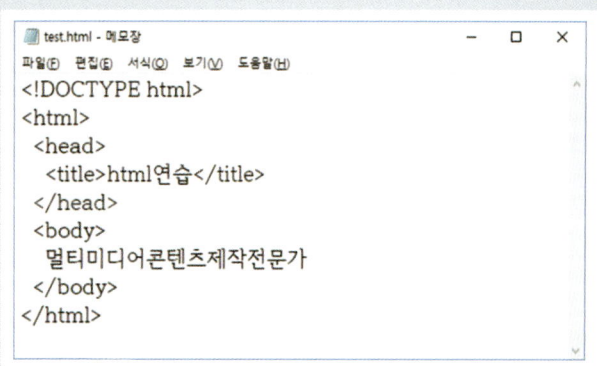

**07** [파일] - [다른 이름으로 저장]을 클릭합니다.

본인이 원하는 임의의 위치를 선택합니다.

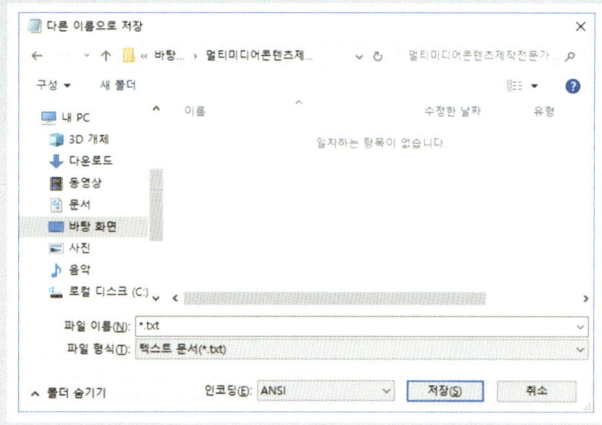

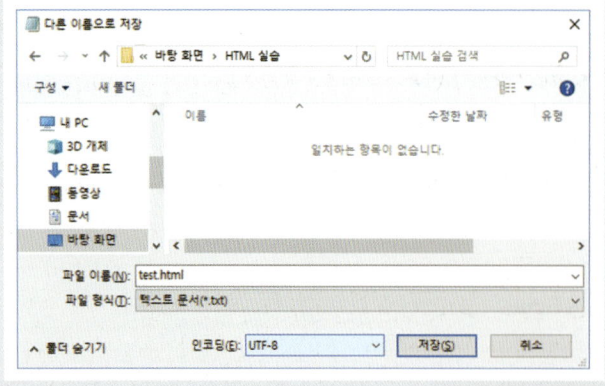

**08** 파일 이름은 test.html 로 확장자까지 입력합니다.

하단의 인코딩은 UTF-8을 선택한 후 저장을 클릭합니다.

**09** 해당 파일이 HTML 문서로 저장되었습니다.

방금 생성한 웹 문서를 더블 클릭하면 웹 브라우저에서 실행이 됩니다.

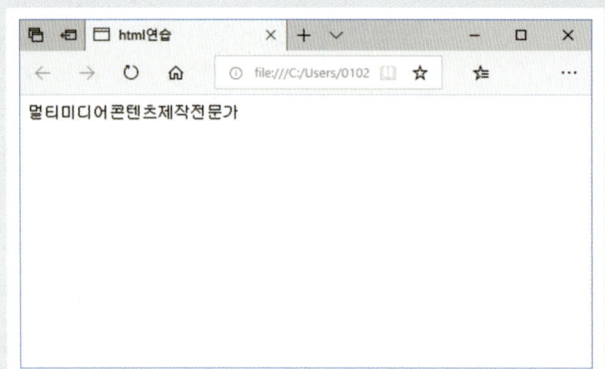

**10** head 영역에 <title> 태그에 입력한 내용이 웹 페이지의 상단 제목으로 나타납니다.

또한 body 영역에 입력한 내용이 웹 페이지의 내용으로 보이게 됩니다.

**11** 정상적으로 만들어지지 않아 수정이 필요하면 파일을 선택한 후 [F2]를 누릅니다.

확장자를 html에서 txt로 변경하면 다시 메모장으로 열리므로 수정할 수 있습니다.

※ 확장자가 보이지 않는다면 윈도우 탐색기를 열어 [보기] - [☑ 파일 확장자명]을 선택해야 합니다.

12  다음과 같은 경고창이 나오면 [예]를 선택합니다.

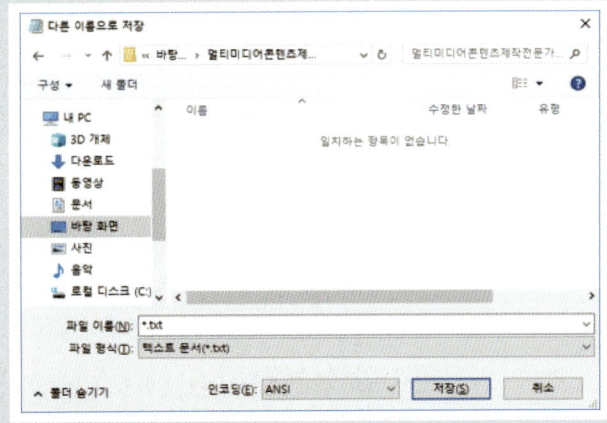

13  텍스트 문서로 바뀌었으므로 더블 클릭하면 메모장으로 실행됩니다.

수정 후에는 같은 방법으로 확장자를 html로 변경하면 다시 웹 페이지로 열립니다.

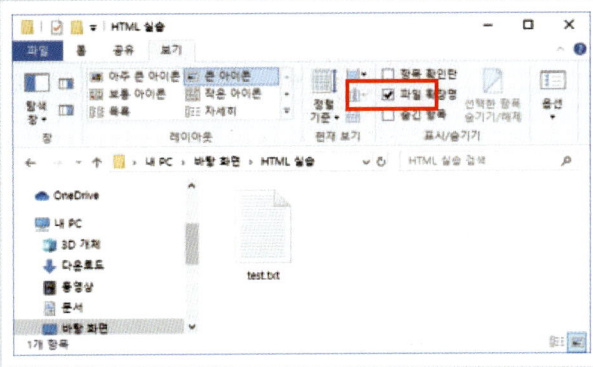

# Chapter 2 HTML 응용

01 확장자를 txt로 바꾼 후 메모장을 실행합니다.

02 html 코드가 펼쳐집니다.

03 body 영역의 코드를 일부 수정하겠습니다.
다음과 같이 입력합니다.

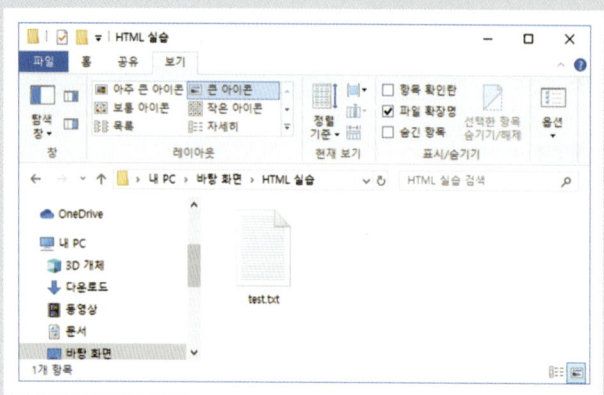

'멀티미디어 콘텐츠'를 <b> 태그로 감싸고 띄어쓰기를 적용합니다.

수정이 끝났으면 저장합니다.

04 [F2]를 눌러 txt 확장자를 다시 html로 변경한 후, 파일을 더블클릭하면 웹 브라우저에서 열립니다.

05 <strong>태그로 감싼 부분이 굵은 글씨로 처리됩니다.

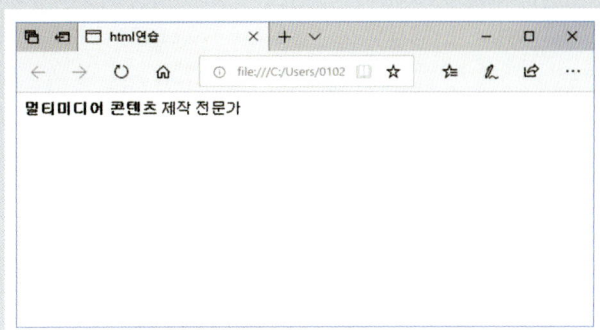

06 혹은 <strong> 태그를 사용할 수도 있습니다.
다음과 같이 수정합니다.

<strong>멀티미디어 콘텐츠</strong> 제작 전문가

<strong> 태그를 사용하면 <b> 태그처럼 굵은 글씨로 강조 표시할 뿐만 아니라 시각장애인들에게 웹 사이트의 내용을 읽어주는 Screen Reader에서 더 강하게 읽는 것이 가능해 웹 접근성 개선에 도움이 됩니다.

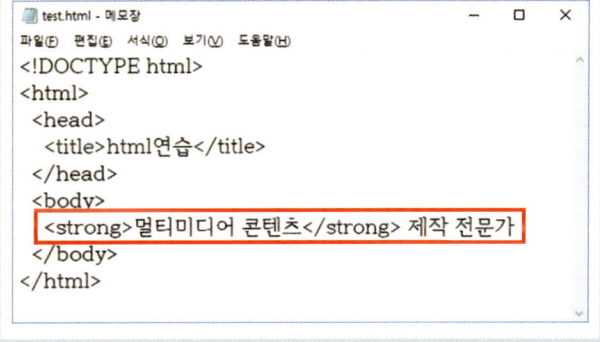

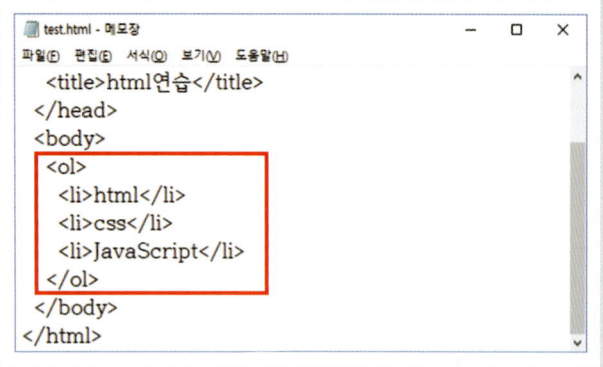

**07** 이번에는 body 영역을 다음과 같이 수정합니다.

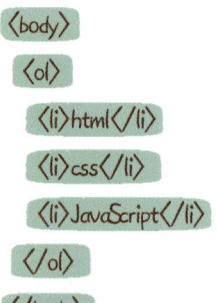

`<ol>` 태그는 ordered list의 줄임말로 1, 2, 3... 이나 A, B, C... 처럼 순서가 있는 목록을 만들 수 있습니다.
`<li>` 태그는 list의 줄임말로 각 항목의 시작과 끝을 감싸 줍니다.

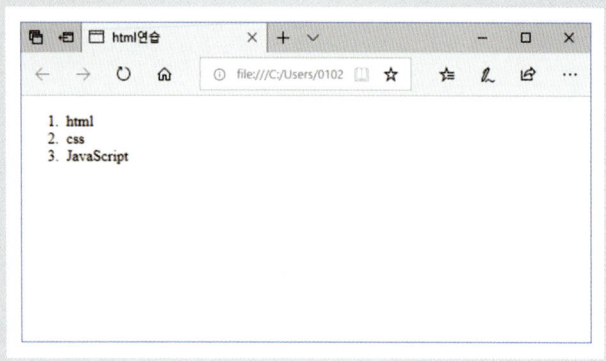

**08** 다음과 같은 결과를 얻을 수 있습니다.

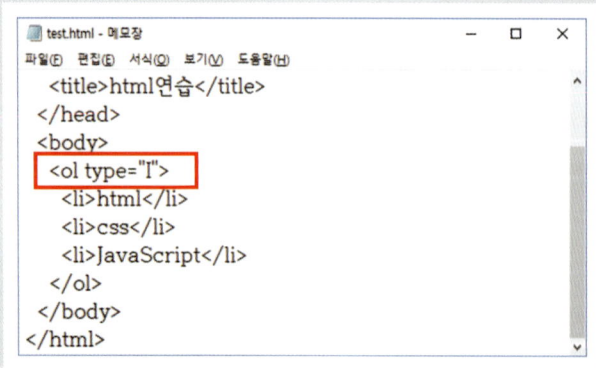

**09** 이번에는 `<ol>` 태그를 다음과 같이 수정합니다.

`<ol type="I">`

⑩ 목록의 타입을 대문자 I로 설정하면 로마 숫자를 대문자로 표현할 수 있습니다.

<ol> 태그의 type 속성은 1, A, a, I, I 중 하나를 설정할 수 있으며 맨 처음과 같이 별도의 type을 설정하지 않으면 1, 2, 3...을 기본값으로 합니다.

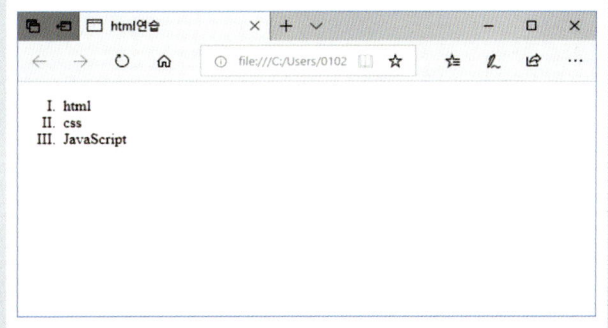

⑪ 이번에는 body 영역을 다음과 같이 수정합니다.

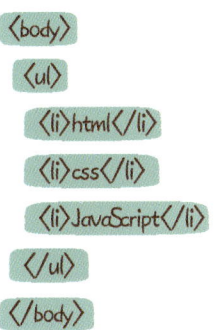

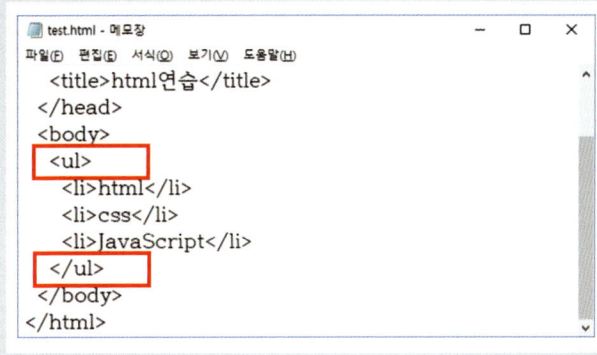

<ul> 태그는 unordered list의 줄임말로 순서가 없는 목록, 즉 글머리 기호를 만들 수 있습니다.

⑫ 다음과 같은 결과를 얻을 수 있습니다.

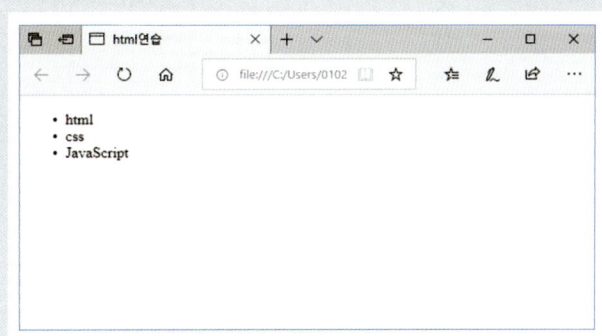

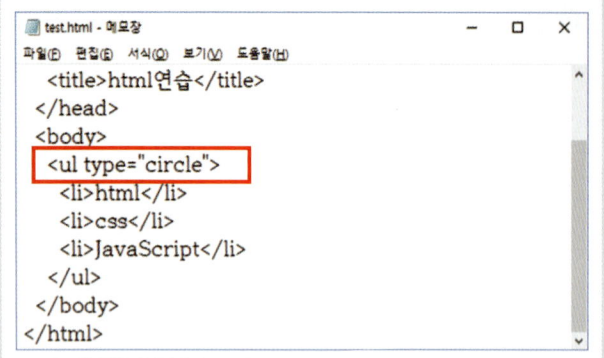

⑬ 이번에는 <ul> 태그를 다음과 같이 수정합니다.

`<ul type=circle>`

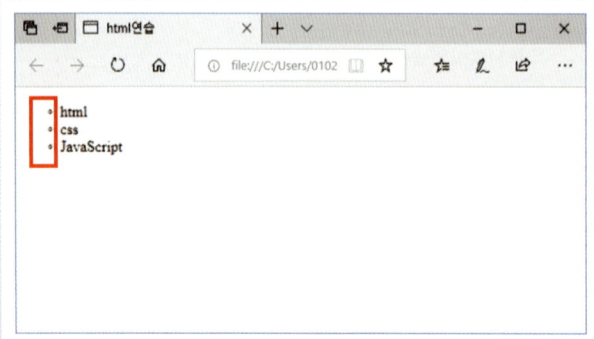

⑭ 목록의 타입을 대문자 "circle"로 설정하면 동그란 원(흰색 점)을 표현할 수 있습니다.

<ul> 태그의 type 속성은 disc, circle, square 중 하나를 설정할 수 있으며 별도의 type을 설정하지 않으면 •을 기본값으로 합니다.

# Chapter 3 HTML & 자바 스크립트

## 01 HTML

### 01 프로그래밍 언어

| 프로그래밍 언어의 필요성 | 2진법의 사고 체계를 가진 컴퓨터는 사람의 대화방식으로 명령을 내릴 수 없음<br>군인들이 정해진 구호에 따라 동작을 수행하듯 컴퓨터에게도 정해진 방법으로 명령을 내릴 필요가 있었고 이를 프로그래밍 언어라 함<br>특히 웹이나 스마트폰, PC 등 다양한 환경에서 상이한 동작을 수행해야 하기 때문에 그에 맞는 언어가 각각 필요해 다양한 프로그래밍 언어가 존재하게 됨 |
|---|---|
| 프로그래밍 언어의 종류 | 프로그래밍 언어는 크게 저급언어와 고급언어로 구분함<br>- 저급언어 : 기계어와 어셈블리어가 대표적이며 이진법으로 이루어져 있어 컴퓨터가 즉시 이해할 수 있고 이에 따라 빠른 처리 속도를 자랑함<br>대신 사람이 사용하는 언어체계가 아니기 때문에 사용하기 어려우며 하드웨어를 제어해야 하는 디바이스 드라이버 등에서 제한적으로 사용됨<br>- 고급언어 : 우리가 아는 COBOL, PASCAL, C, C++, JAVA 같은 대부분의 프로그래밍 언어들이 이에 속하며 컴파일러나 인터프리터라는 번역기를 통해 저급언어로 변환되게 됨<br>대신 기계어로 변환해야 하기 때문에 저급언어에 비해 느리고 프로그램 용량이 큼 |

### 02 마크업 언어

| Markup Language | 태그(Tag, 일종의 명령어)로 감싸는 방식을 활용해 문서나 데이터의 구조를 설명하는 언어로 프로그래밍 언어와 구분됨 |
|---|---|
| HTML | HyperText Markup Language의 줄임말로 우리가 일반적으로 보는 웹사이트들은 모두 HTML을 기반으로 만들었음<br>HTML 문서를 주고받기 위한 통신규약이 HTTP임 |

---

**01** 이미지를 인식하지 못하는 브라우저나 이미지 보기 옵션이 꺼져있을 경우 이미지 대신 텍스트를 넣어서 그 이미지가 무엇인지 알 수 있도록 해 주는 태그는?
① PRE   ② ALT
③ ALIGN  ④ UL

> HTML 태그의 일종으로 시각장애인을 위한 웹페이지 등을 제작할 때 ALT 태그의 내용을 읽어 주게끔 하는 등으로 활용 가능함. Alt는 말풍선 만들어 줌

**02** 홈페이지에 이미지를 보여주는 <IMG> 태그가 존재할 때 시각장애인들에게 이미지 대신 음성으로 안내하기 위해 필요한 <IMG> 태그의 속성은?
① ALT   ② HEIGHT
③ SRC   ④ WIDTH

> Alt 웹표준임. 대체로 실제로는 html 편집기에서 태그(명령어) 완성 해 줌

01 ② 02 ①

제3과목 멀티미디어 저작 135

**03** 다음 중 HTML 태그에서 공백을 한 칸 띄우는 태그는?

① nbsp　② lt
③ amp　④ quot

 를 이용함

**04** HTML 파일에서 특수문자 <가 브라우저에 출력되는 기호로 맞는 것은?

① >　② <
③ >=　④ <=

03 ①　04 ②

### 03 웹 표준 구성요소

| | |
|---|---|
| HTML | 웹 페이지의 실질적인 내용을 구성하는 정보를 담고 있는 기본 골격. 즉, 내용 중심 |
| CSS | 텍스트 중심의 웹페이지를 보여주는 HTML에 디자인적 요소를 덧붙이는 언어로 폰트, 배경색, 이미지, 레이아웃 등을 담당. 즉, 디자인 중심 |
| JavaScript | 행동에 따른 어떤 반응 즉 동적인 상호작용을 담당하며 과거에는 플래시가 비슷한 역할을 했으나 플래시는 웹 표준이 아니어서 점차 도태되고 그 자리를 자바스크립트가 빠르게 차지하고 있음. 즉, 동작 중심 |

### 04 HTML 기본 구조

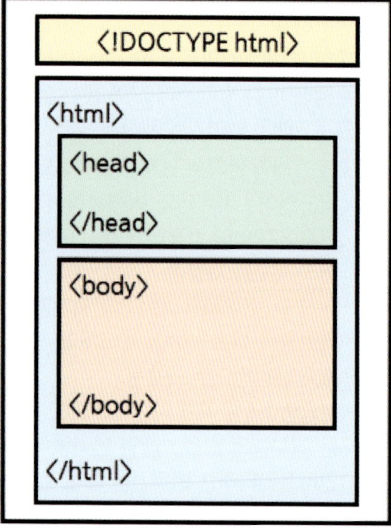

| | |
|---|---|
| <!DOCTYPE html> | HTML, XHTML, HTML5의 세 가지 웹 문서 유형 중 어떤 방식으로 이 웹페이지를 만들 것인지를 선언하는 부분으로 <!DOCTYPE html>라고 입력하면 HTML5 방식을 의미함 |
| <html> ~ </html> | html의 모든 명령들은 이 안에 포함되어 있어야 함 즉, 정상적으로 웹 프로그래밍을 했다면 </html>로 끝나야 함 |
| <head> ~ </head> | HTML문서의 속성을 지정하는 부분으로 주로 타이틀이나 메타 태그가 들어가며 생략 가능 |

# 02 CSS(Cascading Style Sheets)

## 01 웹 표준 구성요소

| | |
|---|---|
| HTML | 웹 페이지의 실질적인 내용을 구성하는 정보를 담고 있는 기본 골격. 즉, 내용 중심 |
| CSS | 텍스트 중심의 웹페이지를 보여주는 HTML에 디자인적 요소를 덧붙이는 언어로 폰트, 배경색, 이미지, 레이아웃 등을 담당. 즉, 디자인 중심 |
| JavaScript | 행동에 따른 어떤 반응 즉 동적인 상호작용을 담당하며, 과거에는 플래시가 비슷한 역할을 했으나 플래시는 웹 표준이 아니어서 점차 도태되고 그 자리를 자바스크립트가 빠르게 차지하고 있음. 즉, 동작 중심 |

**05** 스타일시트의 텍스트 문자 속성에 대한 설명으로 틀린 것은?
① Text-Align : 글자를 정렬한다.
② Text-Decoration : 글자에 밑줄 등을 지정한다.
③ Text-Indent : 소문자를 대문자로 변환한다.
④ Text-Spacing : 글자와 글자 사이의 간격을 지정한다.

㉠ Align[정렬하다] : 정렬을 정함 (center, left 등)
㉡ Decoration : 글자에 대한 데코를 정해 줌. 밑줄 등
㉢ Indent[톱니바퀴] : 내어쓰기(들여쓰기) 정도를 정함
㉣ Spacing[간격] : 글자의 간격

**06** 스타일시트(CSS)에서 텍스트 문자 속성에 대한 설명으로 틀린 것은?
① text-align : 글자 정렬
② text-indent : 화면 왼쪽으로 들여쓰기 지정
③ letter-spacing : 글자와 글자 사이의 간격 지정
④ text-decoration : 소문자나 대문자로 변환

text-transform:uppercase; / text-transform:lowercase; html에서 세미콜론은 각 속성들을 끊어주는 방법임. 필수

**07** HTML5 스타일시트에서 시작하는 첫 번째 글자를 대문자(영문)로 변환하는 표기법으로 맞는 것은?
① string-replacement:uppercase;
② text-transform:capitalize;
③ text-transform:lowercase;
④ style-sheet:cap;

css = 스타일시트

05 ③  06 ④  07 ②

# Chapter 4 자바 스크립트

## 01 객체지향언어와 방법론

### 01 객체지향분석의 다양한 방법론

객체(Object) 개체로 해석하기도 하며 데이터와 함수를 캡슐화한 하나의 소프트웨어 모듈을 의미함

객체지향분석(OOA : Object Oriented Analysis)을 통해 사용자의 요구사항을 분석하고 각 구성요소들 및 각 관계를 정의하여 모델링 하는 작업

| | |
|---|---|
| 럼바우(Rumbaugh) 방식 | 제임스 럼버라고도 하며 가장 일반적인 분석방법<br>객체 모델링, 동적 모델링, 기능 모델링 세 가지 모델을 통해 시스템이 요구하는 객체를 완벽하게 분석할 수 있음<br>소프트웨어의 구성요소를 그래픽으로 모델링 하는 기법으로 Object Modeling Technique 줄여서 OMT라고 함 |
| 부치(Booch) 방식 | 자료흐름도(DFD, Data Flow Diagram)를 활용해 클래스와 객체들을 분석 및 식별하고 클래스의 속성과 연산을 정의함<br>'시스템은 몇 개의 뷰(View)로 분석된다'고 생각했고 뷰는 모델 다이어그램으로 나타냄 |
| 야콥슨(Jacobson) 방식 | 객체 지향 소프트웨어 공학으로 번역하는 OOSE (Object-Oriented Software Engineering) 방법론을 제시<br>가장 최초로 상속성을 지원하는 방법론을 제시함<br>Use Case를 강조해 행동 분석에 장점이 있는 방법<br>특히 큰 시스템 개발에 유리하나 초급자에게는 어려움 |
| 로렌슨(Lorrensen) 방식 | 추상화, 상속성, 메시지 등의 OOD 개념을 직접 지원해주는 기능을 갖고 있는 프로그래밍 언어(예, smalltalk)로 개발하기 위한 기법 |

08 객체지향 분석 방법론의 설명으로 옳은 것은?
① 부치(Booch) 객체지향 설계는 객체들 간의 인터페이스를 찾아 이것들을 Ada 프로그램으로 변환시키는 기법이다.
② Jacobson 객체지향 설계는 분석과 설계 프로세스 간에 뚜렷한 구분이 없고 고객 명세의 평가로 시작하여 설계로 끝나는 연속적인 프로세스로 접근한 방법이다.
③ 럼바우(Rambaugh) 객체지향 설계는 사용자가 제품 또는 시스템과 어떻게 상호 작용하는지를 서술하 시나리오로 접근한다.
④ 윌리엄 로렌슨 객체지향 설계는 자료흐름도를 사용해서 객체를 분해하고 각 작업에 대한 다이어그램, 클래스 계층 정의, 클래스들의 클러스터링 작업을 수행한다.

08 ①

| | |
|---|---|
| UML (Unified Modeling Language) | 통합모델링언어로 번역하며 1994년 그래디 부치(Grady Booch), 제임스 럼바(James Rumbaugh), 이바 야콥슨(Ivar Jacobson)에 의해 발표되었으며, 자신들의 방법론 중 잠점만을 통합해 만들었음<br>현재 객체지향 시스템 개발 분야에서 가장 우수한 모델링 언어로 평가받고 있음 |

**09** 객체지향 분석모델인 Rumbaugh의 OMT에 해당하지 않는 것은?
① Relational Modeling
② Object Modeling
③ Functional Modeling
④ Dynamic Modeling

객체지향분석기법의 하나

**10** 객체지향 분석 모델인 Rumbaugh의 OMT에서 자료 흐름도를 이용한 것은?
① Relational Modeling
② Object Modeling
③ Functional Modeling
④ Dynamic Modeling

09 ① 10 ③

**11** 객체지향 방법론의 가장 큰 목적은?
① 객체의 캡슐화
② 소프트웨어 재사용
③ 인스턴스 생성
④ 설계 자동화

> 재사용이 가장 중요한 첫 번째 목적이며, 재사용을 편하게 하기 위해 객체를 '캡슐화'함

**12** 객체의 상세한 내용을 객체 외부에 철저히 숨기고 단순히 메시지만으로 객체와의 상호작용을 하게 하는 것은?
① 클래스   ② 상속성
③ 다형성   ④ 캡슐화

**13** 객체지향언어에 대한 설명으로 거리가 먼 것은?
① 캡슐화를 통하여 결합도를 향상시킨다.
② 소프트웨어의 유지보수성이 향상된다.
③ 상속을 통하여 이미 정의된 다른 클래스의 내용을 재사용 할 수 있다.
④ 캡슐화와 정보 은닉을 지원한다.

> 캡슐화(박스에 담는 개념으로 박스 안에 있는 내용을 알 필요도 없으며 그 박스를 어떤 용도로 사용할지만 알면 됨)

11 ② 12 ④ 13 ①

## 02 객체지향언어와 자바스크립트

### 01 절차지향 프로그래밍과 객체지향 프로그래밍

| 절차지향 프로그래밍 | Procedural Programming, 절차적 프로그래밍이라고도 하는데 Procedure는 절차로 번역되기도 하나 프로시저는 함수와 유사한 개념으로 이해해야 함<br>순차적인 처리와 유기적 연결을 중시하는 프로그래밍 기법으로 C언어가 대표적<br>컴퓨터의 처리구조와 유사해 실행 속도는 빠르나 실행 순서가 정해져 있어(순차처리) 코드의 순서가 바뀔 경우 문제 발생 여지가 높고 디버깅 어려움 |
|---|---|
| 객체지향 프로그래밍 | Object Oriented Programming, 레고처럼 순서에 상관 없이 원하는 묶음을 조립하는 형태의 프로그래밍 기법으로 다음과 같은 특징을 가지며, 자바, C++, 닷넷, 자바스크립트, 파이썬 등이 대표적<br>- 캡슐화 : 관련 데이터와 코드를 묶음으로 관리하거나 사용할 수 있으며 데이터를 감출 수 있음<br>- 상속성 : 기존 코드를 재활용 해 사용하는 것을 의미하며 가장 큰 장점 중 하나<br>- 다형성 : 하나의 이름(방법)으로 다양한 상황에 대처 가능<br>- 추상화 : 불필요한 부분은 생략하고 객체의 속성 중 가장 중요한 부분만 모델화 하는 것<br>이로 인해 개발자가 만들 데이터를 사용할 수 있어 신뢰성이 높고 코드의 재사용과 디버깅이 쉬운 장점이 있으나 처리속도가 절차지향에 비해 상대적으로 느림 |

# 03 AJAX와 JQUERY

## 01 AJAX의 정의

| AJAX | 'Asynchronous JavaScript and XML, 비동기식 자바스크립트 & XML'의 약자로 Web에서 화면을 갱신하지 않고 Server로부터 Data를 가져오는 방법 |
|---|---|

**14** 자바스크립트에서 웹 서버와 통신 시 웹 클라이언트가 요청을 전송한 후 웹 서버가 처리중일 때 웹 클라이언트 측에서도 웹서버의 결과를 기다리지 않고 동시에 조작을 계속하는 것은?
① AJAX ② DOM
③ Jquery ④ cross domain

**15** AJAX에 대한 설명으로 틀린 것은?
① HTTP 서버와 비동기적으로 통신하는 자바스크립트 클라이언트이다.
② JSON 형태의 데이터를 사용하여 통신한다.
③ 페이지의 필요한 부분을 부분적으로 갱신하는 기술이다.
④ HTTP 서버와 통신할 때마다 페이지 전체를 갱신(Refresh)해야 한다.

**16** AJAX에 대한 설명으로 틀린 것은?
① SOAP/XML 등 SW 통신 프로토콜을 이용
② XML과 XSLT를 이용한 데이터 교환 및 변경
③ XMLHttpRequest를 이용한 비동기 데이터 검색
④ 모든 것을 결합시켜 정리해 주는 ASP Script 사용

14 ① 15 ④ 16 ④

**17** Jquery에서 마우스가 선택영역에 오버되거나 아웃될 때 각각의 함수를 실행하는 것은?
① reset()   ② dbclick()
③ hover()   ④ focus()

**18** 현재 html 문서에서 id가 test인 엘리먼트를 선택하는 Jquery 표현식은?
① $( 'test' )   ② $( '!test' )
③ $( '_test' )   ④ $( '#test' )

> Jquery에서 제일 중요함
> $로 시작, ( )의 작은 따옴표 혹은 큰 따옴표 안에 #으로 시작할 경우에는 id, .일 때는 클래스, 없을 때는 태그가 선택 됨
> *만 사용하면 모든 태그

**19** 현재 HTML 문서의 모든 태그를 선택하는 Jquery 표현식은?
① $('SQL#')   ② $('.')
③ $('*')   ④ $('HTML')

> 자유오픈소프트웨어(FOSS) 기반으로 오늘날 가장 인기 있는 자바스크립트 라이브러리 중 하나

17 ③  18 ④  19 ③

| Jquery의 정의 | |
|---|---|
| Jquery | Jquery = 자바스크립트를 좀 더 쉽게 쓸 수 있게 해 주는 라이브러리(프레임 워크라고도 함)로 Ajax 기술을 jQuery를 통해 구현함 |

# Chapter 5 XML

## 01 XML 기본

### 01 XML의 정의

| | |
|---|---|
| XML | 데이터 구조를 가지면서 메타 데이터를 기술할 수 있는 다목적 문서 형식 표준으로 쉽게 말해 XML은 다른 마크업 언어를 만드는 데 사용되는 다목적 마크업 언어임<br>원래는 웹에서 사용할 목적으로 만들었는데 웹 환경이 아닌 일반 TCP/IP 네트웍 통신을 할 때에도 점점 사용빈도가 늘어나고 있는 추세 |

**20** XML 파일로 된 웹페이지를 읽어 원하는 정보를 수집하는 기능으로, 웹페이지를 만드는 사람은 주기적으로 내용을 개정하고 사용자는 그 페이지의 URL만 알면 웹 브라우저로 읽어 정보를 얻을 수 있는 기술은?
① OWL　② REST
③ GIS　④ PAN

**21** XML의 문서형식 정의(DTD)에서 사용하는 세 가지 주요 구성요소가 아닌 것은?
① Element　② Comment
③ Attribute　④ Entity

> 요소(elements) / 속성(attributes) / 엔티티(entities)

**22** DTD 명세를 확장하고 개선한 것으로, XML 문서의 내용과 구조를 정의하기 위해 사용되는 것은?
① XSLT　② XPath
③ XML Schema　④ SAX

> 문서 타입 정의(DTD)는 XML 문서의 구조 및 해당 문서에서 사용할 수 있는 적법한 요소와 속성을 정의하는데 DTD를 사용하여 새로운 XML 문서의 구조를 정의함으로써 새로운 문서 타입을 만들 수 있음

20 ② 21 ② 22 ③

**23** XML의 DTD에 대한 설명으로 거리가 먼 것은?

① 문서에 허용되는 엔티티를 정의한다.
② 문서에서 허용되는 엘리먼트 형을 정의한다.
③ 각 엘리먼트에 할당되어 있는 속성을 정의한다.
④ DTD에서 태그의 속성은 ATTRIBUTE로 정의한다.

<!ATTLIST 요소이름 속성이름 속성타입 속성값>처럼 ATTLIST구문으로 정의함

23 ④

## 02 DOM 기본

### 01 DOM의 정의

| DOM (Document Object Model) | 문서(Document)란 HTML이나 XML문서과 같이 부분적 요소나 내용이 관련된 것들끼리 묶여서 존재하는 구조화 된 문서인데 이렇게 구조화 된 문서에 스크립트를 이용하여 접근할 때에도 구조적으로 표현하는 방식(Object Model)을 제공하는 것을 바로 DOM이라 함<br>즉 DOM을 통해 스크립트가 문서 내의 모든 요소에 동적으로 접근할 수 있음<br>html로 보자면 하나하나의 tag를 xml에서는 DOM으로 봐도 무방함 |
|---|---|

**24** HTML이나 XML문서에 접근하기 위해 html 태그들을 표준적인 구조의 객체로 모델링하여 크로스 브라우징 환경에 대비한 것은?
① DOM  ② FORM
③ BROWSER  ④ WINDOW

**25** HTML이나 XML문서의 구조적 정보를 제공하고 자바스크립트 프로그램에서 문서 구조, 외양, 내용을 변경하여 접근하는 방법을 제공하는 모델을 의미하는 용어는?
① DOM  ② CSS
③ DOCUMENT  ④ SCRIPT

**26** XML 문서 정보를 자유롭고 쉽게 다루도록 해주며, 보다 간단하게 프로그램 또는 스크립트를 통해 HTML이나 XML과 같은 웹 문서의 내용, 구조 및 스타일 정보를 찾거나 수정하는 등의 조작을 할 수 있도록 지원해 주는 것은?
① History  ② DOM
③ NameInterface  ④ XPath

**27** DOM 객체의 최고 상위 객체로 윈도우 내에 표시된 문서를 조작하는 객체는?
① Mater 객체
② Document 객체
③ History 객체
④ Location 객체

**28** DOM에서 CharacterData 인터페이스가 제공하는 메소드로 틀린 것은?
① getData  ② setData
③ selectionData  ④ insertData

24 ①  25 ①  26 ②  27 ②  28 ③

# 기출문제 풀이

**01** HTML 파일에서 순서가 있는 목록 리스트들을 포함하여 출력할 때 사용하는 태그명은?
① ol 태그　　② dl 태그
③ li 태그　　④ ul 태그

> 순서는 ol (Ordered list) : 번호 매기기
> / 순서 없는건 ul (UnOrdered list) : 글머리 기호

**02** 다음 코드에 대한 결과 값은?

```
<html>
<head> <title> Items </title> </head>
<body>
<ol>
 <li> One </li>
 <li> Two </li>
 <ul>
   <li> Three </li>
   <li> Four </li>
 </ul>
 <li> Five </li>
</ol>
</body>
</html>
```

① o One　　　② 1. One
　 o Two　　　　 2. Two
　 o Three　　　 3. Three
　 o Four　　　　4. Four
　 o Five　　　　 5. Five

③ 1. One　　　④ 1. One
　 2. Two　　　　2. Two
　 o Three　　　 o Three
　 o Four　　　　o Four
　 3. Five　　　　5. Five

**03** 그림과 같은 형태의 표를 만들기 위해 ( )에 들어갈 HTML 코드는?

| 데이터 | 데이터 | 데이터 |
|--------|--------|--------|
| 데이터 |        | 데이터 |

```
<TABLE BORDER=1>
  <TR>
    <TD> 데이터 </TD>
    <TD ( )> 데이터 </TD>
    <TD> 데이터 </TD>
  </TR>
  <TR>
    <TD> 데이터 </TD>
    <TD> 데이터 </TD>
  </TR>
</TABLE>
```

① ROWSPAN=2　　② COLSPAN=2
③ HEIGHT=2　　　④ WIDTH=2

> 위아래를 합칠 때는 rowspan / 열을 합칠 때는 colspan
> 병합(TD 태그)에 관한 옵션임

**04** HTML의 <video> 태그의 poster 속성은?
① 동영상 넓이 지정
② 재생할 동영상이 로드 중이거나 버퍼링 중일 때 보여줄 이미지 URL 지정
③ 동영상 높이를 지정
④ none, metadata, auto 값 설정

> 말 그대로 포스터임
> 태그= 명령어 / 속성= 하위 옵션
> 태그의 세부 설정이 속성이므로 태그가 있어야 속성 설정 가능

**05** HTML에서 SELECT 태그를 이용하여 여러 목록 중 다중 선택이 가능하도록 구성할 때 필요한 속성은?
① checked　　② disabled
③ onchange　　④ multiple

> ① Select에서 Checked 는 사용 안 함
> ② Disabled: 사용 못하게 비활성화 하는 것
> ③ Onchange: 속성이 아닌 자바 함수
> ④ multiple :여러 개 선택하게 해주는 것

01 ①　02 ③　03 ①　04 ②　05 ④

**06** HTML에서 select 태그를 이용하여 여러 목록 중 다중 선택이 가능하도록 구성할 때 필요한 속성은?
① checked   ② disabled
③ onchange  ④ multiple

**07** HTML 문서 작성 시 <BODY> 태그 안에 사용하는 속성으로 한 번 이상 방문한 적이 있는 링크의 색상을 정의 하는 것은?
① VLINK   ② TABLE
③ RADIO   ④ KLINK

> ① vlink : 링크의 속성
> ② table : 테이블 만들 때 사용하는 태그
> ③ radio : radio 버튼 만드는 태그
> ④ klink : 클릭크

**08** 하이퍼시스템의 구성요소인 링크에 대한 설명으로 틀린 것은?
① 노드 간의 연결 관계를 형성하는 역할을 한다.
② 문서 참조를 위한 연결기능을 담당한다.
③ 표, 그림 등의 항목들을 관련정보와 연결한다.
④ 주제를 표현하기 위한 기본 단위이며, 정보의 저장 단위이다.

**09** HTML5에서 새롭게 추가된 API로 브라우저와 사용자 간의 쌍방향 전이중 통신을 실현하기 위한 것은?
① Web sockets   ② Web Sql Database
③ Web storage   ④ Web workers

> 기본적으로 html은 통신이 웹 소켓을 통해서 이뤄짐

**10** HTML5의 기능에 대한 설명으로 틀린 것은?
① Web Database : 표준 SQL을 사용해 질의할 수 있는 DB 제공
② Web Worker : 웹 어플리케이션과 서버 간의 양방향 통신기능 제공
③ Web Storage : 웹 어플리케이션에서 데이터를 저장할 수 있는 기능 제공
④ Web Form : 입력 형태를 보다 다양하게 제공

> 별도의 프로그램 없이 웹 상에서 실시간 양방향 통신이 가능해졌는데 이는 별도의 프로그램을 설치하지 않아도 웹에서 채팅 등의 기능이 가능하다는 의미이며 이런 기능을 Web Socket이라고 함

**11** html5의 특징으로 거리가 먼 것은?
① 시맨틱 마크업을 표현할 수 있다.
② 더 높은 접근성과 호환성을 가질 수 있다.
③ 크로스 브라우징과 연관 없다.
④ 웹 어플리케이션 개발을 위한 풍부한 API를 제공한다

> 시맨틱 웹 : 컴퓨터가 사람을 대신해 정보를 읽고 이해한 후 이를 가공해 새로운 정보를 만들어 낼 수 있는 차세대 지능형 웹, 시맨틱 마크업은 이런 시맨틱 웹을 만들 수 있는 웹 프로그래밍 언어
> 크로스브라우징: 서로 다른 브라우저들에서도 동일하게 표현됨. html5의 특징적 기능임

**12** HTML5에서 사용자의 위치정보를 알려주는 API는?
① Publication   ② Geolocation
③ Localization  ④ Weblocation

**13** HTML5 CANVAS API 요소에 대한 설명으로 틀린 것은?
① CANVAS의 좌표계는 화면 좌측 하단이 (0,0)의 위치이다.
② CANVAS의 좌표계는 오른쪽으로 갈수록 X좌표가 증가한다.
③ CANVAS는 선을 그리기 위해 stroke 함수를 호출할 수 있다.
④ CANVAS는 선을 그리기 위해 linTo 함수를 호출할 수 있다.

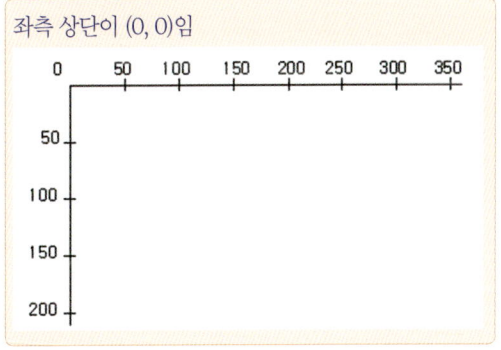
좌측 상단이 (0, 0)임

**14** HTML5의 콘텐츠 타입 중 문서의 표현이나 성격을 규정하는 요소로 보통 Head 영역에 위치하는 것은?
① Flow       ② Embeded
③ Phrasing   ④ Metadata

06 ④ 07 ① 08 ④ 09 ① 10 ② 11 ③ 12 ② 13 ① 14 ④

**15** HTML5에서 지정한 문자로 끝나는 속성에 대해서만 스타일을 적용하는 속성 선택자는?
① $
② ~
③ &&
④ ##

> 선택자(Selector)는 전체 선택자, 타입 선택자, 속성 선택자가 있음
> 속성 선택자는 주어진 속성의 존재 여부나 값을 찾는 역할을 하며 7개로 나뉨
> '속성$=값'의 형태로 사용함

**16** 다음 중 Canvas에 2차 베이지어(Bezier) 곡선을 그리는 HTML5 함수는?
① beginfillRect( )
② contxtmoveTo( )
③ quadraticCurveTo( )
④ curvelineTo( )

> qctx.bezierCurveTo(200, 200, 200, 0, 300, 100);처럼 좌표값을 설정하면 베지어 곡선을 얻을 수 있음

**17** HTML5에서 캔버스(Canvas)에 색이 채워진 텍스트를 출력하기 위한 함수는?
① fillText( )
② strokeText( )
③ moveTo( )
④ lineTo( )

> 텍스트에 관한 함수는 fillText와 strokeText가 있으며 fillText는 글자색이 채워진 텍스트를 보여주고 strokeText는 테두리색이 적용된 텍스트를 보여줌

**18** HTML5 함수 중 컨트롤의 값을 텍스트에서 숫자 형식으로 변환해 주는 함수는?
① stringNumber()
② textNumber()
③ valueAsNumber()
④ textAsNumber()

> ① 자바스크립트에서 문자(string)을 숫자로 바꾸기 위해 Number() 함수를 사용하는 것을 차용한 오답
> ② 이런 명령은 아예 없음
> ③ 정답
> ④ 이런 명령은 아예 없음

**19** Html5의 태그 중에서 형광펜을 사용하여 강조하는 효과를 나타내는 것은?
① <i>
② <mark>
③ <keygen>
④ <small>

> html5에서 제공되는 태그임

**20** HTML5에서 WebSocket 객체를 이용하여 이벤트가 발생할 때마다 콜백함수를 호출하여 보낸다. 이때 WebSocket 이벤트 호출 콜백함수가 아닌 것은? (호출하여 보내게 되는데 WebSocket 이벤트가 아닌 것은?)
① error
② message
③ open
④ close

> 콜백함수 : 객체의 상태 변화(이벤트)가 생겼을 때 이러한 상황을 함수를 통해 전달하며, 이를 콜백함수라 함
> ② message : 서버로부터 메시지를 받은 경우 호출되는 콜백함수
> ③ open : 팝업창과 같은 새로운 창을 열어주는 콜백함수
> ④ close : 연결이 끊어진 경우에 호출되는 콜백함수

**21** HTML5의 태그에 대한 설명으로 틀린 것은?
① <article> : 제목과 부제목 표시
② <address> : 사이트 제작자 정보, 연락처 정보 표시
③ <nav> : 문서를 연결하는 내비게이션 링크
④ <footer> : 제작 정보와 저작권 정보 표시

> <body>안에 사용하는 태그들로 예전 html에는 없던 태그들임

**22** HTML5에서 동일 사이트 내 문서나 다른 사이트의 문서로 연결 되는 링크를 정의하는 태그는?
① <nav>
② <area>
③ <fieldset>
④ <hgroup>

**23** Html5에서 ( )에 들어갈 태그로 적절한 것은?

> "CPU 사용량 72%를 차지하는 예시"
> .. 생략
> <label> 사용량 72% </label>
> <( ) min = "0" max = "100" value = "72">
> </ ( )>

① datalist
② textarea
③ option
④ meter

15 ① 16 ③ 17 ① 18 ③ 19 ② 20 ① 21 ① 22 ① 23 ④

```
<body>
    <label> 사용량 72% </label>
    <meter min="0" max="100" value="72">
    </meter>
</body>
```

**24** 구글 I/O에서 발표한 차세대 웹 동영상 코덱으로 로열티 비용이 없는 개방형 고화질 동영상 압축 형식의 비디오 포맷으로 VP8 비디오와 Vorbis 오디오로 구성되어 있으며 HTML5에서 작동되는 동영상 포맷은?
 ① H.264　　② Ogg
 ③ WebM　　④ Mov

**25** 럼바우(Rumbaugh)의 객체지향분석에서 분석기법의 모델링과 관련이 없는 것은?
 ① 객체 모델링　　② 절차 모델링
 ③ 동적 모델링　　④ 기능 모델링

**26** 객체지향기법에서 객체가 메시지를 받아 실행해야 할 객체의 구체적인 연산을 정의한 것은?
 ① Entity　　② Method
 ③ Instance　　④ Class

**27** 객체지향 패러다임의 구성요소가 아닌 것은?
 ① 객체　　② 클래스
 ③ 전역변수　　④ 메소드

> 전역변수 : 모든 곳에서 사용가능한 변수

**28** 다음 중 객체지향 기법에서 하나 이상의 유사한 객체들을 묶어서 하나의 공통된 성격을 표현한 것은?
 ① 함수　　② 클래스
 ③ 메시지　　④ 메소드

**29** 객체지향 시스템의 특성이 아닌 것은?
 ① 캡슐화　　② 상속성
 ③ 다형성　　④ 재귀용법

> 재귀용법 = 자기가 자기를 사용하는 것으로 객체지향에서는 사용하지 않음(함수에서는 사용되기도 함)

**30** PointTest 클래스가 갖고 있는 draw 함수를 상위 클래스인 Point1D와 Point2D에서 재 정의하여 서로 다른 기능을 수행하도록 하는 객체지향의 특징은?

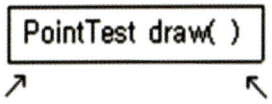

 ① 추상화　　② 캡슐화
 ③ 다형성　　④ 정보은닉

> 다형성 : 클래스를 확장해서 사용하는 개념

**31** 붕어빵을 만드는 붕어빵 틀에 비유되는 객체 모델의 개념은?
 ① 캡슐화　　② 정보은닉
 ③ 클래스　　④ 인스턴스

**32** 객체지향 개념에서 객체가 메시지를 받아 실행해야 할 객체의 구체적인 연산을 정의한 것은?
 ① 추상화　　② 상속성
 ③ 메소드　　④ 캡슐화

> 연산 정의(=실행) = 메소드

**33** 객체의 데이터와 함수를 하나로 묶어서 블랙박스화 하여 외부의 접근을 제한하는 모델 개념은?
 ① 상속성　　② 다형성
 ③ 캡슐화　　④ 메소드

> 외부의 접근을 제한해야 할 이유 = 캡슐화를 한다는 의미는 '라이브러리'로 생성한다는 것으로 기계어로 암호화하기 때문에 나도 볼 수 없으며, 하지 않았을 경우 해킹에 취약
> 캡슐화 할 때는 입력과 출력에 대한 내용을 정의해 두기 때문에 다른 사람도 그 정의를 보고 손쉽게 쓸 수 있음
> 2+2+2로 계산(코딩)할 수도 있고 2*3으로 계산할 수도 있는데 이를 캡슐화해서 코드 노하우를 감추는 효과도 있음

**34** 객체지향 시스템에서 함수 이름과 연산자가 여러 목적으로 사용되는 것은?
 ① 정보은닉　　② 캡슐화
 ③ 다형성　　④ 상속성

**35** 클래스 간 계층관계에 근거하고 클래스 간 속성과 연산을 공유하는 개념은?
① 캡슐화　　　② 상속성
③ 정보은닉　　④ 추상화

> A라는 객체의 모든 것을 A'라는 객체가 모두 가져와 그대로 사용하고 싶을 때 상속(공유)함
> 이 때는 보통 A에 또 다른 기능을 추가하고 싶을 때 주로 사용

**36** class는 객체지향 프로그램에서 어떤 특징에 해당되는가?
① 구조화　　　② 공유화
③ 추상화　　　④ 분리성

**37** 객체지향 개념 중 정보은닉에 대한 설명으로 틀린 것은?
① 객체에 대한 추상적인 관점을 제공한다.
② 객체의 내부 표현이 다른 객체에 영향을 주지 않으면서 바뀔 수 있도록 해 준다.
③ 객체 내부가 외부 환경으로부터 보호될 수 있도록 해 준다.
④ 누구나 접근 가능한 화이트 박스 개념의 객체지향 기법이다.

**38** 자바스크립트에 대한 설명으로 틀린 것은?
① 웹페이지를 동적으로 작성할 수 있다.
② 실행을 위해 서버에서 컴파일 과정을 거쳐야 한다.
③ 문자열 표시는 따옴표를 사용해야 한다.
④ 대소문자를 구분한다.

> 원론적으로는 맞으나 최근에는 성능향상을 위해 컴파일 후 동작하게도 만들기도 함

**39** 자바스크립트의 여러 객체를 생성하여 사용할 때 같은 객체의 이름 충돌을 예방하기 위해 식별하는 용도로 사용하는 것은?
① 네임 스페이스　　② 클래스
③ 파일　　　　　　④ 함수

**40** 자바스크립트의 변수에 대한 설명 중 올바른 것은?
① 자바스크립트 함수는 var 키워드로 변수를 선언한다.
② 자바스크립트는 객체형 데이터를 표현할 수 없다.
③ 수치형 데이터를 표현하려면 integer 키워드를 이용하여 선언한다.
④ 자바스크립트 변수 선언 후 값을 부여하지 않으면 null을 반환한다.

**41** 자바스크립트의 변수에 대한 설명으로 옳은 것은?
① 자바스크립트 변수 선언 후 값을 부여하지 않으면 null을 출력한다.
② 수치형 데이터를 표현하려면 integer 키워드를 이용하여 선언한다.
③ var 키워드로 변수를 선언한다.
④ 자바스크립트는 객체형 데이터를 표현할 수 없다.

**42** 자바스크립트의 변수에 대한 설명으로 맞는 것은?
① 변수를 사용하기 위해서는 반드시 먼저 변수 형을 선언하여야 한다.
② 문자열과 정수를 더하면 정수가 된다.
③ 숫자로 시작되는 변수명을 사용할 수 있다.
④ 밑줄(_)로 시작되는 변수명을 사용할 수 있다.

> ① 언어에 따라 변수선언 필요하긴 하나 변수형 선언 없이 사용할 수 있음
> ② 에러 발생
> ③ 숫자로 시작하는 변수는 모든 언어가 사용할 수 없음

**43** 자바스크립트에서 다른 세 개의 제어문과 역할이 다른 제어문은?
① do-while　　② for
③ if-else　　　④ while

> 나머지는 반복, IF는 조건

**44** 자바스크립트의 문자열 형태로 나타낸 숫자들(예> "123")을 정수나 실수 타입으로 인식하도록 변환하는 역할의 내장 객체가 아닌 것은?
① String　　　② Number
③ parseInt　　④ parseFloat

> STRING은 문자형, INTEGER는 정수, FLOAT은 실수

35 ②　36 ③　37 ④　38 ②　39 ①　40 ①　41 ③　42 ④　43 ③　44 ①

**45** 자바스크립트의 브라우저 내장 객체 중 독립적으로 사용되며, 브라우저의 종류, 사용언어, 시스템 종류 등의 정보를 제공하는 객체는?
① Navigator 객체　　② Window 객체
③ History 객체　　　④ Location 객체

**46** 자바스크립트 코드를 html 파일에 집어넣기 위해 사용되는 태그는?
① BODY　　　　　② HEAD
③ NSCRIPT　　　　④ SCRIPT

> SCRIPT 태그를 사용하면 자바스크립트를 입력할 수 있고, STYLE태그를 사용하면 CSS를 사용할 수 있음 자바스크립트는 동적인 동작을 위한 언어이고 (HTML은 정적 언어), CSS는 스타일링(약간의 애니메이션을 비롯한 웹사이트 꾸밈을 위한 언어)를 위한 언어임

**47** 자바스크립트의 생성자 함수를 이용하여 객체를 생성할 때 사용하는 예약어는?
① function　　　　② instance of
③ type of　　　　　④ new

> 어떤 언어든 객체를 생성할 때 대부분 흔히 'New'를 사용함

**48** 자바스크립트에서 문자열의 특정 위치에 있는 한 개의 문자를 찾아내려 할 때, 사용하는 문자열 객체 메소드는?
① charAt( )　　　　② ArrayOf( )
③ replace( )　　　　④ search( )

**49** 자바스크립트에서 연산자 우선순위가 낮은 것은?
① &&　　　　　　② <
③ /　　　　　　　④ +

> ( ) > 산술(+,-,*,/,%) > 비교 > 논리

**50** 자바스크립트 연산자 중 우선순위가 가장 낮은 것은?
① !=　　　　　　② ||
③ ( )　　　　　　④ &&

> ① 산술: !는 not의 의미로 A!=B는 A와 B가 다른지 확인, 같음은 ==

② 논리합(OR): ||는 논리합으로 A||B는 A와 B의 True/False에 따라 결정됨(곱셈과 덧셈 중 곱셈이 우선임)
③ ( )는 가장 우선 순위 높음
④ 논리곱(AND): &&는 논리곱으로 A&&B는 A와 B의 True/False에 따라 결정됨

**51** 자바스크립트의 내장 객체 중 최상위 객체이고, 현재 화면에 출력되는 창에 대한 정보를 제공하는 객체는?
① location　　　　② bistory
③ screen　　　　　④ window

> 내장 객체는 이미 자바스크립트를 갖고 있는 것들을 의미
> 외장 객체가 있지는 않음, 굳이 꼽자면 자신이 만든 것을 외장 객체로 볼 수는 있음

**52** 자바스크립트의 Window 객체매서드에 대한 설명으로 잘못된 것은?
① confirm( ) : 사용자에게 확인을 필요로 하는 대화상자 실행
② prompt( ) : 사용자로부터 입력 메시지를 받을 수 있는 대화상자 표시
③ find( ) : 윈도우에 포함된 텍스트 검색
④ alert( ) : 전달받은 값이 숫자인지 문자인지 판별한 결과를 출력

> alert은 경고창을 띄움(vb의 msgbox)

**53** 자바스크립트에서 Window 객체의 Layer 속성으로 틀린 것은?
① left　　　　　　② bgcolor
③ height　　　　　④ parentLayer

**54** 자바스크립트에서 String 객체 메서드에 대한 설명으로 틀린것은?
① sup( ) : 위 첨자
② sub( ) : 아래 첨자
③ strike( ) : 깜박이는 효과
④ bold( ) : 볼드체 문자

> superscript(위첨자), subscript(아래첨자), blink(깜빡임), strike(취소선 글자)

**55** 자바스크립트의 RegExp 객체에 대한 설명으로 거리가 먼 것은?
① new 키워드를 이용하여 생성할 수 있다.
② 리터럴을 이용하여 표현할 수 있다.
③ 'i' 플래그는 대소문자를 구분하여 패턴 일치 여부를 검사한다.
④ 'm' 플래그는 다중 라인의 문자열에서 패턴 일치 여부를 검사한다.

> RegExp (egular Expression, 정규표현식)
> i플래그(Ignore Case, 대소문자 무시하고 패턴 일치 검사)
> m플래그(Multi Line, 여러 줄에서 패턴 일치 검사)
> g플래그(Global 찾기, 패턴에 맞는 모든 문자 찾기)

**56** 자바스크립트의 문자열 형태로 둘러싸인 숫자값들을 정수나 실수 타입으로 인식하도록 변환하는 함수는?
① Number   ② Int
③ xFloat   ④ String

**57** 자바스크립트의 내장형 함수 중 수식으로 입력한 문자열을 계산하여 출력하는 함수는?
① Eval( )   ② Alert( )
③ Confirm( )   ④ Number( )

> * 개발자들 사이에서 eval 함수는 사악한(evil) 함수로 알려져 있으며 보안문제 때문에 가급적 회피. string (문자형) 형태로 된 것을 계산할 수 있음
> * confirm은 확인 버튼을 가진 창을 생성

**58** 자바스크립트의 문자열 형태로 나타낸 숫자들(예> '123')을 정수나 실수 타입으로 인식하도록 변환하는 역할의 내장 함수나 내장 객체가 아닌 것은?
① String   ② Number
③ parseInt   ④ parseFloat

**59** 자바스크립트에서 달력과 같이 현재의 날짜와 시간, 특정 날짜를 구할 때 용이하게 사용할 수 있는 내장 객체는?
① String 객체   ② Navigator 객체
③ Date 객체   ④ Math 객체

**60** html 문서의 모든 내용이 화면에 출력된 이후에 함수 init를 호출하여 실행하는 자바스크립트 코드는?
① window.init
② window.upload
③ window.init=onload
④ window.onload=init

> window.onload는 화면이 다 출력된 이후에 발생됨

**61** 자바스크립트 변수 선언으로 틀린 것은?
① var a = 5
② var _b = 30
③ var ab = 87
④ var catch = "well come"

> 예약어(var처럼 어떤 용도로 사용하기로 이미 정의되어 있는 단어) : catch는 예약어로 에러가 발생했을 때 사용
> 원래 대부분은 에러 발생시 프로그램이 다운되게 되는데 다운을 방지하기 위한 용도로 try - catch를 사용하고 try 문에서 에러가 발생되면 catch에 있는 내용이 실행되며 다운을 방지 및 종류를 알 수도 있음

**62** 자바스크립트에서 data라는 이름으로 정수값 10을 저장하기 위한 변수 선언과 초기화 문장의 형태로 맞는 것은?
① float data = 10;   ② int data = 10;
③ integer data = 10;   ④ var data = 10;

**63** 자바스크립트(JavaScript)에서 두 개의 배열을 하나의 배열로 만들 때 사용되는 메소드(Method)는?
① deleteRow( )   ② sort( )
③ concat( )   ④ slice( )

> 배열을 정렬 = sort, 배열을 나눠줌 = slice

**64** 다음 자바스크립트 코드의 결과값은?

```
.. 생략
var result2 = isNaN("03 - 335 - 19");
document.write(result2+"<br/>");
..
```

① 0333519   ② 03 - 335 - 19
③ false   ④ true

55 ③ 56 ① 57 ① 58 ① 59 ③ 60 ④ 61 ④ 62 ④ 63 ③ 64 ④

> isNaN("03-335-16")... is Not Number ... "03-335-16"가 숫자가 아니냐를 물음
> " "로 인해 텍스트 취급되어 있으므로 "네, 아닙니다"가 답
> 코드 끝의 세미콜론(;)은 국어의 마침표처럼 코드 라인의 끝을 의미하는 역할을 함. 자바스크립트의 경우 생략해도 무방하며 파이선이나 비주얼베이직은 오히려 있으면 에러가 나고 C/JAVA/PHP등은 없으면 에러가 남

**65** 자바스크립트 코드의 실행 결과로 옳은 것은?

```
..생략
var a = 4;
var b = (2+3);
var c = true;
document.write((a==b)&&c);
..
```

① a==b&&c
② false
③ 4==5&&false
④ true

> (4 = 5) And true / false And true / 최종 결과는 false

**66** 다음 자바스크립트 코드의 결과 값은?

```
..생략
var c1,c2,c3
c1 = 3, c2 = 9
c1 = 10, + ++c1
c3 = c2 + 10 < 15
document.write("c1="+c1+"<br>")
document.write("c3="+c3)
..
```

① c1 = 13, c3 = true
② c1 = 14, c3 = false
③ c1 = 15, c3 = false
④ c1 = 15, c3 = true

> c1 = 3, c2 = 9
> c1 = 10 + ++c1 (++c1이 우선연산, ++는 1을 더한다는 의미, 이게 앞에 붙으면 1을 먼저 더하고 연산, 뒤에 붙으면 모두 연산 후 더하기 1을 함... c1 = 10 +4(1+3으로..)
> 그래서 c1 = 14
> c3 = c2 + 10 < 15
> c3 = (c2 + 10) < 15 ... 우선 순위는 계산, 비교, 논리
> c3 = (9 + 10) < 15 이므로 "아니오"가 답

**67** 자바스크립트 연산에서 remove Apple의 값은?

```
var pApple = [0,1,2,3];
var removeApple = pApple.pop( );
```

① 0
② 1
③ 2
④ 3

> 3을 제거 후 removeApple 변수에 넣었으므로 3이 정답

**68** 자바스크립트 코드에서 변수 fposition의 결과 값은?

```
var quote = "To be.";
var fposition = quote.indexof('be');
```

① 0
② 1
③ 2
④ 3

> .indexof에 따라 'be'의 위치를 찾아옴, 프로그램 언어는 대부분 0부터 셈
>
> ```
> T o   b e
> 0 1 2 3 4
> ```

**69** 다음 자바스크립트 조건문에서 출력되는 값은?

```
i = 15;
if ((i> 0) || (i <=4))
  i++;
document.write(i);
```

① 14
② 15
③ 16
④ 17

> if (15>0) Or (15<=4)
>   I (+1해라)
> 이 경우 I값을 묻는 문제

**70** AJAX에 대한 설명으로 틀린 것은?

① SOAP / XML 등 SW 통신 프로토콜을 이용
② XML과 XSLT를 이용한 데이터 교환 및 변경
③ XMLHttpRequest를 이용한 비동기 데이터 검색
④ 모든 것을 결합시켜 정리해 주는 ASP Script 사용

> 비동기식 자바스크립트와 XML(Asynchronous Javascript And XML)의 약자로 비슷한 기능의 액티브 X나 플래시 등에 비해 가볍고 속도가 빨라 차세대 웹

65 ② 66 ② 67 ④ 68 ④ 69 ③ 70 ④

기술로 각광
자바스크립트에서 사용

**71** AJAX에 대한 설명으로 틀린 것은?
① 비동기 자바스크립트와 XML의 줄임말이다.
② JSON 형태의 데이터를 사용하여 통신한다.
③ 페이지의 필요한 부분을 부분적으로 갱신하는 기술 이다.
④ HTTP 서버와 통신할 때마다 페이지 전체를 리후레시(Refresh) 해야 한다.

리프레시를 안 하려고 사용함. 일단 리프레시를 하면 화면에 깜빡임이 생기며 동적 페이지에서 리프레시가 이뤄지면 초기화 되며 입력값이 날아가게 됨

**72** DOM과 이벤트 처리에 관련된 작업을 쉽고 단순하게 하는 선택자 문법을 제공하며, 모든 브라우저에서 동작하는 클라이언트 자바스크립트 라이브러리의 이름은?
① css
② html5
③ jquery
④ php

DOM(Document Object Model) : 문서(Document)란 HTML이나 XML문서과 같이 부분적 요소나 내용이 관련된 것들끼리 묶여서 존재하는 구조화 된 문서인데 이렇게 구조화 된 문서에 스크립트를 이용하여 접근할 때에도 구조적으로 표현하는 방식(Object Model)을 제공하는 것이 바로 DOM인데 즉, DOM을 통해 스크립트가 문서 내의 모든 요소에 동적으로 접근할 수 있음

**73** jQuery 문장에 대한 설명으로 옳지 않은 것은?

$ (document).ready(function( ) { });

① Html을 읽어 들일 때까지 대기 후, 스크립트를 실행한다.
② $ ready(function( ) { }); 로 단축표현이 가능하다.
③ document는 현재 문서를 의미하는 내장 객체이다.
④ jQuery 이벤트 메소드 중 하나이다.

① document가 ready 되었을 때 함수를 실행하라

③, ④ docoument 내장 객체가 ready 되었을 때 발생되는 이벤트 메소드임
②는 의미 모름

**74** jQuery의 속성 선택자를 사용해서 PDF 파일을 가리키는 링크를 선택하는 코드로 가장 적절한 것은?
① $$([hrdf=pdf])
② $('input[img=.pdf]')
③ $('a[href$=.pdf]')
④ ##('a[type^^=.pdf]')

$로 시작, a는 링크 태그, [ ]안에 속성이 들어가는데 href속성이 구체적인 파일이나 경로를 알려줌

**75** XML의 DTD에서 주어진 엘리먼트 타입의 속성들을 지정하고, 속성 타입의 제한요소를 설정하기 위해서 제공되는 속성의 기본 유형이 아닌 것은?
① #MIXED
② #FIXED
③ #REQUIRED
④ #IMPLIED

**76** XQuery에 대한 설명으로 틀린 것은?
① Sum과 같은 집계함수를 제공한다.
② SQL과 유사한 SELECT - FROM - WHERE 구조를 유지하고 있다.
③ 다양한 내장함수를 제공한다.
④ 구조화 된 XML 문서에 대한 복잡한 질의를 수행할 수 있다.

구조화되었거나 혹은 반구조화된 XML데이터에 대한 쿼리이며 XPath 식을 기반으로 함

**77** SAX(Simple API for XML)에 대한 설명으로 거리가 먼 것은?
① SAX는 XML문서를 처리하기 위한 응용프로그램 인터페이스이다.
② 다양한 객체지향 프로그래밍 언어에 사용할 수 있다.
③ SAX는 트리기반의 인터페이스를 사용하여 XML문서를 처리한다.
④ DOM은 XML문서 전체를 메모리에 적재하기 때문에 SAX에 비하여 수행속도가 다소 저하될 수 있다.

**78** XML문서를 트리구조로 표현하고 최상위 노드부터

71 ④  72 ③  73 ②  74 ③  75 ①  76 ②  77 ③

최하위 노드까지의 모든 노드들과 속성, 데이터를 추출할 수 있는 경로를 기술하는 언어는?
① XLS  ② XPath
③ XLink  ④ XQuery

**79** XML 문서작성자가 현재 XML 문서가 어떤 마크업 언어로 작성된 것인지를 XML 문서를 해석하는 측에 알려줄 목적으로 정의하는 것은?
① DOCTYPE  ② DTD
③ CSS  ④ SYSTEM

**80** XML 문서작성자가 현재 XML 문서가 어떤 마크업 언어로 작성된 것인지를 XML 문서를 해석하는 측에 알려줄 목적으로 정의하는 것은?
① DOCTYPE  ② XLS
③ STD  ④ SYSTEM

**81** XML 스키마에 대한 설명으로 틀린 것은?
① DOM 기술을 통한 조작 가능
② DTD보다 많은 시스템 정의 타입 지원
③ 단순 타입을 기초로 문서작성자가 원하는 임의의 복합 타입 정의 가능
④ Namespace를 제공하지 않음

> XML은 다른 마크업 언어를 만드는 데 사용되는 다목적 마크업 언어로 이렇게 다른 언어를 정의하기 위해서는 먼저 해당 언어에 필요한 요소와 속성을 파악해야 하는데 이러한 정보의 집합을 '스키마(구조정의와 제약조건)'라고 함
> DTD(Document Type Definition)나 XML 스키마(XSD) 중 하나로 스키마를 작성함

**82** XML 스키마에 대한 설명으로 틀린 것은?
① 복합형 데이터 형 정의를 사용할 수 있어 관계형 데이터 베이스와의 연동이 수월하다.
② 스키마 표현법은 EBNF를 갖고 있어서 XML 데이터 구조를 정의하는데 적합하다.
③ 스키마 안에 있는 일부 내용을 재사용할 수 있는 등 확장성이 뛰어나다.
④ 내용 검증을 위한 방법으로 검사 패턴을 정규식으로 표현할 수 있다.

**83** XML에서 XQuery 식이 아닌 것은?
① 스키마 변환식(Schema Switch Expression)
② 정량한정식(Quantified Expression)
③ FLWOR식
④ 경로식(Path Expression)

**84** XQuery(XML Query Language)에 대한 설명으로 거리가 먼 것은?
① Sum과 Count같은 집계함수 제공
② 다양한 내장 함수 제공
③ FOR-LET-WHILE-RESULT 구조로 질의
④ 사용자 정의 함수 지원

**85** XML 문서 내에 있는 데이터필드 및 텍스트들의 위치를 찾아내고 걸러내기 위한 언어는?
① XQL  ② DOM
③ XLink  ④ XPL

> XML Query Language의 약자로, XML 문서 내에 있는 데이터 필드들과 텍스트들의 위치를 찾아내고 걸러내기 위한 언어

**86** 유효한 HTML 문서나 XML 문서의 구조, 내용, 스타일을 다루기 위한 플랫폼과 언어에 중립적인 프로그램 인터페이스는?
① DOM (Document Object Model)
② DDM (Document Define Model)
③ PIM (Programming Interface Model)
④ DTD (Document Type Definition)

**87** DOM에 대한 설명으로 틀린 것은?
① 문서의 구조, 스타일, 이벤트 등에 접근을 제공하기 위한 응용프로그램 인터페이스이다.
② SAX 파서에서 얻어진 결과를 사용하여 문서 객체 모델을 트리방식으로 구성한다.
③ XML문서를 트리구조로 해석하고 노드를 조작하여 XML 문서를 처리할 수 있도록 한다.
④ 특정 응용 프로그램에 종속되어 인터넷 상의 자원을 찾는 방식에 활용된다.

**88** DOM 구조에서 하위 요소에 발생한 이벤트가 상위 요소에 전달되는 과정을 일컫는 용어는?
① 이벤트 버블링  ② 이벤트 디폴트
③ 이벤트 캡처링  ④ 이벤트 핸들링

# 제 3 과목
멀티미디어 저작

# PART 2
# 데이터베이스

Chapter 1  데이터베이스 개념
Chapter 2  관계형 데이터베이스 모델과 언어
기출문제풀이

# Chapter 1 데이터베이스 개념

## 01 DB 일반

### 01 DBMS의 종류와 주요 명령

| | |
|---|---|
| 정의 기능 | - 데이터베이스에 저장 될 형(Type) 및 스키마 등을 설정<br>　* 스키마 : DB의 구조에 대한 정의와 제약 조건<br>- DDL(DataDefinitionLanguage, 데이터 정의어) = Create, Alter, Drop |
| 조작 기능 | - 데이터의 검색, 삽입, 삭제, 갱신 등 조작 기능<br>- DML(Data Manipulation Language, 데이터 조작어) = SQL Select, Update, Insert, Delete |
| 제어 기능 | - 데이터의 정확성과 안전성을 유지하기 위한 무결성 유지, 보안 권한 검사, 병행 제어 등을 관리하기 위한 기능<br>- DCL(Data Control Language, 데이터 제어어) = Commit, Rollback, Grant, Revoke |

---

**01** DBMS의 필수 기능이 아닌 것은?
① 정의기능　② 조작기능
③ 제어기능　④ 접근기능

> Data Base Management System
> 정의 - 조작 - 제어

01 ④

## 02 DB 주요 용어

### 01 테이블 구성요소

<기관> ← 릴레이션(테이블)

| 속성(열) | 속성 | 속성 | 속성 | 속성 |
|---|---|---|---|---|
| 관리번호 | 기관명 | 소재지 | 주무부처 | 비고 |
| FA13 | KOICA | 경기성남 | 외교부 | |
| EL06 | 근로복지공단 | 울산 | 고용노동부 | |
| E10 | 국립생태원 | 충남 | 환경부 | |
| HW05 | 보험평가원 | 서울 | 보건복지부 | |

튜플(행), 튜플, 튜플, 튜플

| 속성 (필드Field/ 애트리뷰트 Attribute) | 객체의 성질이나 상태를 기술 |
|---|---|
| 도메인(Domain) | 하나의 애트리뷰트가 취할 수 있는 같은 타입의 원자 값들의 집합 |
| 차수(Dgree) | 속성(애트리뷰트)의 수를 의미 |
| 널(Null) | 데이터베이스에서 정보 부재를 명시적으로 표시하기 위해 사용하는 특수한 데이터 값 |
| 뷰(VIEW) | 하나 이상의 기본 테이블로부터 유도되어 만들어 지는 가상 테이블 |
| 트랜잭션 | SQL에서 데이터베이스에 대한 일련의 처리를 하나로 모은 작업 단위 |

---

**02** 관계형 데이터 모델에서 테이블의 열(Column)을 일컫는 또 다른 용어는?
① 도메인(Domain)
② 릴레이션(Relation)
③ 튜플(Tuple)
④ 속성(Attribute)

**03** 데이터베이스에서 릴레이션의 특성이 아닌 것은?
① 튜플의 유일성
② 튜플의 순서 유지
③ 어트리뷰트의 원자값
④ 어트리뷰트의 무순서

**04** 데이터베이스의 릴레이션 특성에 대한 설명으로 틀린 것은?
① 애트리뷰트 값은 논리적으로 더 이상 분해할 수 없는 원자값이다.
② 한 릴레이션을 구성하는 애트리뷰트 사이에는 순서가 없다.
③ 두 개의 똑같은 튜플은 한 릴레이션에 포함될 수 없다.
④ 하나의 릴레이션에서 튜플의 순서는 존재한다.

02 ④ 03 ② 04 ④

# Chapter 2 관계형 데이터베이스 모델과 언어

## 01 SQL

### 01 SQL

| | | |
|---|---|---|
| DDL | CREATE | 데이터베이스, 테이블, 뷰 등의 작성 / 정의 |
| | ALTER | 데이터베이스, 테이블의 구조 변경 |
| | DROP | 데이터베이스, 테이블, 뷰 등의 삭제 |

- CASCADE : 제거할 개체를 참조하는 다른 모든 개체를 함께 제거
- RESTRICT : 다른 개체가 제거할 개체를 참조 중일 경우 제거하지 않음

| | | |
|---|---|---|
| DML | SELECT | 테이블에서 데이터를 검색<br>select – from - where |
| | INSERT | 테이블에 새로운 데이터(행)을 삽입<br>insert – into - value |
| | UPDATE | 테이블에 저장되어 있는 데이터를 갱신 SET<br>update – set - where |
| | DELETE | 테이블에 저장되어 있는 행을 삭제<br>delete – from - where |

- DISTINCT : 중복 값 제거
- ORDER BY : 검색 결과에 대한 정렬을 수행
- ASC : 오름차순 / DESC : 내림차순

| | | |
|---|---|---|
| DCL | GRANT | 데이터를 조작하는 권한을 사용자에게 부여 |
| | REVOKE | 데이터를 조작하는 권한의 부여 해제 |
| | COMMIT | 데이터의 변경을 확정 |
| | ROLLBACK | 데이터의 변경을 취소 |

---

**05** SQL의 Select문에 검색조건을 지정하는 절은?
① ORDER BY  ② FROM
③ WHERE      ④ NULL

**06** 다음 SQL문의 실행결과는?

DROP TABLE 성적 CASCADE;

① 성적 테이블만 삭제된다.
② 성적 테이블을 참조하는 테이블과 성적 테이블을 삭제한다.
③ 성적 테이블이 참조 중이면 삭제하지 않는다.
④ 성적 테이블을 삭제할 지의 여부를 사용자에게 다시 질의한다.

**07** 학생(STUDENT) 테이블에 어떤 학과(DEPT)들이 있는지 검색 하고 결과의 중복을 제거하는 방법으로 맞는 것은?
① SELECT DEPT FROM STUDENT;
② SELECT ALL DEPT FROM STUDENT;
③ SELECT * FROM STUDENT WHERE DISTINCT DEPT;
④ SELECT DISTINCT DEPT FROM STUDENT;

05 ③ 06 ② 07 ④

**08** 다음 SQL 문장 중 column1의 값이 널(null value) 값인 경우를 찾아내는 문장은?
① select * from ssTable where column1 is null;
② select * from ssTable where column1 = null;
③ select * from ssTable where column1 EQUALS null;
④ select * from ssTable where column1 not null;

08 ①

## 02 관계대수

### 01 관계 대수 연산자

| 관계 대수 연산자 | 일반 집합 연산자 | 합집합 ∪ |
| | | 교집합 ∩ |
| | | 차집합 - |
| | | 카티션 프로덕트 × |
| | 순수 관계 연산자 | 셀렉트 σ |
| | | 프로젝트 π |
| | | 조인 ⋈ |
| | | 디비전 ÷ |

**09** 관계 대수의 연산 중 릴레이션에서 참조하는 속성을 선택하여 분리해 내는 연산은?
① 셀렉션   ② 조인
③ 디비전   ④ 프로젝션

**10** 아래의 관계 대수를 SQL로 옳게 나타난 것은?

π 이름, 학년(σ학과 = '컴퓨터'(학생))

① SELECT 이름, 학과 FROM 학년 WHERE 학과 = '컴퓨터';
② SELECT 이름, 학년 FROM 학생 WHERE 학과 = '컴퓨터';
③ SELECT 이름, 학년 FROM 학과 WHERE 학생 = '컴퓨터';
④ SELECT 이름, 컴퓨터 FROM 학생 WHERE 이름 = '학년';

- 셀렉트(σ)는 조건식의 의미로 쓰이는데 조건식(테이블)처럼 쓰임
- 프로젝트(π)는 필드명,필드명,필드명(테이블명)으로 쓰임
- 조인(⋈)은 각 테이블을 의미하는 용도로 쓰임

09 ④  10 ②

제3과목 멀티미디어 저작 **161**

**11** 데이터베이스의 관계 대수에서 순수관계연산자가 아닌 것은?
① SELECT    ② JOIN
③ UNION     ④ DIVISION

**12** 관계대수에서 순수관계 연산자가 아닌 것은?
① Division   ② Projection
③ Join       ④ Union

11 ③  12 ④

# 기출문제 풀이

**01** 데이터베이스의 데이터모델링 방법으로 거리가 먼 것은?
① 개념적 데이터 모델링
② 논리적 데이터 모델링
③ 비절차적 데이터 모델링
④ 물리적 데이터 모델링

> 개념 - 논리 - 물리

**02** 데이터베이스의 물리적 설계에 포함되지 않는 것은?
① 저장 레코드 양식 설계
② 트랜잭션 인터페이스 설계
③ 레코드 집중의 분석 및 설계
④ 접근 경로 설계

**03** 데이터베이스 시스템에서 시스템 카탈로그에 대한 설명으로 옳지 않은 것은?
① 테이블 정보, 인덱스 정보 등을 저장하는 시스템 테이블로 구성된다.
② 사용자는 접근할 수 없고 시스템만 접근할 수 있다.
③ 일반 질의어를 이용해 그 내용을 검색할 수 있다.
④ DBMS가 스스로 생성하고 유지하는 데이터베이스 내의 특별한 테이블의 집합체이다.

**04** 시스템 카탈로그에 대한 설명으로 틀린 것은?
① 사용자가 시스템 카탈로그 직접 갱신 가능
② 일반 질의어를 이용해 내용 검색 가능
③ DBMS가 생성하고, 유지하는 데이터베이스 내의 특별한 테이블의 집합체
④ 데이터베이스 스키마에 대한 정보 제공

**05** 데이터베이스 시스템 카탈로그 구성 요소가 아닌 것은?
① SYSCOLUMNS    ② SYSTABLES
③ SYSCONTENTS   ④ SYSVIEW

**06** 관계 데이터모델의 릴레이션 특성이 아닌 것은?
① 튜플의 상속성
② 튜플의 무순서성
③ 애트리뷰트의 무순서성
④ 애트리뷰트의 원자성

**07** 데이터베이스에서 튜플 관계 해석을 기초로 한 데이터 언어는?
① SQL        ② DML
③ DDL        ④ QUEL

**08** 데이터베이스에서 병행수행 연산에 대해 적절한 제어가 되지 않을 경우 발생하는 문제가 아닌 것은?
① 갱신 분실(Lost Update)
② 중복성(Redundancy)
③ 모순성(Inconsistency)
④ 연쇄 복귀(Cascading Rollback)

**09** 공간 데이터베이스를 위한 공간 인덱싱 기법 중 점, 선, 다각형 객체를 모두 지원 할 수 있는 것은?
① R-트리        ② 메트릭스 쿼드 트리
③ K-D 트리      ④ K-D-B 트리

**10** 조인(Join) 연산 알고리즘의 종류가 아닌 것은?
① Sort-merge 방법     ② Hash-join 방법
③ Nested Loop 방법    ④ Cartesian Loop 방법

**11** 데이터베이스에서 Foreign Key와 관련된 옵션 중 Master 삭제 시 해당 값을 NULL로 세팅하는 것은?
① Cascaded Option    ② Restricted Option
③ Trigger Option     ④ Nullified Option

**12** 데이터베이스의 상태를 변환시키기 위하여 논리적 기능을 수행하는 하나의 작업 단위는?
① 프로시저     ② 모듈
③ 트랜잭션     ④ 도메인

01 ③  02 ②  03 ②  04 ①  05 ③  06 ①  07 ④  08 ②  09 ①  10 ④  11 ④  12 ③

한 번에 수행되어야 하는 일련의 데이터베이스 연산들로 모두 수행되거나 하나도 수행되지 않는 원자성을 만족시켜야 함. 연산의 완료에는 COMMIT연산, 취소에는 ROLLBACK연산 사용

**13** 릴레이션 R1에 속한 애트리뷰트의 조합인 외래키를 변경하려면 이를 참조하고 있는 R2의 릴레이션의 기본키도 변경해야 하는데 이를 무엇이라고 하는가?
① 카디널리티    ② 개체 무결성
③ 참조 무결성    ④ 기본키

**14** 데이터베이스의 SQL 표현으로 옳은 것은?

학번=150, 성명=멀미, 학과=정보통신공학인 학생을 학생 테이블에 삽입 (단, 학생 테이블에는 학번, 성명, 학과의 컬럼으로 구성)

① insert into 학생 set 학번=150, 성명='멀미', 학과='정보통신공학'
② insert into 학생 values(150, '멀미', '정보통신공학')
③ insert 학생 into(150, '멀미', '정보통신공학')
④ insert 학생 set(150, '멀미', '정보통신공학')

**15** 다음 SQL문을 실행한 결과는? (단, 출력 행 순서는 무방)

1) 테이블 : 성적

| 학번 | 과목번호 | 과목이름 | 학점 | 점수 |
|---|---|---|---|---|
| 10 | A10 | 컴퓨터구조 | A | 91 |
| 20 | A20 | DB | A+ | 99 |
| 30 | A10 | 컴퓨터구조 | B+ | 89 |
| 30 | A20 | DB | B | 85 |
| 40 | A20 | DB | A | 94 |
| 40 | A30 | 운영체제 | B- | 89 |
| 50 | A30 | 운영체제 | B | 88 |

2) SQL 문

SELECT 과목이름, 점수
FROM 성적
WHERE 점수 >= 90
UNION
SELECT 과목이름, 점수
FROM 성적
WHERE 과목이름 LIKE '컴퓨터%'

① 
| 과목이름 | 점수 |
|---|---|
| 컴퓨터구조 | 89 |
| DB | 94 |
| db | 99 |

② 
| 과목이름 | 점수 |
|---|---|
| 컴퓨터구조 | 91 |
| DB | 94 |

③ 
| 과목이름 | 점수 |
|---|---|
| 컴퓨터구조 | 89 |
| 컴퓨터구조 | 91 |
| DB | 94 |
| DB | 99 |

④ 
| 과목이름 | 점수 |
|---|---|
| DB | 94 |
| DB | 99 |

**16** 데이터베이스에서 뷰(view)에 대한 설명으로 거리가 먼 것은?
① 뷰 위에 또 다른 뷰 정의 기능
② 독자적인 인덱스를 가지기 때문에 검색 속도 향상 기능
③ 뷰가 정의된 기본 테이블이 삭제되면 뷰도 자동 제거
④ 데이터의 접근을 제어하게 함으로써 보안 제공

가상의 테이블을 VIEW라고 함

**17** SQL문의 뷰(View)에 대한 설명으로 틀린 것은?
① 다른 테이블로부터 유도된 가상테이블이다.
② 삽입, 삭제, 갱신 연산에 제약이 따른다.
③ 뷰 위에 또 다른 뷰를 정의할 수 있다.
④ 뷰 제거 시 ALTER 문을 사용한다.

**18** 데이터베이스 뷰를 정의하기 위한 명령 형태는?
① create view v from <query expression>;
② insert view v to <query expression>;
③ create view v as <query expression>;
④ create view v into <query expression>;

**19** SQL 데이터 조작어(DML)가 아닌 것은?
① drop        ② select
③ insert      ④ update

13 ③  14 ②  15 ③  16 ②  17 ④  18 ③  19 ①

**20** SQL 데이터 조작문에 속하지 않는 것은?
① GRANT  ② SELECT
③ UPDATE  ④ INSERT

**21** SQL 문장의 데이터 조작 언어 구문으로 옳지 않은 것은?
① UPDATE.../ SET...
② INSERT.../ INTO...
③ DELETE.../ FROM..
④ CREATE VIEW.../ TO

**22** SQL에서 VIEW를 삭제할 때 사용하는 명령은?
① DROP  ② ERASE
③ DELETE  ④ KILL

**23** EMP 테이블의 데이터와 테이블 구조 정의 모두 삭제 시 옳은 것은?
① DROP TABLE EMP;
② DELETE EMP;
③ DELETE EMP WHERE 0 > < 1;
④ TRUNC TABLE EMP;

**24** 다음 SQL 명령으로 옳은 것은?

> 기본 테이블 A의 열 (x , y) 조합에 B라는 색인을 생성한다. 그 색인 내용은 x(오름차순), y(내림차순) 이다.

① CREATE INDEX B ON A( x , y DESC) ;
② CREATE INDEX B ON A( x , y ) ;
③ CREATE INDEX A ON B( x DESC , y DESC) ;
④ CREATE INDEX A ON B( x DESC , y ) ;

**25** 다음 SQL문의 형식에서 ( )에 들어갈 알맞은 단어는?

> update 테이블명
> ( ) column = 값
> where 조건절;

① into  ② set
③ from  ④ to

**26** 커서와 관련된 SQL 명령어가 아닌 것은?
① Prepare  ② Declare
③ Fetch  ④ Open

> Prepared Statement : 동일하거나 비슷한 코드를 반복적으로 사용하기 위한 명령어
> 사용하고자 하는 SQL문을 준비(Prepared)시키는 용도

**27.** 데이터베이스에서 트랜잭션의 실행이 실패하였음을 알리는 연산자로 트랜잭션이 수행한 결과를 원래의 상태로 원상 복귀시키는 연산은?
① Rollback  ② Commit
③ Stack  ④ Backup

20 ①  21 ④  22 ①  23 ①  24 ①  25 ②  26 ①  27 ①

한 권으로 끝내는
**멀티미디어콘텐츠제작전문가 필기
완벽대비**

제 4 과목

# 멀티미디어 제작 기술

# 제 4 과목
# 멀티미디어 제작 기술

# PART 1
# 디지털 콘텐츠 제작

Chapter 1  디지털 콘텐츠 제작
Chapter 2  디지털 음향 콘텐츠 제작
Chapter 3  3D 영상 제작
기출문제풀이

# Chapter 1 디지털 콘텐츠 제작

## 01 촬영 기법(카메라)

**01 잔상효과를 이용한 애니메이션 초기 장치를 무엇이라 하는가?**
① 페나키스티스코프(phenakisti-scope)
② 조트로프(zoetrope)
③ 키네토스코프(kinetoscope)
④ 프락시노스코프(praxinoscope)

01 ①

### 01 페나키스티스코프(phenakistiscope)

| 페나키스티스코프 (Phenakistiscope) | 작은 구멍을 통해 회전하는 원반을 보게 되는데, 이때 잔상효과로 말이 움직이는 것처럼 보임 |
|---|---|

**02 다음 중 1889년 토머스 에디슨이 창안한 영사기는?**
① 키네토스코프
② 뮤토스코프
③ 씨네마토그래프
④ 고우몬

토머스 에디슨 = 스코프

02 ①

### 02 키네토스코프(kinetoscope)

| 키네토스코프 (Kinetoscope) | 동전 넣고 구동하는 1인 영사기로 기계 판매가 목적 키네토그래프(촬영기)와 키네트스코프(영사기)가 한 쌍 |
|---|---|

 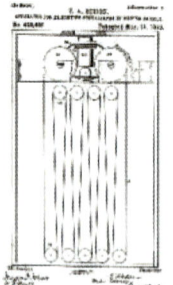

에디슨, 1889년

## 03 씨네마토그래프

| 씨네마토그래프 | 키네토스코프를 구경한 뤼미에르 형제(오귀스트 뤼미에르/루이 뤼미에르)가 발명<br>촬영과 영사가 가능하고 영상의 길이도 20초에서 50초로 대폭 늘어났으며 다수 대중에게 상영 가능 |
|---|---|

뤼미에르 형제, 1892년

## 04 촬영 기법

| 고정샷<br>(Fix shot) | 이 촬영 기법은 트라이포드와 같은 고정장치에 카메라를 고정시켜 피사체의 움직임과 상관없이 일체의 카메라 이동이나 카메라 조작 없이 촬영하는 기법<br>고정 숏은 간결하고 정리되어 비교적 안정된 화면을 보여줌 |
|---|---|

## 05 촬영 기법

| 워크인/아웃<br>(Walk in/out) | 피사체가 움직이는 촬영기법<br>화면 기준으로 피사체가 프레임인 / 프레임 아웃 할 수 있음 |
|---|---|

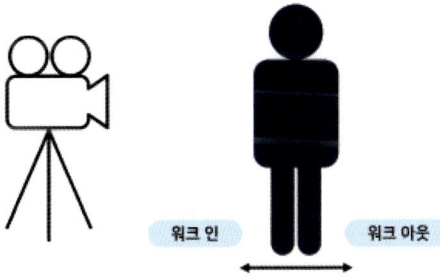

03 다음 촬영기법 중 워크 인(Walk in)을 설명한 것은?
① 카메라를 향해 피사체가 다가오는 것
② 카메라로부터 피사체가 멀어지는 것
③ 화면 안으로 피사체가 들어오는 것
④ 화면 안으로부터 피사체가 나가는 것

03 ①

| 06 | 촬영 기법 | |
|---|---|---|
| | 트래킹샷<br>(Tracking shot) | 일반적으로 피사체의 이동과 함께 보조를 맞춰 이동 (왼쪽으로 움직이는 '트랙 레프트(좌로 트랙)'과 오른쪽으로 움직이는 '트랙 라이트(우로 트랙)'도 있음) |

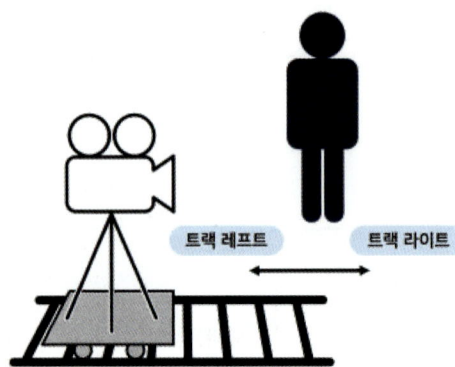

**03** 캠코더 자체가 전, 후진하면서 피사체를 촬영하는 방법은?
① 컷(Cut)
② 달리(Dolly)
③ 디졸브(Dissolve)
④ 와이프(Wipe)

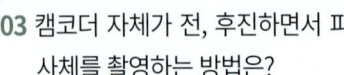

| 07 | 촬영 기법 | |
|---|---|---|
| | 달리샷<br>(Dolly shot) | 카메라를 장착하고 이동할 수 있게 되어있는 카메라용 이동 차량을 '달리'라고 함<br>좌우로 움직이는 트랙샷과 달리 통상 전후 방향으로 주로 말함<br>피사체가 커지고 작아지는 것은 줌과 비슷하나 [달리]가 화각이 일정하면서도 훨씬 원근감이나 입체감이 크고 새로운 영상이 보여 변화감이 큼 |

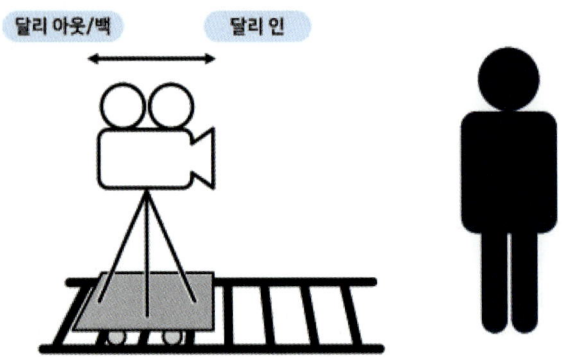

| 08 | 촬영 기법 | |
|---|---|---|
| | 줌(Zoom) | 집중이나 심미적 표현, 강한 이미지 주고자 할 때 사용<br>달리/트래킹과 유사하나 카메라의 움직임이 아니라 초점거리의 변화로 화면을 이동/변화시키기 때문에 상대적으로 부자연스러움<br>초점은 그대로이나 화각이 변하고 그로 인해 원근감이나 입체감이 흐트러지는 느낌이 있음<br>표준렌즈 : 50도 화각 / 광각렌즈 : 60도 이상의 화각 / 망원렌즈 : 40도 이하 |

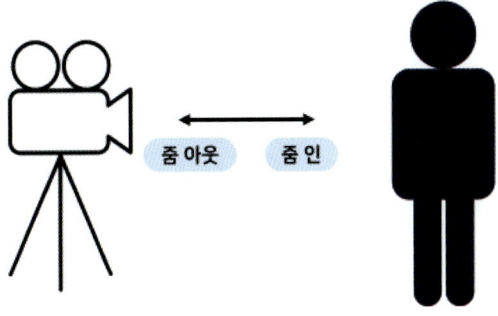

| 09 | 촬영 기법 | |
|---|---|---|
| | 틸트(Tilt) | 축에 고정된 상태에서 위아래로 움직이는 기법으로 흔히 영상의 오프닝이나 빌딩, 폭포 같은 수직 피사체 보여줄 때 자주 사용<br>붐과 유사하나 틸트는 원주 방향으로 이동해 초점의 조정이 필요함 |

 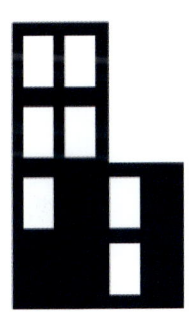

| ⑩ | 촬영 기법 |
|---|---|
| 붐(Boom) | 틸트와 혼동하기 쉬우나 카메라 전체가 움직이는 것이 특징<br>붐과 틸트를 같이 쓸 수도 있으며 드론에서 사용되는 고급 촬영법 |

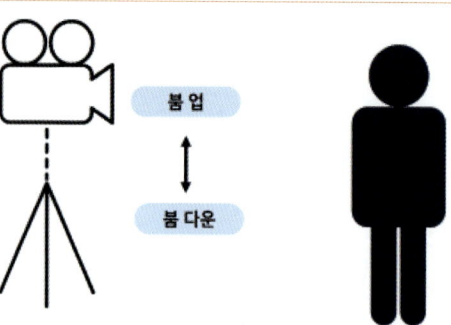

| ⑪ | 촬영 기법 |
|---|---|
| 지미 집<br>(Jimmy-jib) | 삼각대를 기반으로 하는 붐업/붐다운보다 역동적<br>붐과 틸트를 같이 쓸 수도 있으며 드론에서 사용되는 고급 촬영법 |

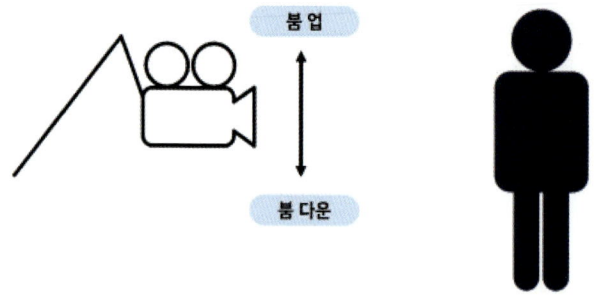

| ⑫ | 촬영 기법 |
|---|---|
| 팬(Pan) | 흔히 패닝(Panning) 이라고 하며 축에 고정된 상태에서 좌우로 움직이는 기법으로 행사장 전경이나 넓은 풍경 등을 주로 담음 |

---

**05** 움직이는 피사체는 화면에 고정시키고 배경화면이 이동하는 것처럼 촬영하는 것으로 속도감 있는 영상이 얻어지는 촬영 기법은?
① 패닝　② 틸팅
③ 주밍　④ 클로즈업

05 ①

## 13 영상에 관련된 주요 용어

| | | |
|---|---|---|
| 셔레이드 (Charade) | 비언어적 표현을 통해 나타내는 상징적, 은유적 표현 기법<br>주로 인물의 표정이나 동작, 행위 혹은 소도구 등을 통한 미세한 심리 표현 | |
| 미장센 (Mise-en Scene) | 필요한 모든 시각적 요소를 무대에 배치하는 것을 의미(연극용어)<br>화면 내에서의 인물 배치와 운용, 배경의 의도적 구성 등을 통해 감정과 의미를 포괄적으로 나타내는 것<br>- Long Shot : 사람이나 물체를 멀리서 촬영하는 카메라 기법으로 한 화면에 인물뿐 아니라 배경까지도 상당 부분을 담아내어 시청자들에게 장면의 맥락과 분위기를 전달<br>- Deep Focus : 롱샷과 유사하나 화면의 모든 부분(전경/중경/후경)에 모두 초점을 맞춰 촬영해 특정 요소의 부각이 없고 시청자에게 장면의 요소에 대한 선택권을 줌<br>- Long Take : 1~2분 이상의 긴 Shot으로 현실의 시공간적 연속성을 최대로 담아내나 연출, 연기, 카메라 워크 등 여러 요소들이 한 번에 잘 조화되어야 성공적으로 완성되기 때문에 기술적으로 매우 도전적인 촬영 기법임 | |
| 오마주 (Hommage) | 다른 작품의 장면이나 대사를 인용하거나 특정 감독 혹은 배우가 연상되는 요소를 넣는 표현기법<br>프랑스어로 '존경, 존중'을 뜻하며 존경하는 감독, 작가에 대해 존경의 표현으로 장면이나 스타일을 그대로 혹은 각색하여 표현함 | |

**06** "영화 속 주인공이 카페에 들어와 멈추어 서서 왼쪽에서 오른쪽으로 카페를 둘러보는 시선"과 같이 촬영하려고 한다. 가장 적절한 카메라 워킹은 무엇인가?
① 팬(Pan)
② 달리(Dolly)
③ 픽스 샷(Fixed Shot)
④ 틸트(Tilt)

**07** 영상을 표현하는 촬영기법 중에서, 소도구나 몸동작 등의 상징적인 표현으로 배경이나 그 속에 숨겨져 있는 상황 등을 정확히 표현하는 기법은?
① 셰레이드(Charade)
② 이미지너리 라인(Imaginary line)
③ 오버랩(Ovrlap)
④ 팔로잉(Following)

06 ① 07 ①

## 02 촬영 기법(구도/앵글)

### 01 촬영 구도

| 풀샷<br>(FS, Full Shot) | 인물의 움직임과 배경의 상호관계를 나타낼 때 주로 사용 |

### 02 촬영 구도

| 니샷<br>(KS, Knee Shot) | 인물의 무릎 위부터 촬영하는 방법으로 상반신의 움직임을 중점적으로 보여주고자 할 때 |

### 03 촬영 구도

| 웨스트샷<br>(WS,<br>Waist Shot) | 미디엄 샷이라고도 하며 허리(Waist) 위부터 사용<br>주위 상황과 인물을 함께 보여주고자 하는 뉴스 특파원들이 즐겨 사용 |

---

**08** 사람의 허리로부터 상반신을 담은 촬영기법은?
① 바스트 샷(Bust Shot)
② 웨이스트 샷(Waist Shot)
③ 클로즈 업(Close Up)
④ 풀 샷(Full Shot)

08 ②

| 04 | 촬영 구도 | |
|---|---|---|
| | 버스트샷 (BS, Bust Shot) | 가슴 위부터 촬영하는 구도로, 인물 샷의 기본 더 윗부분부터 촬영하면 타이트 버스트 샷(TBS) / 더 아래부터 촬영하면 루즈 버스트 샷(LBS)라고도 함 |

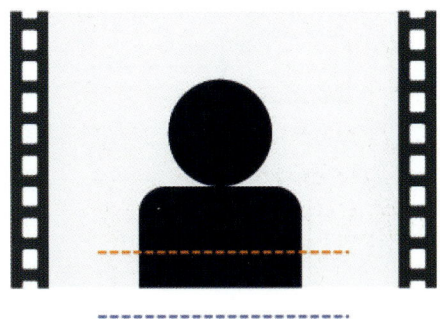

| 05 | 촬영 구도 | |
|---|---|---|
| | 클로즈업 (CU, Close Up) | 업샷이라고도 하며 목에서부터 이마까지 꽉 채움 / 머리 부분이 다소 잘리기도 함 |

| 06 | 촬영 구도 | |
|---|---|---|
| | 빅클로즈업 (BCU/ECU) | 손톱, 눈, 귀 등 한 부분만을 극대화한 것을 빅 클로즈업 혹은 익스트림 클로즈업이라고 함 |

**09** 사극 드라마에서 인물의 얼굴 표정에 집중시켜 인물의 정서와 감정을 표현하기 위하여 피사체의 얼굴만을 화면에 가득 차게 촬영하는데 가장 적합한 샷(Shot)은 무엇인가?
① 클로즈 업(Close - up) 샷
② 롱(Long) 샷
③ 웨이스트(Waist) 샷
④ 크레인(Crane) 샷

09 ①

| 07 | 촬영 각도 | |
|---|---|---|
| | 아이레벨샷<br>(Eye Level Shot) | 가장 보편적이며 실제의 눈높이와 흡사 |

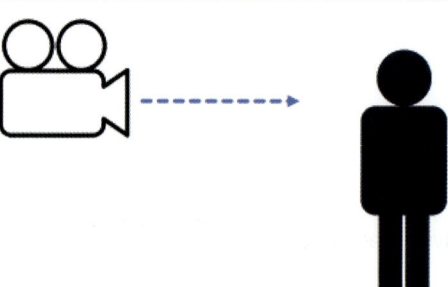

| 08 | 촬영 각도 | |
|---|---|---|
| | 부감<br>(High angle) | 俯瞰(숙이다 부, 굽어볼 감) ≠監(볼 감, 감시/감독)<br>작고, 왜소하게 나타남, 소외, 고독, 나약함, 외로움 등을 표현해 동정심을 유발하거나 이와 반대로 행군장면 등은 강인함이 느껴지기도 함 |

**10** 다음의 촬영 기법 중 앙각 촬영에 대한 설명으로 옳은 것은?
① 하이앵글(High Angle) 촬영 기법이다.
② 위에서 아래로 보이는 시각을 표현한다.
③ 촬영된 피사체가 위압적으로 느껴지는 느낌의 영상을 얻을 수 있다.
④ 버드아이 뷰(Bird Eye View) 기법으로도 불린다.

10 ③

| 09 | 촬영 각도 | |
|---|---|---|
| | 앙각<br>(Low angle) | 仰角 (우러러볼 앙)<br>권위적이고 위엄, 존경심 등을 표현하거나 움직임이 커 보임 |

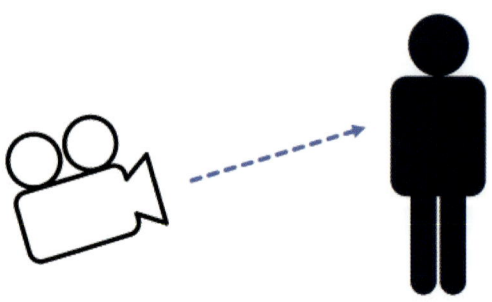

**11** 위압감이나 우위의 심리적 표현에 매우 좋은 앵글은?
① 수평앵글  ② 하이앵글
③ 로우앵글  ④ 경사앵글

11 ③

| 10 | 촬영 각도 | |
|---|---|---|
| | 직부감<br>(Over Head Shot) | 머리 바로 위에서 찍는 샷 |

| 11 | 촬영 각도 | |
|---|---|---|
| | 버드아이뷰<br>(Bird's Eye View) | 머리 바로 위에서 찍는 샷 |

**12** 디지털비디오 촬영기술 중 화면을 구성하는 구도의 원칙이 아닌 것은?
① 헤드 룸(Head Room) 유지 원칙
② 리드 룸(Lead Room) 유지 원칙
③ 3등분의 원칙
④ 앵글 고정 원칙

12 ④

| 12 | 촬영 공간 | |
|---|---|---|
| | 헤드룸 (Head Room) | 바스트 샷의 경우 주먹 한두 개 정도를 비워둠 |

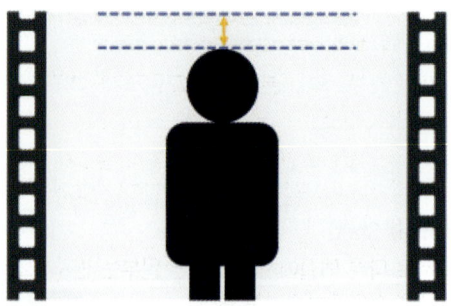

| 13 | 촬영 공간 | |
|---|---|---|
| | 루킹룸 (Looking Room) | 시선이 바라보는 쪽의 빈 공간(영역) 특별한 연출 의도가 없다면 루킹룸이 적은 사진이나 영상은 갑갑한 느낌 |

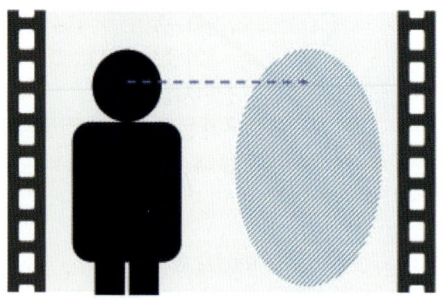

| 14 | 촬영 공간 | |
|---|---|---|
| | 리드룸 (Lead Room) | 읽고 있는 쪽. 즉, 진행 방향의 빈 공간(영역) |

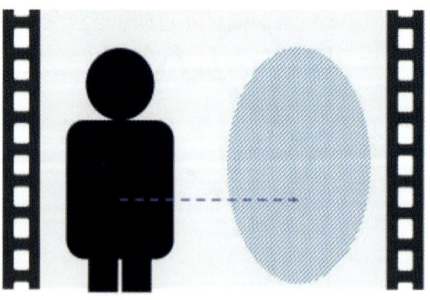

# 03 조명

## 01 빛의 속성

| | |
|---|---|
| 직진 | 균일한 매질 속에서 곧바로 나아가는 현상으로 파장이 짧을수록 직진성이 강함<br>또한 사진기의 기본원리 및 그림자가 생기거나 일식/월식 등은 빛의 직진성 때문임 |
| 반사 | 빛이 물체의 표면에 입사하면 빛의 일부가 반사되는데 이 때 입사할 때의 각과 반사할 때의 각도는 같다는 반사의 법칙이 있음(전반사/난반사) |
| 굴절 | 서로 다른 매질에서 입사하면 일부는 반사되고 그 나머지가 새로운 매질 속으로 투과하는 현상<br>이 때 수직입사가 아니라면 새로운 매질에서는 그 방향이 바뀌게 됨 |
| 회절 | 빛을 파동으로 이해했을 때 모서리에서 휘거나 번지는 현상으로 프레넬의 실험에서 확인됨 |
| 분산 | 빛의 속도와 굴절률은 파장에 따라 다른데 이러한 성질로 인해 하나의 빛이 여러 색으로 갈라지는 현상<br>프리즘이 대표적 |
| 산란 | 햇빛이 대기를 통과하면서 공기 중의 여러 입자들로 인해 사방으로 퍼지게 되는 현상으로 공기 중의 산소나 질소는 특히 짧은 파장(보라, 파랑)의 빛을 더 많이 산란시킴<br>산란이 많이 된 빛이 우리 눈에 들어와 하늘이 파랗다고 느끼게 됨<br>참고로 노을이 질 때는 태양의 고도가 낮아 대기를 통과하는 경로가 길어져 파란색의 산란이 더 심해지고 남아있는 붉은 색 계열을 느끼는 것임 |
| 간섭 | 호수에 던진 돌처럼 둘 이상의 파동이 교차할 때 간섭무늬가 생기는 현상<br>호이겐스의 원리에서 증명<br>빛의 파동들은 전방으로 퍼져나가며 이와 관련해 보강간섭 혹은 소멸간섭이 일어나게 됨<br>두 개의 레이저광이 일으키는 빛의 간섭현상을 이용한 홀로그램이 대표적 기술 |
| 합성 | 두 가지 이상의 단색광이 합쳐져 다른 색으로 보이는 현상으로 가산혼합이 대표적 |

**13** 빛은 그 파장의 차이에 따라 굴절률이 각각 다른데 프리즘을 투과한 빛이 각각의 굴절각의 차이로 여러 가지 색으로 나누어지는 현상은?
① 간섭 ② 편광
③ 회절 ④ 분산

**14** 홀로그램은 주로 빛의 어떠한 현상을 이용하는가?
① 굴절 ② 편광
③ 반사 ④ 간섭

**15** 다음 중 조명의 주목적이 아닌 것은?
① 입체감과 질감을 만든다.
② 반향(Echo)을 얻는다.
③ 필요한 밝기를 얻는다.
④ 컬러 밸런스를 만든다.

**16** 색수차가 발생하는 빛의 성질은?
① 분산 ② 반사
③ 편광 ④ 간섭

13 ④ 14 ④ 15 ② 16 ①

## 02 조도와 광도

**조도**
조도 (단위: 럭스(lux), 가시광선의 광선속도를 계량하는 Lumen에서 유래)는 물리적으로 산출되는 절대값이지만 인간의 눈으로는 상대적으로 느끼기 때문에 눈으로 본 밝기와는 다름
- 1lux = 촛불 1개(1lux)의 빛 밝기가 1㎡ 피조면에 비춰지는 밝기

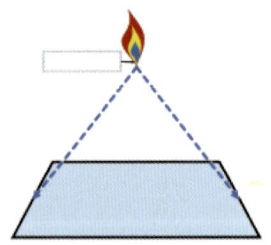

**17** 광원으로부터 어떤 방향으로 얼마만큼의 광이 나가고 있는 가를 나타내는 것으로 빛의 강도를 의미하는 것은?
① 광선속(lm)  ② 휘도(rit)
③ 조도(lx)   ④ 광도(cd)

**18** 광도의 단위는?
① cd   ② Hz
③ kg   ④ dB

17 ④  18 ①

## 03 조도와 광도

**광도**
광도(단위: 칸델라(cd), 양초(candle)의 라틴어)는 광원에서 일정 방향으로 나오는 빛의 세기를 나타내는 단위로 즉, 광원으로 부터 한 방향으로 방출되는 광속을 의미
일반적으로 광원은 방향에 따라 빛의 세기가 다름
참고로 휘도(cd/㎡)는 대상면에서 반사되는 빛의 양으로 눈부심의 정도를 의미
- 1cd = 광원에서 일정 방향으로 나오는 빛의 세기를 나타내는 단위

**19** 광광원에서 1m 떨어진 곳의 조도가 100 럭스[lux] 일 때 10m 떨어진 곳의 조도[lux]는?
① 1    ② 10
③ 25   ④ 50

19 ①

## 04 조도의 계산

**거리 역제곱 법칙**
광원이 일정 거리에 도달 했을 때의 조도를 계산하는 공식
아래 그림에서 1m 떨어진 곳의 조도가 100이므로 다시 말해 기준 조도는 100lux
10m거리의 조도 공식 : 1/10*10 = 1/100
100lux의 1/100이므로 1lux

조도 = 1/거리²

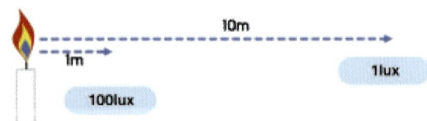

**색 온도(K, Kelvin)**

| 색 온도<br>(K, Kelvin) | 특정 광원의 색상을 온도에 대응 시킨 것<br>파란색이 높고 빨강색이 낮음 |
|---|---|

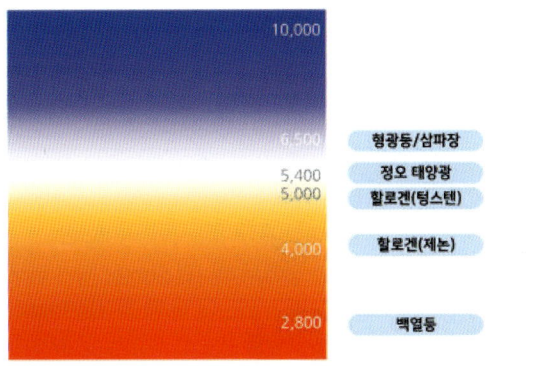

**20** 색온도(Color Temperature)에 대한 설명으로 거리가 먼 것은?
① 표시단위로 K(Kelvin)를 사용한다,
② 광원의 종류에 따라 색온도가 다르다.
③ 색온도가 낮으면 푸른색, 색온도가 높으면 붉은색 띠게 된다.
④ 절대온도인 273℃와 그 흑체의 섭씨온도를 합친 색광의 절대 온도이다.

20 ③

## 04 영상 편집 일반

### 01 영상의 구성 단위

| | |
|---|---|
| 프레임 (Frame) | 정지된 한 화면 |
| 샷/쇼트 (Shot) | 한 번의 지속적 카메라 작동으로 만들어진 영상. 즉, 녹화 버튼이 눌리고 다시 정지될 때까지 |
| 컷(Cut) | 편집에서 나눠진 숏의 조각으로 샷에서 필요한 부분만 잘라낸 것<br>하나의 컷이 하나의 샷이 되기도 함 |
| 테이크 (Take) | 촬영 현장에서 하나의 Shot을 찍기 위해 같은 장면을 반복해 촬영할 때가 있는데 이 때 각각을 Take라 하고 Take1, Take2 등으로 표현함 |
| 씬(Scene) | 동일한 시간/장소에서 촬영된 샷으로 컷-컷-컷들이 모여 만들어진 단위 예) 키스씬, 베드씬<br>공간이나 시간이 달라지면 씬이 바뀌게 됨 |
| 시퀀스 (Sequence) | 씬들이 모여 만들어진 하나의 이야기로 영화는 10~20개 정도의 시퀀스가 모여 하나의 에피소드를 구성하게 됨 |

### 02 선형 편집과 비선형 편집 시스템

| | |
|---|---|
| 선형(Linear) 편집 시스템 | 원본 테이프에서 녹화 측 테이프로 1:1로 복사하면서 편집이 이루어지는 방식<br>소재를 찾으려면 테이프를 편집하려는 지점까지 다시 감아야 하고 혹시라도 이전의 편집 내용을 수정하게 되면 수정 시점 이후의 모든 내용을 다시 편집해야하는 불편함이 컸음 |
| 비선형 (Non-linear) 편집 시스템 | 테이프를 사용한 편집이 아니라 디지털화된 영상데이터를 기반으로 컴퓨터로 편집하기 때문에 삽입, 삭제 등이 촬영 원본의 순서에 상관 없이 자유롭게 수정하고 편집할 수 있음 |

### 03 주요 장면전환 효과의 종류

| | |
|---|---|
| 디졸브 (Dissolve) | 앞 컷(장면)은 서서히 사라지고 뒷 컷은 서서히 나타나면서 장면이 겹쳐지며 전환되는 효과 |
| 오버랩 (Over-lap) | 디졸브와 유사하나 화면 두 가지를 겹치는 효과 |
| 페이드 (Fade in/out) | 앞 컷에서 완전 검은 화면 혹은 흰 화면으로 전환(페이드 아웃)하거나 반대로 검은 화면/흰 화면에서 샷으로 들어가는(페이드 인) 효과 |

---

**21** 영상 단위 중 동일한 시간과 장소에서 일어나는 일련의 상황이나 사건을 나타내며, 여러 개의 컷(Cut)이 모여 하나의 장면을 이루는 것은?
① 테이크(Take)
② 시퀀스(Sequence)
③ 씬(Scene)
④ 숏(Shot)

21 ③

**22** 넌 리니어(Non-Linear) 편집에 대한 설명으로 맞는 것은?
① 순차적인 편집 방식이다.
② Tape과 Tape의 편집은 실시간으로 이루어진다.
③ 편집 변동 시 시간소모와 화질열화의 문제점을 가진다.
④ 원하는 이미지나 음향의 복사 및 위치변경이 용이하다.

> 비선형편집시스템: 과거와 달리 디지털로 편집하는 최근의 방식

**23** 하나의 화면이 서서히 사라지면서 다른 화면이 나타나는 화면전환 기법은?
① 컷(Cut)
② 달리(Dolly)
③ 디졸브(Dissolve)
④ 와이프(Wipe)

22 ④ 23 ③

| 화이트/블랙아웃 (White/Black out) | 앞 컷이 순간적으로 밝게 되며 혹은 검게 되며 다음 장면으로 전환되는 효과 페이드와 유사하나 보다 더 순간적이고 강렬함 |
|---|---|
| 와이프 (Wipe) | 자동차 와이퍼처럼 새 컷이 이전의 컷을 닦아내며 전환하는 효과로 1930년대에 즐겨 사용 |

## 04 기타 용어

| 크로마키 합성 | 주로 파란색이나 초록색의 크로마키 천을 활용해 두 개 이상의 영상을 합치는 기술 |
|---|---|
| 텔레시네 (Telecine) | 필름 영화카메라(24fps)로 촬영한 영화/CF 등의 영상을 TV에서 사용하는 30fps에 맞게끔 반드시 거쳐야 하는 편집 마지막 단계 |
| 씨네룩 (Cinelook) | 씨네마 룩이라고도 하며 영화같은 느낌을 내는 색 보정 기술의 하나로 다른 유사 기술로는 필름룩(film look) 등이 있음 |
| 키네코 (Kineco) | 키네스코프 레코딩(Kinescope recoding)의 약자로 텔레시네의 반대 개념 |

**24** 앞 컷이 사라져 가는데 맞추어 다음 컷이 조금씩 나타나는 기법으로 컷과 컷이 자연스럽게 연결되도록 하는 장면 전환 기법은?
① 페이드 인
② 디졸브
③ 프리즈 프레임
④ 페이드 아웃

24 ②

**25** 마스크 영상에서 해당하는 키 화상(Key Image)을 추출함과 동시에 배경 영상을 진경영상으로 합성하는 디지털 영상 합성 방법은?
① 필름의 합성
② 전처리과정
③ 크로마키합성
④ 양자화

**26** 다음 중 24프레임인 영화 필름 영상을 30프레임의 비디오 신호로 변환하는 작업은?
① 텔레시네(Telecine)
② 키네스코프(Kinescope)
③ 씨네룩(Cinelook)
④ 키네코(Kineco)

25 ③ 26 ①

**27** PC의 출력신호를 방송규격에 알맞게 NTSC 신호로 변환하는 장치는?
① TSC(Television Signal Converter)
② Scan Converter
③ TBC(Time Base Corrector)
④ Side Crank

27 ②

## 05 후반작업/송출/방송

### 01 송출관련 기기

| | |
|---|---|
| Scan Converter | 다양한 입출력장치에 대한 변환 및 해상도, 프레임레이트 등 복잡한 요구사양에 대응하기 위한 기기로 PC화면 일부만 TV의 전체화면으로 출력하거나 하나의 화면을 멀티스크린으로 분할 송출하는 기능 등이 탑재되어 있기도 함 |
| TSC (Television Signal Converter) | 고화질, 고비트레이트의 원본방송(TS)을 가급적 화질을 유지하며 용량을 줄일 수 있게끔 해 주는 기기 혹은 소프트웨어 |
| TBC (Time Base Corrector) | 선형편집에서 등장하는 용어로 편집 중인 샷의 프레임과 컬러 등의 일치를 위해 수직/수평신호의 밸런스를 잡아주는 장치 |

# Chapter 2 디지털 음향 콘텐츠 제작

## 01 음향 기본

### 01 사운드의 기본 요소

| | |
|---|---|
| 주파수 (Frequency) | 음의 높낮이(Hz)로 초당 파형의 반복 횟수<br>다시 말해 1초 동안의 진동주기<br>가청주파수는 20Hz~20KHz (1KHz~6KHz에 청각 민감함) |
| 진폭 (Amplitude) | 음의 크기(dB)로 인간이 편하게 들을 수 있는 범위는 0dB~90dB |
| 음색(Tone Color) | 파형(Waveform)이라고도 하며 음의 특성<br>악기의 경우 음의 높이와 크기 같아도 악기마다 자신만의 주파수(기본파)와 기본파의 정수배에 해당하는 고조파가 결합해 고유한 공기의 떨림(음색)을 만들어 냄<br>즉, 기본파 + 고조파 = 음색결정 |

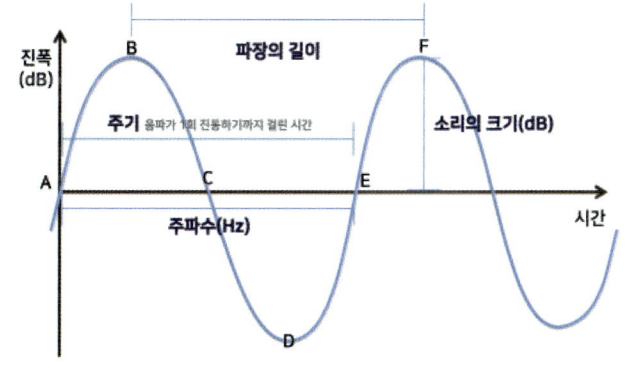

**28** 사운드의 기본 요소가 아닌 것은?
① 위상(Phase)
② 음색(Tone Color)
③ 진폭(Amplitude)
④ 주파수(Frequency)

**29** 음의 성질을 표시하는 음의 3요소가 아닌 것은?
① 음원          ② 주파수
③ 진폭          ④ 음색

**30** 음색을 결정하는 요인으로 거리가 먼 것은?
① 스펙트럼     ② 엔벨롭
③ 음속          ④ 주파수

**31** 음파가 1회 진동하는데 걸리는 시간은?
① 음압          ② 주기
③ 음색          ④ 주파수

**32** 소리의 고저는 높이, 음정, 파동의 진동수 등으로 표현된다. 여기에 사용되는 단위는?
① Hz            ② dBm/w
③ %             ④ W

28 ① 29 ① 30 ③ 31 ② 32 ①

**33** 사운드의 기본 요소인 주파수(Frequency)에 관한 설명 중 가장 거리가 먼 것은?

① 초당 사운드 파형의 반복 횟수를 의미한다.
② 주파수가 크면 고음이고 작으면 저음이 된다.
③ 일반적으로 사람이 낼 수 있는 주파수대는 약 100Hz~6KHz이다.
④ 사운드 파형의 기준선에서 최고점까지의 거리를 의미한다.

**34** 사람의 가청주파수 대역은?

① 2Hz ~ 20Hz
② 20Hz ~ 2KHz
③ 2KHz ~ 20KHz
④ 20Hz ~ 20KHz

**35** 잔향시간이란 실내의 음원을 정지시킨 후 음압레벨이 얼마 감쇠되는데 소요되는 시간을 의미하는가?

① 20dB   ② 40dB
③ 60dB   ④ 80dB

33 ④  34 ④  35 ③

## 02  잔향시간

**잔향시간**  건축음향에서 실내 음향공간을 설계할 때 중요한 개념으로 공연장, 콘서트홀 등의 설계와 활용에서 중요한 음향지표
잔향시간 = 직접음으로 부터 60dB 감쇠하는 시간

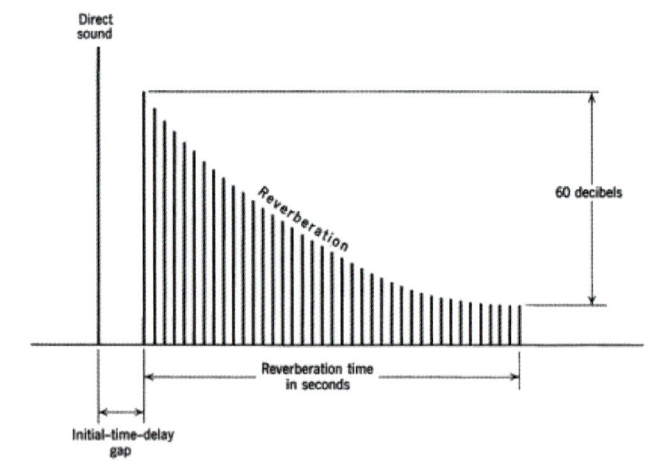

## 03 라우드니스 레벨

| 라우드니스 레벨 (Loudness level) | 인간이 느끼는 소리의 심리적/감각적 크기로 다소 주관적으로 단위는 두 가지를 사용함<br>- Phon : 단위는 폰, 1kHz 순음의 음압레벨(SPL, Sound Pressure Level)등청감곡선에 따라 '데시벨 로그 척도'로 0~130 phon 범위를 가짐(인간의 가청주파수 범위)<br>- Sone : 단위는 손, 40~100 phon을 대략적으로 '선형 척도화'한 것으로 1sone(40 phon 기준점)에서 2sone으로 2배 증가시 50phon, 0.5sone은 1/2 감소해 30phon 값이 됨<br>무조건 1sone을 기준으로 n배 커졌다 느끼면 n sone이 됨 |

**36** 라우드니스 레벨에서 1sone은?
① 10 phon   ② 20 phon
③ 30 phon   ④ 40 phon

36 ④

## 02 음향 특성

### 01 사운드/음향 관련 효과

| | |
|---|---|
| 도플러 효과<br>(Doppler effect) | 음원이 움직일 때 자신과 가까워지면 고음으로 변하고 멀어지면 저음으로 변하게 되는 현상 |
| 칵테일파티 효과<br>(Cocktail party effect) | 칵테일파티처럼 시끄러운 주변 소음 속에서도 나와 대화하는 상대의 소리를 집중함으로써 선택적으로 소리가 잘 들리는 현상 |
| 하스 효과<br>(Haas effect) | 좌우 각각의 스피커에서 동일한 소리를 같은 음량으로 재생을 하면 가운데에서 소리가 나는 것처럼 들리지만(팬텀이미지) 좌우측 중 한쪽에 소리가 지연되어(Delay) 소리가 재생되면 지연되지 않은 쪽에서 소리가 나는 것처럼 들리는 현상 |
| 마스킹 효과<br>(Masking effect) | 두 가지 소리가 동시에 존재할 때 A라는 소리가 B라는 소리보다 상대적으로 큰 소리여서 B라는 소리가 들리지 않게 되는 현상 |

**37** 소음에 의해서 음성의 명료도가 저하되는 현상은?
① 간섭　② 마스킹
③ 회절　④ 반사

**38** 어떤 음의 최소 가청한계가 다른 음에 의해 상승하는 현상은?
① 반사현상　② 회절현상
③ 잔향현상　④ 마스킹현상

**39** 음의 마스킹 효과와 관계없는 것은?
① 음악에 잔향 부가
② BGM으로 주변 소음 마스킹
③ 노래에 잔향 부가
④ 대역폭이 증가하면 라우드니스 감소

**40** 음원이 움직일 때 진동수의 변화가 생겨 진행방향 쪽에서는 발생음보다 고음으로 진행방향의 반대쪽에서는 저음으로 들리는 현상은?
① 에코 효과　② 도플러 효과
③ 회절 현상　④ 휴젠스 원리

**41** 동일 음이 여러 방향에서 같은 음량으로 전달되는 경우, 가장 빠르게 귀에 도달하는 음의 음원방향으로 음상의 정위자가 쏠려 들리는 현상은?
① 하스 효과　② 칵테일 효과
③ 코러스 효과　④ 도플러 효과

37 ②　38 ④　39 ②　40 ②　41 ①

## 03 음향 장비

### 01 송출관련 기기

| 프로세니엄 스피커 | 무대 위의 'ㄷ' 모양을 프로세니움 아치라 하는데 이 위에 설치 |
|---|---|
| 에이프런/에이프론 스피커 | 앞치마라는 뜻 그대로 무대의 마루턱 아래에 설치해 객석 앞부분을 보조 |
| 실링 스피커 | 천장에 설치 |
| 모니터 스피커 | 출연자 발 아래 두는 풋 모니터, 무대 끝에 두는 사이드 필 등이 있음 |

### 02 아날로그 신호의 디지털화

| 표본화 | 아날로그를 디지털로 변환하기 위해 Sample을 취하는 단계로 1초 동안 취한 표본 수(디지털화한 횟수)로 Hz로 표시<br>연속적인 아날로그 신호를 일정 간격으로 순간적인 값을 취하게 됨<br>※ 표본화(fs)공식 : fs=2W<br>(표본화 Frequency spectrum, 파장 W)<br>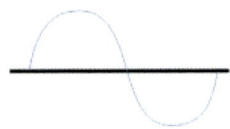  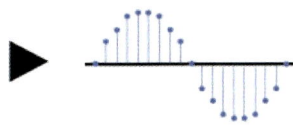 |
|---|---|
| 양자화 | 디지털 형태로 표현할 때 어느 정도의 정밀도로 표현할 것인가의 의미로 표본화한 각 점의 값을 연속적이지 않은 대표 값으로 변환하게 됨<br>이 때 대표 값을 추출하다 보니 실제값과 오차가 생기는 '양자화 오차'발생 |

---

**42** 여러 음원이 존재할 때 인간은 자신이 듣고 싶은 음을 선별해서 들을 수 있는 능력을 갖는다. 이런 음향효과는?
① 칵테일파티 효과
② 하스 효과
③ 마스킹 효과
④ 바이노럴 효과

42 ①

**43** 홀(Hall) 내에 설치되는 스피커 시스템으로 거리가 먼 것은?
① 프로세니엄 스피커
② 백도어 스피커
③ 에이프런 스피커
④ 모니터 스피커

**44** CD의 표준 샘플링 주파수와 양자화 비트 수는?
① 44.1kHz, 16bit
② 46.1kHz, 32bit
③ 48.2kHz, 32bit
④ 49kHz, 16bit

43 ② 44 ①

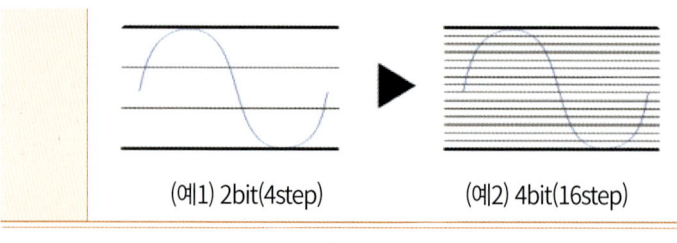

(예1) 2bit(4step)　　　(예2) 4bit(16step)

| 부호화 | 표본화와 양자화를 거쳐 디지털화된 정보를 이진수로 표현하는 단계로 압축과정이 포함될 수도 있음 |
|---|---|

※ CD의 표준 샘플링 주파수와 양자화 비트 수는 44.1kHz, 16bit

# Chapter 3. 3D 영상 제작

## 01 3D 영상 기본

### 01 넙스(NURBS)

| | |
|---|---|
| NURBS (Non-Uniform Rational B-Spline) | 3차원 곡선을 수학적으로 표현하는 방식 중 가장 진보됐다 평가 받는 모델링 방식<br>Start Point/End Point 외에 Control Point와 Edit Point를 갖고 있어 다양한 형태의 자유곡면 제작에 유리하나 시스템 자원을 소모<br>3D MAX나 Rhino3D 같은 프로그램에서 사용가능하며 폴리곤 모델링의 더 부드러운 곡선을 만들기 위한 보조 도구 개념으로 사용<br>기본 구성 요소로 버텍스(Vertex, 점), 커브(Curve), 아이소팜(Isoparm), 서피스(Surface)가 있음 |

### 02 MAYA NURBS

| | |
|---|---|
| UV | 텍스쳐 맵핑에서 쓰이는 평면에 대한 가로축과 세로축 단위(XY축을 대신함)<br>입체의 경우 XYZ 대신 UVW로 표기하기도 함 |
| CV | Control Vertex (커브조절점으로 가장 많이 쓰이는 기능) |
| Hull | CV들을 한 번에 조절하는 기능<br>한 개의 아이소팜과 그와 연결된 버텍스를 모두 한꺼번에 잡아 조절하기 위한 기능의 명칭 |

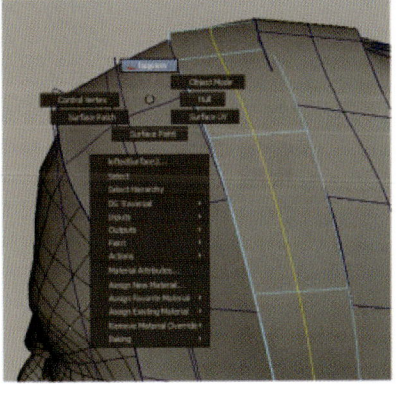

**45** 3D 모델링 방식에서 넙스(NURBS)의 기본 구성요소로 거리가 가장 먼 것은?
① Vertex  ② Curve
③ Isoparm  ④ Matrix

45 ④

**46** 다음 NURBS sphere의 다음과 같이 선택된 구성요소 중 UV 선상의 CV의 외곽을 한꺼번에 조절할 수 있는 구성요소는?
① Hull
② Isoparm
③ Edit Point
④ Control Vertex

46 ①

**47** 3차원 모델링 기법에 속하지 않는 것은?

① 스플라인 방식(Spline)
② 사출법(Extrusion)
③ 회전법(Lathing)
④ 로프팅(Lofting)

**48** 3차원 모델링 방법 중 스위핑(Sweeping) 기법에 속하지 않는 것은?

① 사출(Extrusion)
② Z - 버퍼(Z - Buffer)
③ 회전(Revolve)
④ 선반(Lathe)

47 ① 48 ②

**49** 3차원의 기하학적 형상 모델링이 아닌 것은?

① 서피스 모델링
② 와이어 프레임 모델링
③ 시스템 모델링
④ 솔리드 모델링

**50** 면과 면이 만나서 이루는 모서리를 표현하고 오직 선(line)으로만 표현하는 모델링 방식은?

① 바운더리 모델링
② 서피스 모델링
③ 와이어 프레임 모델링
④ 솔리드 모델링

49 ③ 50 ③

## 03 3D 모델링 기법

모델링(Modeling) : 컴퓨터를 기반으로 기하학적 물체의 모양, 색, 반사율, 투과율, 경도 같은 물체의 다양한 특성을 표현
2D사물을 3D로 생성하는 작업으로 가장 대표적이고 일반적인 기법으로 사출법, 회전법, 로프팅 등이 있음

| | |
|---|---|
| 사출법 (Extrusion) | 2D 도면의 경로를 선택하고 해당 경로를 따라 특정 두께로 물체를 추출하는 방식으로 즉 높이가 없는 평면 모양에 높이를 주어 직육면체, 원기둥과 같은 간단한 모양을 만드는 데 유용한 방법 |
| 회전법 (lathing) | 2D 도면의 프로필 라인을 중심축 주위에 회전시켜 3D 모델을 만드는 방법으로 원기둥이나 그릇, 공 같은 회전 대칭 물체를 만드는 데 효과적인 방법 |
| 로프팅 (lofting) | 두 개 이상의 2D 도면이나 프로필라인을 사용하여 새로운 3D 모델을 만드는 방법. 이 방법은 곡면, 복잡한 곡선 등을 만드는 데 유용한데 두 개 이상의 프로필 라인을 선택하고 그것들 사이를 보간하여 새로운 물체를 만드는 방식으로 작동함 |
| 그 외 | 선반(Lathe), 사각법(beveling) |

* 프로필 라인(Profile Line) : 3D 모델링에서 회전법(lathing) 기법을 사용할 때 2D 도면에서 회전 중심축을 기준으로 회전할 물체의 프로필을 표현하는 선이나 곡선을 말하는데 다시 말해 회전할 물체의 형태를 결정하는 2D 도면의 선이나 곡선을 의미

## 04 3D 모델링의 종류와 특징

| | |
|---|---|
| 와이어프레임모델 (Wire Frame Model) | 선과 선을 이은 뼈대로 2차원 시스템을 3차원으로 구성한 모델<br>다만, 면의 개념이 없음 |
| 서피스모델 (Surface-based Model) | 면을 중심으로 하여 물체를 표현<br>물체에 실제감을 높이기 위한 방법(은선과 은면제거)이나 자유곡면(free-from surface)을 나타내기 위한 방법으로 많이 사용 |
| 솔리드모델 (Solid Model) | 앞서 두 가지의 단점인 부피나 면적의 계산이 어렵고 물체의 기하학적 정보가 충분하지 못한 점을 극복하기 위한 모델링 기법으로 "실제 물체"와 같이 내부와 외부가 정확히 구별 가능함 |
| 기타 | - 프렉탈 모델링(Fractal): 기본적인 도형들을 계속 이어나가 더 섬세하고 복잡적인 형태로 만들어 가는 모델링으로 특히 자연물처럼 복잡한 대상을 표현하는데 유리<br>- 불린 모델링(Boolean): 수학적 개념으로 A, B 두 모델을 결합해 새로운 모델을 제작하는 모델링 기법 |

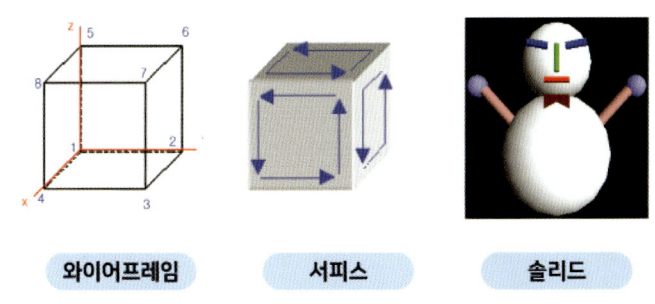

**51** 육면체나 원기둥, 원뿔 등과 같은 기본 객체들에 집합연산을 적용시켜 만드는 3차원 모델링 방법은?
① 와이어 프레임 모델링
② B - 스플라인 모델링
③ 솔리드 모델링
④ 스캔라인

**52** 3D 형상 모델링의 종류가 아닌 것은?
① 캡처 모델링(Capture Modeling)
② 솔리드 모델링(Solid Modeling)
③ 표면 모델링(Surface Modeling)
④ 와이어 프레임 모델링(Wire Frame Modeling)

51 ③  52 ①

# 기출문제 풀이

**01** f-수가 3, 초점거리가 42mm인 렌즈의 구경 조리개 직경[mm]은?
① 8  ② 10
③ 12  ④ 14

**02** 빛의 파동성에 대한 설명으로 거리가 먼 것은?
① 자외선은 가시광보다 파장이 짧다.
② 빛은 전자기파의 일종이다.
③ 적외선도 빛의 일종이다.
④ 빛은 매질이 없으면 전파하지 못한다.

> 진공상태에서 소리는 전달되지 않으나 전자기파(전파)나 빛(빛도 일종의 전자기파이며 입자)은 전달됨 비슷한 원리로 전달되는 것이 태양열(열복사)임

**03** Key Light에 의해 생기는 어두운 부분을 수정하기 위한 조명이며 베이스 라이트와 겸용되는 경우의 조명은?
① Back Light  ② Touch Light
③ Fill Light  ④ Horizont Light

**04** 디지털 카메라로 어두운 곳에서 촬영 시(時) 조치사항으로 거리가 먼 것은?
① 외부 플래시를 사용하여 빛의 양을 늘려준다.
② ISO 감도를 낮추어 적은 빛에서도 민감하게 한다.
③ 셔터스피드를 낮추어 준다.
④ 삼각대를 이용하여 미세한 흔들림이 발생하지 않도록 한다.

**05** 비네팅(Vignetting) 현상에 대한 설명으로 옳은 것은?
① 렌즈 주변부의 광량 저하로 촬영된 사진의 외곽이나 모서리가 어둡게 나오는 현상
② 화이트밸런스가 제대로 맞지 않아 화면이 하얗게 번지는 현상
③ 강한 빛이 렌즈 내 유리에 반사되어 화면에 조리개 모양이나 렌즈 유리모양의 밝고 뿌연 허상이 찍히는 현상
④ 편광필터를 잘못 사용하여 화면에 사선으로 줄이가는 현상

> ① Vignette이 삽화라는 뜻으로 액자에 끼워진 것 같은 어두운 그림자를 주변에 감는(감기는) 현상으로, 프리미어에서도 설정 가능함
> ③ 빛 번짐이라고 하며 렌즈 초점을 의도적으로 초점에 맞추지 않아 비슷한 효과를 내는 것을 빛망울이라고도 하고 보케(Bokeh, 일본어 ボケ가 어원=바보, 멍청이)라고도 함
> 빛이 번지는 것과 달리 빛망울(보케)는 아웃포커싱으로 생기는 결과물임

**06** 태양이나 밝은 전구같은 강한 광원이 사진에 포함되었을 때 화면상에 조리개 모양의 이미지가 만들어지는 현상은?
① 포깅(Fogging)
② 고스팅(Ghosting)
③ 비네팅(Vignetting)
④ 이레디에이션(Irradiation)

**07** 다음 중 디지털 영상 편집 목적으로 가장 거리가 먼 것은?
① NG부분의 제거  ② 정보의 압축
③ 의미의 심화  ④ 영상의 백업

**08** 화면에서 검은 부분과 흰 부분 사이의 강도차를 의미하는 것은?
① 해상도  ② 화질
③ 색도  ④ 대비

**09** Post Production의 제작 과정이 아닌 것은?
① 채색  ② 특수효과
③ 녹음  ④ 프린트

> Post Production: 후반작업으로 표현하며 촬영 이후의 영상 및 사운드 편집이나 특수효과, 더빙 같은 작업들의 총칭

01 ④ 02 ④ 03 ③ 04 ② 05 ① 06 ② 07 ④ 08 ④ 09 ①

채색: 애니메이션의 단계 중 하나로 본 작업스토리 작업 - 시나리오/스토리보드 - 캐릭터디자인 - 구도/화면배치 - 원화 - 동화 - 선화 - 채색 - 촬영 - 편집 - 사후 녹음 - 사운드 더빙 - 완성

**10** 영화나 TV 방송에서 편집이 완성된 비디오를 보면서 사람의 발자국 소리, 유리 깨지는 소리와 같은 효과음을 스튜디오에서 소도구등을 이용하여 사람이 직접 만들어내는 작업을 무엇이라고 하는가?
① 폴리 (Foley)
② A/B롤
③ 신디사이저(Symthesizer)
④ 샘플러(Sampler)

**11** 래스터(Raster) 출력장치에서 생성한 직선이나 그림은 출력장치가 갖는 해상도의 한계로 인하여 물체 경계선에서 계단현상이 나타나게 되는데 이러한 경계선을 부드럽게 보이도록 하기 위한 처리방법으로 가장 올바른 것은?
① 샤프닝(Sharpning)
② 크리스프닝(Crispening)
③ 고주파필터링(Highpass Filtering)
④ 블러링(Blurring)

영상처리기법의 하나로 경계면 부드럽게: 블러링(혹은 스무딩이라고도 함) ↔ 날카롭게: 샤프닝(=크리스프닝(Crispening))

**12** 래스터 디스플레이 장치를 이용하여 흑백이 아닌 칼라 색을 표현하는데 필요한 최소한의 비트 플레인 (bit plane)은?
① 3
② 4
③ 5
④ 6

비트 플레인= 비트판으로 번역하며 화면에서 다양한 색을 표현하기 위해 사용하는 비트 계층
1비트판은 흑백(0 또는 1)/2비트판은 4색, 3비트판은 8색, 4비트판은 16색 표현 가능

**13** 디지털 영상에서 발생하는 Jag에 대한 설명으로 옳은 것은?

① 계단형 화질 왜곡 현상
② 복사에 의한 화질의 열화
③ 압축에 의한 정보량 축소
④ 잡음(Noise)에 대한 강한 면역성

**14** 방송국의 송신점 선정의 일반조건에 관한 설명 중 바르지 않는 것은?
① 다른 서비스 구역에 방해되지 않고 목적하는 지역에 효율적인 전파서비스가 가능해야 한다.
② 지진, 낙뢰, 태풍, 화재 등의 자연재해 영향이 적고, 안개, 염풍, 등의 대기환경에 대한 염려도 적어야 한다.
③ 전화회선, 상용전원 등의 인입이 용이해야 하지만, 송신소 운용요원의 통근, 거주 조건은 양호하지 않아도 된다.
④ 중파방송의 경우 항공법, Blanket Area, 접지조건 등도 충족되어야 한다.

**15** 전송대역이 넓어 비 압축 방식으로 신호를 전달할 수 있으며, 연결기기 간에 쌍방향 통신을 통해 최적의 해상도를 자동으로 찾아 재생을 지원 할 수 있는 디지털 신호 전송방식은?
① S-Video
② 컴포넌트
③ DV
④ HDMI

**16** 시간에 따른 음의 진폭 변화과정(Attack, Decay, Sustain, Release)을 나타내는 것은?
① Phon
② Sound Speed
③ Wave Length
④ Envelop

ADSR(Attack, Decay, Sustain, Release 약자) 엔벨로프라는 별도의 장비가 있는데 흔히 '엔벨로프 제너레이터'라는 형태로 신시사이저에 내장되어 앰프의 역할을 함

**17** 주파수가 200Hz인 음의 주기[sec]는?
① 0.5
② 0.05
③ 0.005
④ 0.0005

1초÷200번(200Hz= 1초에 200번의 진동 있음) = 0.005

10 ① 11 ④ 12 ① 13 ① 14 ③ 15 ④ 16 ④ 17 ③

**18** 300Hz와 302Hz 두 음에서 발생되는 맥놀이의 주기 (s)는?
① 0.25  ② 0.5
③ 0.7  ④ 0.95

> 서로 엇비슷한 진동수의 두 소리가 겹쳐서 들릴 때 주기적으로 소리가 커졌다 작아졌다 하는 현상
> 오차 2Hz, 즉 1초에 2번의 진동 차이 = 1/2 = 0.5

**19** 음향 신호를 전송하거나 녹음할 때 최강음과 최약음의 비를 [dB]로 나타낸 것을 무엇이라 하는가?
① 다이나믹레인지  ② S/N 비
③ SPL  ④ 정재파비

**20** 16비트 디지털오디오의 다이내믹 레인지로 적절한 것은?
① 약 96dB  ② 약 106dB
③ 약 128dB  ④ 약 256dB

> 오디오cd의 양자화비트 수 16비트, 음량이 6dB 증가했을 때 인간은 (2배로) 음 증가했다 인식하며 그래서 A/D컨버터에서는 1비트로 약 6dB의 다이나믹레인지 표현

**21** 소리가 낮보다 밤에 멀리까지 더 잘 들리는 현상은?
① 회절  ② 굴절
③ 증폭  ④ 반사

**22** 두 개 이상의 음파가 겹쳐져 더해질 때, 파동의 합성에 의해 동위상으로 겹쳐지면 진폭이 증가하고 역위상으로 겹쳐지면 진폭이 감소하는 것은?
① 굴절  ② 반사
③ 회절  ④ 간섭

**23** 같은 주파수 2개의 위상차가 시간과 함께 변화하지 않을 때, 2개의 광파가 겹쳐 빛의 세기가 강해지거나 약해지는 현상은?
① 분산  ② 간섭
③ 편광  ④ 회절

**24** 소리나 빛이 진행하다가 장애물을 만나면 차단되지 않고, 장애물의 뒤쪽까지 전파되는 현상은?
① 회절  ② 반사
③ 간섭  ④ 굴절

**25** 음원과 관측자가 상대적인 운동을 하고 있을 때, 관측자가 듣는 진동수와 음원의 진동수가 틀리게 되는 것을 무엇이라 하는가?
① 도플러 효과  ② 광전효과
③ 소리의 공명현상  ④ 맥놀이 현상

**26** 여러 개의 음원 중 제일 먼저 도달하는 음원 쪽에 음상이 정위되는 현상은?
① 마스킹 효과  ② 하스 효과
③ 도플러 효과  ④ 비트 효과

> 음상(소리의 위치)
> 음상정위(音像定位) : 정확한 위치에서 소리가 들리게 되는 상태
> 이 문제에서는 '들린다'는 의미로 쓰이고 있으며 실무에서는 너무 멀리 떨어진 스피커 등에서 하스효과 발생하므로 보정을 통해 음상을 정위시킴

**27** 지향성 마이크를 음원에 가깝게 배치하면 저음이 상승하는 효과는?
① 양의효과  ② 근접효과
③ 청감곡선  ④ 마스킹현상

**28** 양지향성과 단일 지향성 마이크를 음원에 가깝게 대고 사용하면 저음의 출력이 상승하는 효과는?
① 근접효과  ② 회절효과
③ 왜곡효과  ④ 반사효과

**29** 스펙트럼에서 주파수가 옥타브 상승 하면서 에너지가 1/2씩 감쇠되는 잡음은?
① 핑크잡음  ② 백색잡음
③ 마스크잡음  ④ 고음잡음

**30** 마이크로폰의 종류 중에서 전원(Phantom Power)의 공급이 필요한 것은?
① 무빙 코일형 마이크로폰
② 리본형 마이크로폰
③ 콘덴서 마이크로폰
④ 다이나믹 마이크로폰

18 ② 19 ① 20 ① 21 ② 22 ④ 23 ② 24 ① 25 ① 26 ② 27 ② 28 ① 29 ① 30 ③

**31** 마이크로폰 지향 특성 중 스튜디오 또는 야외에서 드라마의 수음에 가장 적합한 것은?

① 무지향성　　② 양지향성
③ 단일지향성　④ 초지향성

**32** 마이크와 앰프가 한 채널로 연결되어 있으며, 한 채널의 스피커 시스템으로 재생하는 방식은?

① Monophonic　② Binaural
③ Stereophonic　④ Diotic

**33** 스레숄드(Threshold) 이상의 오디오 신호가 들어오면 회로를 통과시키고, 그 이하의 신호는 통과되지 못하도록 회로를 닫는 원리로 작동하는 시그널 프로세서는?

① 리미터(Limiter)
② 노이즈 게이트(Noise Gate)
③ 덕커(Ducker)
④ 디에서(De-esser)

> 스레숄드(Threshold=문지방=요구조건): 임계값, 한계값 정도로 번역할 수 있는 현장 용어
> 노이즈 게이트: 미약한 잔류신호인 노이즈를 제거하고 깨끗한 음원을 만들어 주기 위해 필수인 프로그램 혹은 기기일정 스레숄드 이상의 신호에만 반응해 신호의 문을 열어줌

**34** 오디오 신호레벨이 일정한 레벨(스레숄드 레벨)이하가 되면 재빨리 증폭률을 저하시켜 출력 레벨을 낮추어 주는 장치는?

① 이퀄라이저　② 노이즈 게이트
③ 압신기　　　④ 이펙터

**35** 스피커에 불필요한 진동이 생기지 않는 정도를 평가하는 파라미터는?

① 과도 특성　　② 댐핑
③ 주파수 특성　④ 왜곡 특성

**36** 입력신호를 일그러뜨리고, 일그러진 소리의 배음 성분만을 집어내어 원음에 삽입하여 음색을 바꾸는 음향효과기는?

① 익사이터　② 이퀄라이저
③ 컴프레서　④ 게이트

> 익사이팅하게 만들어 줌
> 고음역의 배음(倍音, 원음의 정수배[倍]의 진동수를 가진 음)을 강조해서 음에 탄력을 주어 음이 앞으로 튀어나오는 듯한 효과를 내는 이펙터

**37** 사운드 편집에서 룸 톤(Room Tone)에 대한 설명으로 거리가 먼 것은?

① 인위적으로 조성한 음향효과 이다.
② 룸 노이즈(Room Noise) 라고도 한다.
③ 엠비언트 사운드(Ambient Sound)의 일종이다.
④ 특정 방(Room)이나 세트 안에서 발생하는 소음이다.

> Ambient Sound(주변음) 사람 귀에는 잘 들리지 않으나 모든 방은 고유한 소음을 가지고 있으며 룸 노이즈, 룸 사운드라고도 함

**38** 실내 음향 설계의 목표 중 가장 거리가 먼 것은?

① 방해되는 소음이 없어야 한다.
② 음성은 명료하게 들려야 한다.
③ 에코 현상은 가능한 증폭 시키도록 한다.
④ 실내 전체에 대한 음압 분포가 균일해야 한다.

**39** 다음 중 5.1 채널에서 ".1"이 뜻하는 것은?

① sub woofer speaker
② sub tweeter speaker
③ left speaker
④ right speaker

**40** 아날로그 사운드를 디지털로 변환하는 과정 중에 발생하는 지터(Jitter) 에러에 대한 설명으로 옳은 것은?

① 디지털 신호의 전달 과정에서 일어나는 시간 축 상의 오차
② 아날로그 파형을 양자화 비트로 표현하면서 발생하는 값의 차이
③ 가청 주파수보다 높은 고주파 성분 발생으로 인한 에러
④ 사운드에 원래 고주파 성분이었던 울림이 없어지고 저주파수의 방해음이 발생하는 것

> 사운드 뿐 아니라 전기통신 등 디지털 신호를 사용하는 모든 분야에서 발생하는 문제로, 지터가 발생하면

31 ④　32 ①　33 ②　34 ②　35 ②　36 ①　37 ①　38 ③　39 ①　40 ①

> 디지털 신호에 에러가 증가하고 복조된 아날로그 신호에 왜곡이 생기게 됨
> 관측을 통해 정확한 시간상 오류(=지터)에 인위적인 지터를 실어주는 등으로 해결할 수 있음

**41** 디지털 방송의 음성 부호화에서 사용되는 PCM방식의 경우 표본화 주파수를 입력 신호의 2배가 되지 않는 주파수로 표본화 하면 높은 주파수 성분이 낮은 주파수 신호에 침범하여 신호가 왜곡된다. 이를 무엇이라고 하는가?
① 양자화 왜곡
② 압축 에러
③ 부호화 잡음
④ 엘리어싱 에러

**42** MPEG - 1 Audio의 규격 중 압축률이 1:10 ~ 1:12 정도로 우수하며 음을 주파수 대역별로 나누어 이를 압축하는 방법을 사용하는 규격은?
① MPEG Audio Layer - 1
② MPEG Audio Layer - 2
③ MPEG Audio Layer - 3
④ MPEG Audio Layer - 4

**43** 솔리드 모델링의 기본요소 중 3차원 프리미티브에 해당되지 않는 것은?
① 구(Sphere)
② 관(Tube)
③ 원통(Cylinder)
④ 선(Line)

> Primitive : 원초적, 기초적이라는 의미가 있으며 여기서는 3차원 기본 개체의 종류를 묻는 문제

**44** 물체의 표면만 정의되는 서피스 모델링과 달리 표면과 객체의 내부도 정의되어 있는 모델로써 객체의 물리적인 성질까지 계산할 수 있는 모델링은?
① 프랙탈(Fractal) 모델링
② 와이어프레임(Wire Frame) 모델링
③ 스플라인(Spline) 모델링
④ 솔리드(Solid) 모델링

**45** 컴퓨터그래픽에서 3차원 입체 형상 모델링의 표현 방식이 아닌 것은?
① 와이어프레임 모델링(Wireframe Modeling)
② 곡면기반 모델링(Surface Modeling)
③ 솔리드 모델링(Solid Modeling)
④ 범프 모델링(Bump Modeling)

**46** 3차원 형상 모델링인 프랙탈모델에 대한 설명으로 거리가 먼 것은?
① 단순한 형태의 모양에서 출발하여 복잡한 형상을 구축하는 방식의 모델을 말한다.
② 자연물, 지형, 해안, 산, 혹성 등 표현하기 어려운 부분까지 표현해 낼 수 있다.
③ 대표적은 프로그램으로는 Bryce 3D가 있다.
④ 점과 점 사이의 선분이 곡선으로 되어 있어 가장 많은 계산을 필요로 한다.

**47** 3차원 형상 모델링인 프랙탈모델에 대한 설명으로 거리가 먼 것은?
① 단순한 형태의 모양에서 출발하여 복잡한 형상을 구축하는 방식의 모델을 말한다.
② 자연물, 지형, 해안, 산, 혹성 등 표현하기 어려운 부분까지 표현해 낼 수 있다.
③ 대표적은 프로그램으로는 Bryce 3D가 있다.
④ 점과 점 사이의 선분이 곡선으로 되어 있어 가장 많은 계산을 필요로 한다.

41 ④ 42 ③ 43 ④ 44 ④ 45 ④ 46 ④ 47 ④

# 스트레스를 없애주는 짬짬이 스트레칭

### ▲ 어깨 스트레칭
1. 두 팔을 뻗은 뒤, 팔꿈치를 몸 뒤로 젖히고 가슴을 최대한 개방하며 10초간 스트레칭 한다.
2. 팔꿈치를 축으로 손을 들어 올린 뒤, 팔꿈치를 최대한 아래로 당기면서 10초간 스트레칭 한다.

### ▲ 엉덩이, 다리 스트레칭
1. 의자에 정자세로 앉아 오른다리를 양반다리 모양으로 만든다.
2. 다리 각도를 90로로 만들고 시선 전방을 유지하며 천천히 허리를 굽혀 내려가 10초간 스트레칭 한다.
3. 반대쪽도 동일하게 진행하며, 치마를 입은 여성은 다리를 꼬아서 실시한다.

 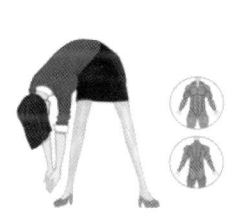

### ▲ 전신 스트레칭
1. 어깨보다 넓게 다리를 벌리고 머리위에서 양손을 잡는다.
2. 왼쪽으로 팔을 반 바퀴 돌려 두 손이 오른발에 오게 하고 반대로 한 바퀴 돌려 왼발에 두 손이 오게 한다.
3. 한 바퀴당 5초간 실시하며, 양쪽 반복을 1회로 하여 총 3회 실시한다.

### ▲ 등, 허리 스트레칭
1. 어깨보다 넓게 다리를 벌리고 팔을 양쪽으로 벌려서 선다.
2. 오른손과 왼 발목이 만날 수 있도록 서서히 몸을 굽혀 2~3초간 스트레칭 한다.
3. 반대쪽도 동일하게 진행하며 양쪽 반복을 1회로 하여 총 5회 수행한다.

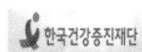

# 제 4 과목
# 멀티미디어 제작 기술

# PART 2
# 디지털 신호 처리

**Chapter 1** 멀티미디어 시스템
기출문제풀이

# Chapter 1 신호의 압축과 복원

## 01 영상신호 압축 및 복원

### 01 MPEG의 압축방식

I, P, B 세 가지 프레임들을 섞어서 배치 및 조합해 프레임 간의 중복 제거하는 방식으로 압축

| | |
|---|---|
| I프레임<br>(화면 내 예측, Intra) | 원본 압축 용도 |
| P프레임<br>(전방 예측, Predictive) | 부호화/복호화에서 예측용도로 필요 |
| B프레임<br>(양방향 예측, Bidirectional) | I프레임과 P프레임을 활용해 보간(간격을 보충, interpolation)하는 프레임 |

### 02 DCT(Discrete Cosine Transform) 부호화

| | |
|---|---|
| DCT 부호화 | 압축기술의 하나로 공간 영역을 주파수 영역으로 변화 |

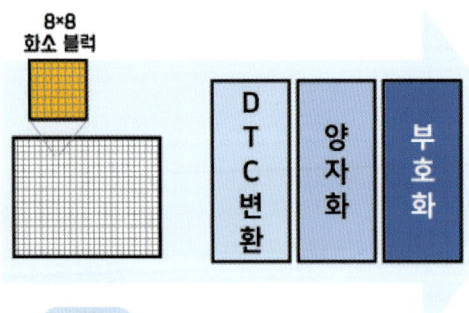

---

**01** MPEG 압축 기술의 프레임 종류로 거리가 먼 것은?
① I
② P
③ B
④ Z

01 ④

**02** 아날로그 신호를 디지털 신호로 변환하는 과정에서 실제의 신호 크기를 미리 설정한 몇 개의 단계 중의 하나로 변환하는 기능을 무엇이라 하는가?
① 보간(Interpolation)
② 명세화(Specification)
③ 비율(Rate)
④ 양자화(Quantization)

**03** 영상 값을 어떤 상수 값으로 나누어 유효자리의 비트수를 줄이는 압축과정은?
① 변형(Transformation)
② 전처리(Preprocessing)
③ 양자화(Quantization)
④ 가변길이 부호화(Variable Length Coding)

02 ④ 03 ③

## 03 손실 부호화(Lossy coding)

| | |
|---|---|
| 절단 부호화<br>(Truncation coding) | 공간 해상도를 줄이는 방법: 다운 샘플링<br>밝기 해상도를 줄이는 방법: 화소값 비트에서 덜 중요한 하위비트제거 |
| 양자 부호화<br>(Quantization coding) | 스칼라 양자화 혹은 벡터 양자화 적용 |
| 변환 부호화<br>(Transform coding) | DTC에서 활용 |

**04** MPEG-2 영상부호화에 기본적으로 사용되는 DCT변환에서 수행되는 블록단위로 맞는 것은?
① 2×4 ② 8×8
③ 8×16 ④ 32×32

**05** 다음 중 손실 부호화 압축방법으로 거리가 먼 것은?
① 절단 부호화
② 양자화 부호화
③ 변환 부호화
④ 허프만 부호화

> 허프만 부호화: 영상을 부호화하는 기술 중 하나로 무손실 압축에 쓰이는 방법

04 ② 05 ④

# 기출문제 풀이

01 비디오를 압축할 때 고려사항이 아닌 것은?
① 초당 필요 Frame 수
② 압축률에 따른 화질의 변화
③ 압축 및 복원 속도
④ 플러그인 적용여부

02 표본화 된 펄스의 진폭을 디지털 2진부호로 변환시키기 위하여 진폭의 레벨에 대응하는 정수 값으로 등분하는 과정은?
① 부호화     ② 복조화
③ 양자화     ④ 평활화

03 아날로그 파형을 디지털 형태로 변환하는 과정에서 발생하는 화이트 노이즈를 인위적으로 첨가하여 양자화 잡음과 음의 왜곡을 줄이는 방법은?
① 디더링     ② 클리핑
③ 앤티앨리어싱  ④ 절환오차

04 양자화 잡음에 대한 설명으로 거리가 먼 것은?
① 양자화 스텝이 클수록 양자화 잡음은 줄어든다.
② PCM통신에서 대부분을 차지하는 잡음이다.
③ 입력신호가 있을 때 발생한다.
④ 연속적인 신호를 불연속적인 신호로 변환 시 발생하는 잡음이다.

> 음성을 디지털로 부호화 및 다중화 해 전송하는 방식으로 일반적으로 최초 입력단에 ADC, 최종 출력단에 DAC를 가짐
> 간격이 크기 때문에 잡음은 늘어남

05 ATSC 디지털 TV 표준 방식의 영상신호 압축방식은?
① MPEG - 1   ② MPEG - 2
③ MPEG - 3   ④ MPEG - 4

> Advanced Television System Committee의 약자로 디지털TV의 표준을 연구 및 개발하기 위해 1983년 설립된 미국의 표준화 기구

06 MPEG-2 압축방식의 설명으로 거리가 가장 먼 내용은?
① 목표 전송률은 0.8Mbits/sec 이하이다.
② MPEG-1에 대한 순방향 호환성을 지원한다.
③ 광범위한 신호형식에 대응하기 위해 프로파일 및 레벨에 따라 복수 개의 사양이 정해져 있다.
④ 순차 주사 방식과 격행 주사 방식 모두를 지원한다

> Low레벨 4Mbps ~ High레벨 80Mbps

07 MPEG-2의 프레임 구조에 속하지 않는 것은?
① Intra Frame
② Forward Frame
③ Bidirectionally Frame
④ Directionally Frame

> MPEG2의 프레임=BIP
> 화면 내 예측(Intra), 전방 예측(Predictive), 양방향 예측(Bidirectional)의 세 가지 프레임인데 여기서는 내부(Intra)/전방(Forward)/양방향(Bidirectionally)이라는 다른 표현을 쓴 것 뿐임

08 대역폭이 적은 통신매체 에서도 전송이 가능하고 양방향 멀티미디어를 구현할 수 있는 A/V (Audio/Video) 표준 부호화 방식으로, 64kbps급의 초저속 고압축률 실현을 목적으로 하는 동영상 압축 표준안은?
① MPEG-1    ② MPEG-2
③ MPEG-4    ④ MPEG-7

09 화상 회의 및 화상 전화를 응용하기 위한 영상 압축 코딩표준은?
① G.727     ② H.235
③ H.225     ④ H.263

01 ④ 02 ③ 03 ① 04 ① 05 ② 06 ① 07 ④ 08 ③ 09 ④

**10** H.261 표준 압축 부호화 방식에 대한 설명으로 거리가 먼 것은?
① 이 규격의 전송속도는 p(p=1~30)×64kbps이다.
② 영상 전화나 영상 회의용 동화상 압축부호화 방식이다.
③ 부호화 알고리즘은 움직임보상과 이산코사인 변환을 조합한 방식이다.
④ 32kbps ADPCM 코딩 기법을 사용하는 음성 코덱 표준이다.

**11** 1988년 ITU-T에서 원격화상 회의 전화용 부호화방식 H.261의 화상 압축기술이며, 국제표준인 MPEG에 채용된 고능률 영상 부호화 압축기술은?
① PCM 방식  ② DCT 변환 부호화
③ ADPCM 방식  ④ 호프만 부호화

**12** 수퍼맥테크놀로지스사(SupcrMac Technologies)에서 개발한 영상코덱으로 320×240 해상도의 영상을 1배속 CD-ROM 전송속도에 맞게 변환하기 위해 개발된 코덱은?
① Cinepak  ② Indeo
③ TrueMotion  ④ Clear Video

**13** 영상 압축 기법 중 새로운 화면정보를 모두 다 기록하지 않고, 앞 화면과의 차이만을 기록하는 방식은?
① 동작보상 기법  ② 주파수 차원 변환 기법
③ 서브샘플링 기법  ④ 델타프레임 기법

**14** 영상신호의 압축방법 영상신호에 내재되어 있는 중복성 제거요소로 거리가 먼 것은?
① 색신호간 중복성 제거
② 공간적 중복성 제거
③ 시간적 중복성 제거
④ 이상적 중복성 제거

**15** 시각적으로 인접한 두 화면 간에 상관도가 높은 특징을 이용하여 매크로 블록으로 두 화면간의 움직임을 추정하여 보상함으로써 중복성을 제거하는 방법은?
① Temporal Redundancy
② Statistical Redundancy
③ Spatial Redundancy
④ Special Redundancy

**16** 다음은 음향 신호의 변환 시 아날로그 방식과 디지털 방식의 특징이다. 옳지 않은 것은?
① 아날로그 신호는 전기회로의 구성이 복잡하다.
② 디지털 신호는 아날로그 방식에 비해 신호처리 속도가 빠르다.
③ 아날로그 신호는 잡음에 의해 신호가 변할 수 있다.
④ 디지털 신호는 정보의 조작이 비교적 쉽다.

**17** 확장자의 종류가 다른 하나는?
① MOV  ② MP3
③ MID  ④ WAV

**18** 다음의 디지털 오디오 파일 형식들 중, MPEG를 이용한 압축방식을 적용하고 있는 것은?
① MP3  ② WAV
③ AU  ④ VQF

**19** 5.1 멀티채널, 32kbps에서 640kbps의 비트율을 가지고 압축률을 높이기 위해 채널 간 마스킹 특성을 이용하는 오디오 코딩방식은?
① AC-1  ② AC-2
③ AC-3  ④ MP3

10 ④  11 ②  12 ①  13 ④  14 ④  15 ①  16 ②  17 ①  18 ①  19 ③

# 제 4 과목
# 멀티미디어 제작 기술

# PART 3
# 그래픽 콘텐츠 제작

Chapter 1 **컴퓨터그래픽스 일반**
Chapter 2 **3차원 그래픽스**
**기출문제풀이**

# Chapter 1 컴퓨터그래픽스 일반

01 호주의 블리스(C.K. Bliss)가 발명한 것으로 블리스 심볼릭스(Bliss symbolics)라고도 불리는 국제적인 그림 문자 시스템은?
① 아이소타입(Isotype)
② 시멘토그래피(Semento Graphy)
③ 포노그램(Phonogram)
④ 다이어그램(Diagram)

01 ②

## 01 CG 기본

### 01 블리스 심볼

| 블리스 심볼 | 찰스K 블리스, 유대인으로 나치의 박해를 피해 상하이 망명 당시 한자에서 영감 받아 만든 이모티콘 언어(뇌성마비 등으로 음성언어 습득 어려운 사람들을 대상으로 활용되기도 함) |
|---|---|

WATER　RAIN　STEAM　STREAM

EMOTION　HAPPINESS　SADNESS　LOVE

PEN　TO WRITE　MAN　WRITER

## 02 이미지 파일의 종류

### 01 이미지 파일

| | | |
|---|---|---|
| 레스터 | BMP | 윈도우표준. 대표적인 레스터(비트맵) 방식 |
| | JPEG(JPG) | 24비트 1,600만 트루컬러 지원<br>손실압축방식으로 압축률이 좋아 인터넷에서 자료전송으로 주로 쓰임 |
| | GIF | 8비트 256색의 움직이는 파일(움짤)처리 가능 |
| | PNG | JPEG과 달리 무손실압축파일<br>8비트 GIF에 비해 32비트 트루컬러를 지원하며, GIF처럼 투명한 배경도 처리할 수 있음 |
| | TIFF(TIF) | 데이터교환용으로 주로 쓰이는 이미지 형식<br>Tagged Image File Format의 줄임말로 DSLR(RAW도 사용)이나 스캐너 등에서 원래 색감을 구현하고자 하는 원본 이미지 저장용 파일. 인터넷에서는 거의 사용되지 않으며 데이터교환용으로 주로 쓰임 |
| 벡터 | AI | 일러스트레이터의 확장자로 이하 벡터 방식 |
| | CDR | 코렐드로우의 확장자로 색이나 모양변경 쉬움 |
| | EPS | 주로 인쇄 및 출력용 |
| | WMF | 벡터와 비트맵 정보를 함께 표시 |

**02** 이미지와 그래픽에서 점, 선, 곡선 그리고 원 등이 기하학적 객체로 표현되어 화면 확대 시 화질의 저하가 발생하지 않는 그래픽 방식은?
① BMP
② Vector
③ Painting
④ Raster Graphic

**03** 다음 중 벡터 그래픽 파일 형식인 것은?
① BMP   ② WMF
③ GIF   ④ TGA

**04** 비트맵 이미지에 대한 설명으로 옳지 않은 것은?
① 픽셀 단위의 정보로 이미지를 표현한다.
② 색 변화를 나타내는 효과에 유용하다.
③ 기억공간을 적게 차지하고 이동, 회전, 변형이 쉽다.
④ 이미지 크기를 늘리면 화질이 저하되고 윤곽선이 일그러진다.

**05** 미국의 앨더스사와 마이크로소프트사 공동으로 개발한 래스터 화상 파일 형식은?
① TARGA   ② TIFF
③ EPS     ④ PSD

02 ② 03 ② 04 ③ 05 ②

**06** tag가 붙은 화상 파일 형식이라는 뜻으로, 미국의 앨더스사와 마이크로소프트사가 공동 개발한 래스터 화상 파일 형식은?
① GIF    ② TIFF
③ PICT   ④ DWG

**07** 애플사가 매킨토시에서 화상을 비트맵 형식 및 퀵드로(Quick Draw) 벡터 형식으로 저장하는 데 사용되는 표준 파일은?
① TIFF   ② PICT
③ DIB    ④ DXF

06 ② 07 ②

**08** 8. JPEG 순차모드 압축 과정 순서로 맞는 깃은?
① 원영상(8×8)→DCT→양자화→엔트로피부호화→압축데이터
② 원영상(8×8)→양자화→DCT→엔트로피부호화→압축데이터
③ 원영상(8×8)→엔트로피부호화→양자화→DCT→압축데이터
④ 원영상(8×8)→압축데이터→엔트로피부호화→DCT→양자화

08 ①

**02** JPEG 순차모드 압축 과정

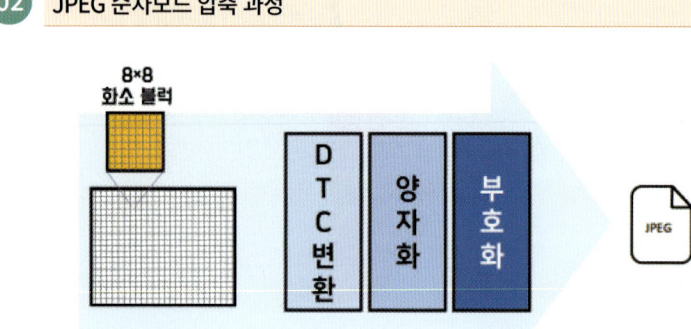

# 03 CG 기타

## 01 빛의 3원색과 색의 3원색

빛의 3원색 RGB
(가산혼합)

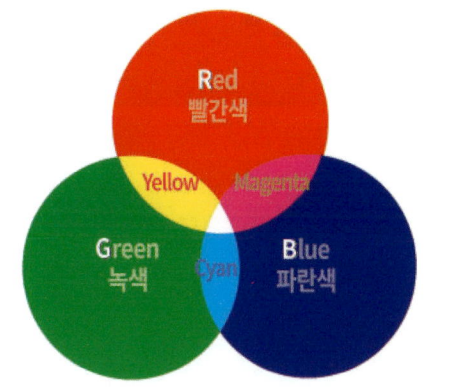

색의 3원색 CMY
(감산혼합)

**09** 다음 컬러모델 중 빛의 삼원색을 이용하여 색을 표현하며 TV나 컴퓨터모니터 등에서 많이 사용되는 것은?
① CMY  ② YUV
③ YIQ  ④ RGB

**10** 빛의 3원색(R, G, B)을 같은 양으로 합치면 만들어지는 색은?
① Black  ② Red
③ Green  ④ White

09 ④  10 ④

## 02 블리스 심볼

분산(빛/주파수)
라디오무선주파수-레이더파 - 전자레인지 -980nm붉은 레이저 - 가시광선(극히일부) -X-ray 순(적외선-가시광선-자외선)
파장이 짧을 수록 굴절률 큼

**11** 공기 중 파장이 긴 단색광은?
① 파랑  ② 빨강
③ 보라  ④ 초록

11 ②

# Chapter 2 3차원 그래픽스

## 01 3D CG 기본

### 01 3D의 기본 단위

| 복셀(Voxel) | 3차원 공간에서 격자 단위의 값 |

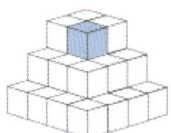

부피 volum + 픽셀 pixel = voxel

**12** 컴퓨터그래픽에서 3차원 입체를 표현하기 위한 기본적인 단위는?
① pixel  ② voxel
③ texel  ④ dot

> ① pixel: 화면 구성의 기본 단위
> ③ texel: Texture + pixel, 2차원 이미지를 3차원 폴리곤에 입힐 때 사용하는 텍스쳐 이미지의 픽셀값
> ④ dot: 주로 인쇄에서 dpi로 사용
> * 텍스쳐: 3차원 개체의 표면에 2차원 이미지를 입히는 기술

### 02 3D의 기본 단위

| 폴리곤(Polygon) | 다각형, 3차원 공간에서 면을 구성하는 최소 단위로 두께감 없는 평면의 상태<br>- 폴리곤의 기본 요소: 버텍스(Vertex, 점), 엣지(Edge, 선), 페이스(Face, 면) |

**13** 3차원 컴퓨터 그래픽에서 면을 구성하는 최소 단위로 다각형을 의미하는 것은?
① Vertex  ② Polygon
③ Edge    ④ Object

12 ②  13 ②

## 03 3D 생성 과정

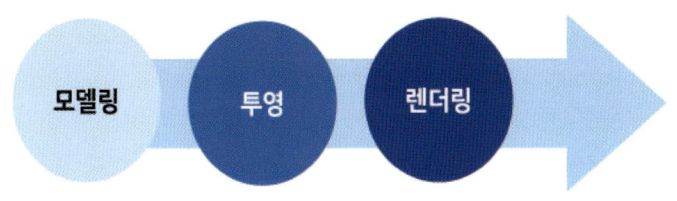

**14** 3차원 그래픽 생성과정으로 올바른 것은?
① 투영 → 모델링 → 렌더링
② 렌더링 → 모델링 → 투영
③ 모델링 → 투영 → 렌더링
④ 모델링 → 렌더링 → 투영

14 ③

**15** 렌더링 과정 중에서 물체의 입체감을 나타내기 위하여 물체의 표면에 색상과 명암을 표현하는 과정을 무엇이라 하는가?
① 매핑  ② 은면의 제거
③ 쉐이딩  ④ 레이트레이싱

**16** 컴퓨터 그래픽스 음영기법 중 각 꼭지점의 법선 벡터를 보관하여 면 내부 픽셀의 음영 값을 구하는 방법은?
① 레이 트레이싱
② 퐁 세이딩
③ 고러드 세이딩
④ 플랫 세이딩

**17** 다각형으로 표현된 곡면의 각 꼭지점에서 반사광의 강도를 보강하여 내부의 화소에 반사광의 강도를 계산하는 음영법은?
① Gouraud shading
② Phong shading
③ Ray tracing shading
④ Z buffer shading

**18** 다음 중 렌더링(Rendering) 기법에 속하지 않는 것은?
① Z 버퍼 기법
② 모핑 기법
③ 카툰 렌더링
④ 레이트레이싱 기법

15 ③  16 ②  17 ①  18 ②

## 02  3D 기법

### 01  렌더링에서의 은선/은면 제거

은면제거 – 세이딩 – 텍스쳐 맵핑의 순으로 작업
은면을 우선 제거해야 세이딩이 맵핑 같은 작업의 처리시간이 줄어듦

은선 제거 전 　　　　　 은선 제거 후

### 02  은선/은면 제거 알고리즘

| | |
|---|---|
| 레이 트레이싱<br>(Ray Tracing)<br>알고리즘 | 물체에 반사된 빛이 다른 물체에 반사될 때까지 추적(Trace) |
| Z 버퍼(Z-buffer)<br>알고리즘 | 각 면의 깊이 값(Z)을 버퍼에 임시로 저장해 가장 가까운 픽셀값으로 기억하는 방식 |
| A 버퍼(A-buffer)<br>알고리즘 | 최근에는 Z-Buffer 방식을 개선한 A-Buffer 알고리즘이 더 많이 사용됨<br>A-Buffer의 A는 Antialiased, Area-Averaged, Accumulation의 약자로서 Z-Buffer Algorithm에 안티에일리어싱 기능을 추가 |
| 후면(Back-Face)<br>제거 알고리즘 | 수학적으로 계산된 벡터 값으로 전방의 시점에서 보이지 않는 후면(Back-facing Polygon)을 제거하는 방법 |

**19** 물체에 반사된 빛이 다른 물체에 반사될 때까지 추적하여 투영과 그림자까지 완벽하게 표현하는 랜더링 방식은?

① 레이 트레이싱(Ray Tracing)
② 범프 매핑(Bump Mapping)
③ 스캔 라인(Scan Line)
④ 텍스쳐 매핑 (Texture Mapping)

> 레이 트레이싱 : 최근 영화, 게임, 애니메이션 등에서 가장 많이 사용되는 방식

19 ①

# 기출문제 풀이

**01** 컴퓨터그래픽스(Computer Graphics)에 대해 설명한 내용 중 틀린 것은?
① 영상화의 단계에서 컴퓨터를 사용하여 그림이나 화상 등의 그림 데이터를 생성하고 조작하고 출력하는 모든 기술을 말한다.
② 컴퓨터 그래픽 기술이 개발되기 시작한 것은 1950년대 초로 비교적 역사가 짧다.
③ 손이나 다른 도구를 사용하던 종래의 작업 방식에 비해 합리적이다.
④ 컴퓨터그래픽은 일반적으로 2D, 3D, 4D로 구분되며, 4D는 3차원 공간에 시간 축을 더한 것으로 시간예술이라 할 수 있다.

**02** GIF(Graphic Interchange Format)에 대한 설명으로 옳지 않은 것은?
① 높은 압축률과 빠른 실행 속도가 장점이다.
② 압축방식은 LZW(Lempel - Ziv - Welch) 알고리즘을 사용한다.
③ 색상정보는 그대로 두고 압축하기 때문에 사진 압축에 가장 유리한 방법이다.
④ 미국 Compuserve 사에서 자체 개발 서비스를 통해 이미지를 전송할 목적으로 개발되었다.

**03** 그래픽 파일 포맷 중 다음에서 설명하는 파일포맷은?

> - Compuserve사에서 개발한 파일 형식으로 네트워크상에서 이미지 파일 전송 시간을 줄이기 위해 만듦
> - LZW(Lempel-Ziv-Welch) 압축 알고리즘 사용
> - 한 파일에 다수의 이미지 및 텍스트 포함 가능

① GIF    ② JPEG
③ WMF    ④ TIFF

**04** GIF 형식의 파일에서 사용 가능한 최대 색상 수는?
① 24    ② 28
③ 216   ④ 232

**05** GIF에 대한 설명으로 가장 거리가 먼 것은?
① 16비트 컬러를 지원하는 대표적인 압축 포맷이다.
② GIF89a 에서는 애니메이션 기능을 제공한다.
③ 웹에서는 JPEG 포맷과 함께 가장 널리 사용된다.
④ 투명색을 지정하여 투명효과를 줄 수 있다.

**06** 다음에서 설명하는 파일포맷은?

> 손길압축 기법을 사용하는 JPEG에 반하여 비손실 압축기법을 사용하는 그래픽 파일 형식이다. 특허 문제가 얽혀 있는 GIF 형식의 문제를 해결하기 위하여 고안된 파일형식으로 2003년 ISO/IEC와 W3C의 표준으로 확정되었다.

① BMP    ② PNG
③ MPEG   ④ TIFF

**07** 웨이블릿 변환과 가장 관계있는 표준은?
① H.263    ② JPEG 2000
③ MPEG-7   ④ MPEG-21

> 웨이블릿(wavelet)이란 0을 중심으로 증가와 감소를 반복하는 진폭을 수반한 파도와 같은 진동을 의미하는 것으로 웨이블릿 변환은 이미지 압축에 사용되는 기법 중 하나임 (1과목출제/설명동일)

**08** 그래픽 태블릿(Graphic Tablet)의 설명 중 맞는 것은?
① 손으로 쓴 글씨 입력에는 불편한 점이 있다.
② 정확한 위치정보의 입력이 불가능하다.
③ 섬세한 그림제작에 불편한 점이 있다.
④ 평판 태블릿, 마우스와 스타일러스로 구성된다.

**09** 하나의 면과 인접한 면에 색퍼짐 효과를 사용하여 두 면 사이를 부드럽게 표현한 음영처리 방법은?
① Flat Shading    ② Phong Shading
③ Metal Shading   ④ Gouraud Shading

**10** 물체 경계면의 픽셀을 물체의 색상과 배경의 색상을 혼합해서 표현하여 경계면이 부드럽게 보이도록 하는 기법은?
① 투영(Projection)

01 ② 02 ③ 03 ① 04 ② 05 ① 06 ② 07 ② 08 ④ 09 ④ 10 ④

② 디더링(Dithering)
③ 모델링(Modeling)
④ 앤티앨리어싱(Antialiasing)

**11** 2장 이상의 사진을 중복인화, 중복노출시킴으로서 한 장으로 합성시켜 새로운 시각효과를 구성하는 작품 제작기법은?
① 포토그램   ② 포토몽타주
③ 이중인화   ④ 솔라리제이션

**12** 3차원 그래픽스의 생성과정 중 모델링에 관한 설명으로 거리가 먼 것은?
① 3차원 스캔에 의한 모델링은 현재 기술적으로 실현 불가능하다.
② 와이어프레임 모델은 물체의 형태를 표현한 모델이다.
③ 모델링이란 3차원 좌표계를 사용하여 컴퓨터로 물체의 모양을 표현하는 과정을 말한다.
④ 다각형 표현 모델은 다각형 면을 이용하여 3차원 모델을 표현한다.

**13** 3D 오브젝트를 변형하기 위한 단위가 아닌 것은?
① Vertex   ② Edge
③ Polygon  ④ Spline

**14** 다음 중 가상현실을 구성하는 요소와 거리가 먼 것은?
① 몰입감   ② 정체감
③ 상호작용  ④ 자율성

**15** 컴퓨터그래픽의 그림자나 색채의 변화와 같은 3차원적 질감을 더하여 현실감을 추가하는 과정으로 와이어 프레임이미지를 명암이 있는 이미지로 바꾸는데 사용하는 기법은?
① Modeling    ② Rendering
③ Projection  ④ Antialiasing

**16** 광원으로부터 나오는 광선이 직접 또는 반사 및 굴절을 거쳐 화면에 도달하는 경로를 역추적하여 화면을 구성하는 각화소의 빛의 강도와 색깔을 결정하는 렌더링 방법은?
① Z-버퍼링 방법
② 후향면 제거(back-face culling) 방법
③ 화가 알고리즘(painter's algorithm) 방법
④ 광선 투사(ray tracing) 법

**17** 렌더링 과정 중 데이터 요소를 여러 가지 투명도나 색상 값으로 매핑시켜서 렌더링 하는 것을 무엇이라고 하는가?
① 은면제거   ② 쉐이딩
③ 텍스쳐링   ④ 볼륨 렌더링

**18** 돌기를 형성한 것 같이 면에 기복이 있는 질감을 나타내는 방법은?
① 범프 매핑(Bump Mapping)
② 픽처 매핑(Picture Mapping)
③ 스팩큘라 매핑(Specular Mapping)
④ 리플렉션 매핑(Reflection Mapping)

**19** 은선/은면 제거 알고리즘 중 광원으로부터 빛이 물체에 반사되고 이것이 관찰자에게 도달함으로써 관찰자가 이를 볼 수 있다는 원리에 근거한 알고리즘은?
① Priority fill 알고리즘
② Ray tracing 알고리즘
③ Z-버퍼 알고리즘
④ Painter's 알고리즘

> 은선(隱線)/은면(隱面)제거 (Hidden Line Removal):
> 3D 개체를 그릴 때 개체 앞 부분에 가려지는 선이나 면을 제거하는 과정

**20** 다음 중 은선 또는 은면 제거 알고리즘으로 거리가 먼 것은?
① Painter 알고리즘
② Z-buffer 알고리즘
③ Back-face 제거 알고리즘
④ Cohen-sutherland 알고리즘

**21** 3차원 모델링 과정에서 A,B 두 모델을 결합하여 새로운 모델을 제작할 때 수학적 개념을 이용하여 합치거나 빼는 모델링 방법은?
① B워프(B Warp)   ② 불린(Boolean)
③ 모프(Morph)     ④ 메타볼(Meta Ball)

11 ② 12 ① 13 ④ 14 ② 15 ② 16 ④ 17 ④ 18 ① 19 ② 20 ④ 21 ②

**22** 다음에서 설명하는 애니메이션의 기본 원리는?

> 정지화상이나 그래픽들을 연속적으로 보여주어 보는 사람으로 하여금 화상들을 연속된 동작으로 인식하도록 한다.

① 역운동학 ② 모핑
③ 잔상효과 ④ 스톱모션

**23** 다음 중 점토를 사용하는 애니메이션을 무엇이라 하는가?
① 셀 애니메이션 ② 입자 시스템
③ 로토스코핑 ④ 클레이 애니메이션

**24** 인형을 단계적으로 조금씩 조작하면서 조작된 인형을 한 프레임씩 촬영하는 기법은?
① 스톱모션 ② 모핑
③ 트위닝 ④ 절차 애니메이션

**25** 다음에 해당하는 애니메이션 제작기법은 무엇인가?

> 연극무대 위의 연기자들은 그들이 연기 시에 액션을 보통보다 더 크게 해주어야 뒷자석의 관람객까지 이야기가 올바르게 전달된다. 이와 마찬가지로 애니메이션 작화시에도 만화체 캐릭터의 동작을 실제 배우의 액션보다는 더욱 강조해 주어야만 이야기가 화면에 전달된다.

① 반복(Cycling)
② 이즈 인/아웃(Ease In/Out)
③ 도려내기(Cut-Out)
④ 과장(Exaggeration)

**26** 셀(Cel) 애니메이션과 관련이 가장 먼 것은?
① 셀은 셀룰로이드(Celluloid)를 의미한다.
② 투명의 셀지에 선화를 그리고, 뒷면에 채색하는 방식이다.
③ 한 장의 셀에 배경과 캐릭터를 함께 그리는 방식이다.
④ 여러 개의 셀이 몇 겹의 층을 이루어 하나의 화면을 만들어 낸다.

> 스토리 작업 - 시나리오/스토리보드 - 캐릭터디자인 - 구도/화면배치 - 원화 - 동화 - 선화 - 채색 - 촬영 - 편집 - 사후 녹음 - 사운드 더빙 - 완성

**27** 현재와 같은 셀 애니메이션 기법이 고안된 년도와 인물이 맞게 설명된 것은?
① 1911년, 라디슬라스 스타레비치
② 1909년, 리틀 네모
③ 1912년, 조지 맥 마너스
④ 1915년, 얼 허드

**28** 애니메이션 제작 기법 중 두 개의 키 프레임 사이의 중간단계를 자연스럽게 연결하여 전체 애니메이션을 만드는 기법은 어느 것인가?
① 레이어 ② 트위닝
③ 렌더링 ④ 포지션

**29** 3차원으로 구성된 캐릭터에 움직임을 부여하는 애니메이션 기법으로 인간의 몸에 센서를 부착하거나 적외선 등을 이용하여 인간의 움직임을 디지털로 기록하여 캐릭터의 움직임과 연동시키는 기법은?
① 키 프레임 ② 스퀴시와 밴드
③ 모션캡쳐 ④ 로토스코핑

**30** 모션캡쳐(Motion Capture)는 크게 광학(Optical) 방식과 자기(Magnetic)방식으로 구분된다. 다음 중 광학방식의 특징이 아닌 것은?
① 자기 방식에 비해 모션캡쳐 시 넓은 캡쳐 공간을 필요로 한다.
② 철 등의 물체에 영향을 받아 신호가 왜곡될 수 있어 실험실 환경에 주의를 기울여야 한다.
③ 자기 방식에 비해 더 오랜 캡쳐 셋업 시간이 필요하다.
④ 적외선 마커를 액터의 관절에 부탁 촬영한 후 공간상의 위치를 파악한다.

**31** 애니메이션 모션캡쳐 기법에 대한 설명으로 옳지 않은 것은?
① 모션캡쳐는 인간의 움직임을 직접 캡처하여 움직임 정보를 3차원으로 저장한다.
② 자기(Magnetic) 방식의 모션캡쳐는 무선으로 컴퓨터에 연결되어 사용자의 행동이 자연스럽게 동작된다.

22 ③ 23 ④ 24 ① 25 ④ 26 ③ 27 ④ 28 ② 29 ③ 30 ② 31 ②

③ 모션캡쳐 방식은 자기방식, 광학방식 등이 있다.
④ 광학방식의 모션캡쳐는 자기(Magnetic) 방식에 비해 성능이 뛰어나다.

**32** 현실감 있는 애니메이션 동작을 위하여 움직임에 흐릿한 잔상을 표현하는 기법은?
① 모션 블러(Motion Blur)
② 모션 매스(Motion Math)
③ 모션 트래킹(Motion Tracking)
④ 모션 트위닝(Motion Tweening)

**33** 비, 불, 연기, 폭발 등의 자연 현상들을 시뮬레이션 하기에 좋은 컴퓨터 애니메이션 특수 효과는?
① 모핑(Morphing)
② 로토스코핑(Rotoscoping)
③ 절차적 방법(Procedural Method)
④ 입자 시스템(Particle System)

32 ① 33 ④